KB139056

인생에 한 번은
손자병법

人生無極限, 孫子兵法打造你的全勝思維 by 吳順令

나의 한계를 뛰어넘어 불가능을 가능으로 변화시키는 힘

인생에 한 번은 손자병법

우순링 지음 | 이성희 옮김

이터

나만의 무대를 만들어
내 운명을 변화시켜라!

이 책의 저자는 중국 문학을 숙독하여 문학과 역사에 정통하며, 사상에도 통달해 고전의 지식을 현대 사회현상과 결합시켜 설명할 수 있는 분이다. 이 책은 사회학, 인생철학, 기업 관리학과 연계되어 성공적인 인생 처세 가이드를 제공해줄 수 있는 책이자, 기업의 블루오션 전략 건설, 경쟁력 향상에도 도움이 되는 필독서다.

이 책에서는 노력하기만 한다면 반드시 승리를 거머쥐는 멋진 인생을 살 수 있다고 이야기한다. 저자는 교사로 재직하면서 사람을 변화시키고, 잠재력을 극대화하며, 더욱 우수한 사람이 되도록 만드는 교육의 의의를 절실하게 체험했다. 이것은 교육의 본질이자 교육 종사자들의 사명이다. 그러므로 이 책이 모든 사람들로 하여금 자기 한계를 뛰어넘어 불가능을 가능으로 변화시키는 삶을 살 수 있도록 도와주기를 바란다. 특히 약자들, 짓눌린 사람들, 고개 숙인 사람들이 모두 용감하게 고개 들기를 바란다. 노력을 쏟아붓기만 한다면 자신을 넘어설 수 있으며, 자신이라는 한계를 벗어날 수 있다.

한 가지 확실한 것은, 인생의 과정은 절대 영원하지 않다는 것이다. 한 사람의 일생에는 수많은 변화가 일어나기 마련이다. 어떨 때는 나쁜 것이 좋게 변하기도 하고, 또 어떨 때는 좋은 것이 나쁘게 변하기도 한다. 사람의 일생에는 이런 변화가 끊임없이 발생한다. 이는 심리학자들이 말하는 어릴 때의 경험이 일생의 대부분을 지배한다는 학설과는 완전히 다른 이야기다. 사회학자들은 이런 성장 과정의 변화를 '생활사의 전환'이라고 한다. 사람의 일생에서 생활사의 수많은 기회와 도전이 가득함을 알려주는 말이다. 이 책은 자신의 노력을 통해 자신의 무대를 창조하고 운명을 개척하도록 우리를 사색의 세계로 인도한다.

나는 사회학을 공부했는데, 사회학 수업 제1과의 제목이 바로 '생활, 적응'이었다. 이것이 바로 유럽 사회학의 핵심이다. 영국의 철학자 허버트 스펜서의 적자생존의 법칙은 인류사회에 대한 연구를 열었다. 생활, 적응은 미국 시카고학파 사회학의 핵심이기도 하다. 주로 인류 도시사회의 경쟁 과정, 결과와 영향을 토론하는데 이것은 저자가 이 책에서 말한 생각과도 일치한다. 저자는 사람의 인생에는 수많은 고난이 기다리며, 우리는 이를 겪으며 수많은 무력감을 느끼게 되는데, 이 무력감은 어쩌면 사회제도로 인한 무력감이나 경쟁에서 밀려나는 무력감일 수도 있고, 혹은 커다란 사회환경이 바뀌면서 느끼는 무력감일 수도 있다고 한다. 또 이것이 바로 생활과 적응의 문제이며, 인류가 마주해야 하는 첫 번째 수업, 도피할 수 없는 수업 내용이라고 강조한다. 다만 이 생활과 적응의 문제를 어떻게 해결하느냐에 대해 나는 사회학적 지식에서 답을 찾았으며, 저자는 고전 군사 명저인 《손자병법孫子兵法》에서 답을 찾았을 뿐이다. 사실 우리 둘의 여러 답은 서로 통하고 있으며, 말을 맞추지 않았는데도 계획이라도 한 듯 들어맞는다.

이 책에서는 《손자병법》을 통해 어떻게 살아야 하고, 어떻게 승리를 만들어가야 하는지 알려준다. 그 4가지 핵심은 다음과 같다.

첫째, 일생에 가장 큰 영향을 미치는 것은 뭐니 뭐니 해도 태도와 개념이다. 손자는 말했다. "전쟁 앞에서 경멸하는 태도를 거두어야만 비로소 전쟁에 대한 질문을 던질 자격을 갖추게 된다." 즉, 잘못된 태도로는 전쟁에서 이길 수 없다는 뜻이다. 특히 각종 경쟁을 마주하며 우리는 필승 내지는 전승무패의 각오를 단단히 해야만 한다. 그러면 이기지 못할 전쟁이 없게 된다. 기업 관리에서도 항상 강조하는 점이 태도가 그 사람의 고도를 결정한다는 것이다. 우리의 태도가 올바르다면 자신의 미래를 컨트롤할 수 있고, 불패의 영토에 깃발을 꽂게 된다. 사회학 역시 태도와 가치관의 중요성에 대해 강조한다. 이것은 고전사회학자인 막스 베버가 행동론에서 주장한 내용이다. 그는, 인간은 자신의 행동에 합리적인 정의를 부여하는데 이 정의가 매우 강력한 힘을 발휘할 뿐 아니라 자신과 자신의 사회적 관계 및 자신의 미래에도 영향을 끼친다고 말한다. 가치관, 태도는 나의 일생과 관계있으며, 자신감은 성공을 지탱해주는 관건이다.

둘째, 진리는 칼과 검이 된다. 손자가 말하는 병법에서는 '진리'를 기초로 삼을 것을 강조하는데 '진리, 하늘, 땅, 장수, 법도', 이것이 전략적인 사상이 된다. 진리란 일종의 신앙이며 가치, 시비와 잘잘못을 가리는 가치관이고, 인간관계 처리와 정책 결정의 의거가 된다. 만일 전장의 장군이 진리로 무장하고 훌륭한 인격을 갖춘 인물이라면 전략과 정책 결정 시에도 급변하는 상황 속에 놀라거나 조급해하거나 초조해하지 않을 수 있고, 이로써 승리를 얻게 된다. 그러므로 진리는 승리를 가져다주는 도구요, 칼이며 검이다. 반면 사회학에서 말하자면 진리란 일종의 공감대를 하나로 집중시키고, 구성원 모두가 느끼는 공통의 감정을 응집시킬 수 있는 힘이다. 이것은 개인 일신상의 이기적이며 본능적인 도구가 아니며, 사회적인 성질을 가진 이타적인 것이고, 모두의 공감대와 공통의 감정을 옳은 길로 인도하여 다수의 사람이 받아들일 수 있도록 하는 힘이다. 진리는 또한 문화, 사회제도가 기능을 발휘하도록 촉진작용을 하는 요소이자 승리를 이루어내는 핵심 요소다.

셋째, 실천이야말로 현 상태를 바꿀 기회가 된다. 《손자병법》에서는 실천과 행동을 강조한다. 성공의 길은 노력으로 얻어지는 것이지, 상상으로 얻어지는 것이 아니다. 진정으로 행동하고, 실행하며, 전략적인 사고방식과 기술이 조화를 이룰 때에만 승리를 얻을 수 있다. 이것이 바로 실천이 가져다주는 힘이다. 간단하게 말하자면, 이론은 반드시 행동에 굴복해야만 한다는 것이다. 오직 진정한 행동만이 현 상태를 변화시킬 기회가 된다.

넷째, 마지막이자 가장 중요한 점은 사랑이 있어야 한다는 것이다. 저자는 책에서 밝혔다. "사랑 없이는 세계가 이루어질 수 없다." 손자는 전쟁에 관해 3가지 질문을 던졌다. 그중 하나는 "꼭 싸워야만 상대를 이길 수 있는가?"라는 질문이다. 그는 만일 더 넓은 마음으로 용서하고 관용을 베풀어 대립을 종식한다면 더욱 많은 가능성이 실현될 것이며, 불패의 영토에 서게 될 것이라고 말한다. 사랑이야말로 학습의 기초이며, 교육의 핵심적 가치다. 학교 안에 사랑이 있을 때 비로소 학생이 공부할 가능성이 생겨나지, 사랑이 없다면 공부도 할 수 없다. 우리는 사랑을 통해 이 세상에 참여하며 이 세계에서 성공할 수 있다.

나는 《손자병법》에 가치 있는 사고방식들이 가득하고, 적용 가능한 원리들이 무수하다고 믿는다. 저자가 계속 연구를 이어나가 이 시대에서 어떻게 《손자병법》을 사용해야 할지, 우리에게 더 큰 깨달음을 주길 바란다. 이 책은 저자가 일생을 바쳐 발견한 보화요, 지혜의 성과이자, 긍정적인 사고로 영혼을 고무하는 책이다. 역사적, 문학적 의의까지 갖춘 이 책은 소장 가치가 충분하므로 최고의 찬사와 함께 독자 여러분께 추천하는 바다.

_국립 타이베이대학 전임 총장
허우충원(候崇文)

차례

추천의 말
나만의 무대를 만들어 내 운명을 변화시켜라! _5

1부   **당신이 원하는 건 신분? 아니면 미래?**

볼거리 많았던 면접, 오나라 궁궐의 군사훈련 _17

쉽지 않은 역할, 백락(伯樂)··· 오나라 왕 _22

나는 준비되었습니다··· 손자 _24

모두 다 승자 _28

2부   **성공 경로도는 생각이 아닌 경험으로 획득한다**

손자의 성공 경로도 8단계 _34

여덟 경로, 사실은 한 경로 _44

인생에 득이 되는 계산, 실이 되는 계산 _45

1장 정의: 문제 대면하기, 가장 중요한 것은 태도 _49

2장 진리: 가장 큰 영향력은 눈에 보이지 않는다 _63

3장 하늘: 변화에 능숙하게 대처하기 _79

4장 땅: 성장의 길 다지기 _93

5장 장군: 지혜, 신뢰, 사랑, 용기, 엄격함을 갖출 것 _111

6장 법도: 우주법칙이 구체화된 산물 _129

7장 비교: 타인을 넘어서기 전 먼저 자신을 넘어설 것 _147
8장 목표: 목표는 밖이 아닌 내 마음속에 _163
9장 승리 8법: 어떤 문제도 해결할 수 있는 방법 _175

3부 소극적인 생각이 적극적인 생각보다 더 가치 있다

양면 보기 _303
철저히 보기 _316

4부 사랑 없이는 세계도 존재할 수 없다

완전한 보전 추구하기, 대립의 진흙탕에서 빠져나가라 _328
완전한 보전은 생명 공동체 _332
완전한 보전 추구는 생명의 잠재력을 촉발하는 길 _334
완전한 보전을 추구하는 것은 사랑의 힘 _335

1부

당신이
원하는 건 신분?
아니면 미래?

사람은 자신이 태어날 곳을 선택할 수 없다. 그러나 자신을 뽐낼 무대는 선택할 수 있다. 큰 붕새는 하늘 끝 9만 리 높이까지 비상하고, 큰 물고기는 작은 연못에 안주하지 않는 법이다.

　손자孫子의 이름은 '무武'이며 춘추 시대 제나라 사람이었지만, 그가 반짝반짝 빛을 발한 곳은 오나라였다. 독자들은 이런 질문을 던질지도 모른다. "그런데 춘추 시대의 패주는 제나라 아닌가요?" 제나라의 수도였던 임치에 사람들이 얼마나 들끓었던지, 제나라의 정치가 안자[1]가 이렇게 말했을 정도였다. "사람들이 옷소매를 펄럭거리면 하늘이 가려져 날이 어두워지고, 손으로 땀을 씻어내면 빗방울이 뿌려져 비가 내린다." 제나라는 당시 세계의 중심지였다. 그러니 그곳이 가장 유망한 성장 무대이지 않았을까? 손자는 왜 꼭 남방의 일개 소국 오나라에 투신해 성장하려 했던 것일까? 이는 일반적인 생각과는 상당히 거리가 있는 선택이었다.

이뿐만 아니다. 손자는 세계의 중심 지역 출신일 뿐 아니라 가문까지 뼈대가 있었다. 할아버지 손서는 무관 중 장군이었으며, 아버지 손빙은 문관이었다. 할아버지 대의 친족인 전양저[2]가 제나라 왕이 경공일 때 대사마[3]로 봉해졌기 때문에 그의 가문은 제나라의 4대 유명 가문인 전, 포, 고, 국 씨 가문 중에서 가장 세력이 큰 가문이 되었다. 이런 권문세가가 집안 배경이라면 어떻게 따져봐도 결국 인생 게임의 필승조에 속하게 된다. 제나라에서 엄마, 아빠 찬스를 쓰고 낙하산을 타는 건 분명히 어려운 일이 아니었을 것이다.

그러나 이 세상의 모든 일은 양면성을 띠고 있다. 아무리 앞길이 환해 보이는 배경이라 하더라도 물밑에는 흉용하는 거센 조류가 도사리고 있다. 4대 권문세가는 권력 암투에 휩쓸려 이전투구를 벌였는데, 그중에서 전양저의 전공이 너무나 뛰어나 다른 세 가문에 크나큰 위기감을 안겨다주었다. 그들이 제나라 경공 앞에서 이간질을 하자 전

---

1) 성은 희(姬) 씨[일설에 의하면 자(子) 씨], 제나라의 대부. 시호는 평(平), 자는 중(仲). 역사에서는 '안자'라고 부른다. 춘추 시대 제나라의 유명한 정치가, 사상가, 외교가. 저서로는 《안자춘추(晏子春秋)》가 유명하며, 《사기(史記)》 권62에 그의 열전이 있다.

2) 제나라 경공 때의 명군사가. 사마양저(司馬穰苴)라는 이름으로도 불렸다. 비록 서얼(庶孼) 출신이었으나 당시 재상인 안영의 추천으로 장군이 되었다.

3) 고대 중국에서 군사 행정사무를 책임지던 최고 장관의 직책

양저는 결국 관직에서 파면되어 울화병으로 죽고 말았다. 제나라 경공의 시비 판단력과 종지만 한 도량을 보면서 예리하고 두뇌 회전이 빨랐던 손자는 곧 피바람이 몰아닥칠 것을 예상했다. 제나라는 마음 놓고 사명을 완수할 옥토가 아니라는 것을 깨달은 그는 곧 제나라를 떠나 다른 곳에서 자신의 구상을 실현하기로 결심했다.

당시 중국의 정세로 볼 때 춘추오패 중 제나라를 제외하면 초나라, 진陳나라, 송나라, 진秦나라가 큰 나라에 속했고, 오나라는 남쪽 오랑캐들의 소국에 불과했다. 그러니 손자가 이런 오나라에 발을 들여놓기로 한 것은 확실히 다른 사람들의 예상을 완전히 뒤집은 놀라운 선택이었다. 손자는 오나라 왕의 원대한 야망과 인재를 얻으려는 간절한 열망을 느낀 것이 틀림없다. 《오월춘추吳越春秋·합려내전闔閭內傳》에 이런 기록이 있다. '합려는 원년부터 지혜롭고 유능한 인재들을 기용하기 시작했으며, 은혜를 베풀고 어질고 정의롭기로 제후들에게 유명했다. 어짊이 실행되지 않고 은혜가 실제로 끼쳐지지 않는다면 백성들이 따르지 않고 제후들이 믿지 않으리라는 염려가 있었다. 이에 오자서를 행인으로 천거하여 손님을 대접하는 예의로 깍듯이 섬기고 그와 함께 국정을 논했다.'

마음에 의지와 결심이 있는 사람은 반드시 힘이 있기 마련이다. 손자는 '이곳이야말로 개발을 기다리는 천연림'이라는 판단이 섰던 것이다. 이곳이 바로 그의 전장이며, 자유롭게 펄떡거릴 수 있는 큰 바다였다.

볼거리 많았던 면접, 오나라 궁궐의 군사훈련

손자는 오자서의 추천을 거쳐, 미리 써두었던 13편의 병법지도서를 오나라 왕에게 헌납했다. 오나라 왕은 글을 다 읽자마자 마치 최고의 보물을 발견한 양, 이 군사 천재를 하루속히 만나보고자 했다. 그리하여 오나라 궁궐에서 면접이 거행되었다.

사마천의 《사기史記·손자오기열전孫子吳起列傳》의 기록에 의하면 이 면접은 구두 문답도, 지필고사도 아닌 진짜 군사훈련이었다고 한다. 오나라 왕 합려는 손자가 진정한 실력자인지, 아니면 탁상공론만 하는 달변가인지 테스트하기를 원했다. 그래서 한 가지 요구사항을 제시했다. 그가 오나라 궁궐에서 실제 군사훈련을 지휘하도록 한 것이다. 또 난도 높은 과제도 함께 부여했는데, 바로 훈련 대상으로 궁중의 여인네 180명을 지목한 것이었다. 손자는 두말하지 않고 이 면접 방법을 받아들였다. 손에 땀을 쥐게 했던 오나라 궁궐의 군사훈련은 이렇게 막을 열었다.

사마천의 《사기·손자오기열전》 중에 손자에 관해 기록된 부분은 총 406글자다. 그런데 그중 전쟁의 공적에 관한 내용은 겨우 20글자뿐이며, 나머지 글은 모두 이 오나라 궁궐의 군사훈련에 초점이 집중되어 있다. 오나라 궁궐의 군사훈련이라는 소재가 얼마나 흥미진진한 내용인지 알 수 있는 대목이다. 대사학자 사마천은 손자의 인생과 관련된 모든 장절을 다 삭제하면서까지 이 면접 드라마에 초점을 맞추었다. 중국의 역사에 실재했던 군신 간의 면접, 역사 속에서도 이렇게 흥미진진한 이야기를 찾기란 아마 어려울 것이다.

군사훈련이 개시되자 손자는 180명의 궁녀를 두 대오로 나누고 나서 오나라 왕이 총애하는 비빈 2명을 각 대오의 대장으로 지명했다. 또한 궁녀 모두에게 반달형 칼이 옆에 달린 긴 창 하나씩을 무기로 지급했다.

우선 손자는 그들이 자신의 심장, 왼손, 오른손과 등을 손으로 가리키도록 명한 후 그것이 각각 4개의 방향을 대표한다고 설명했다. 심장은 전진, 왼손은 좌측, 오른손은 우측, 등은 후진을 대표했다. 설명을 끝낸 손자는 곧바로 훈련에 돌입했다. 그는 궁녀들이 제대로 기억하지 못할까 봐, 우선 호령을 3회 반복 연습하며 실수해서는 안 된다고 신신당부했다. 이뿐만 아니라 도끼 등 형구를 가지고 나와 규율을 지키지 않는 사람들을 군법에 따라 처벌할 준비까지 마쳤다. 몇 가지 단순한 동작만을 알려줬을 뿐인데 훈련장은 벌써 전장의 삼엄한 기운이 느껴지는 듯했다.

모든 준비가 완료되자 손자는 첫 번째로 "우로 봐"라고 호령을 내렸다. 그런데 구중궁궐의 깊은 곳에서만 자란 이 여인네들은 군사훈련이란 것을 본 적도 없었고, 이 훈련을 전쟁에 대비한 훈련이라고도 생각하지 못했다. 궁중의 놀이라고만 생각한 그녀들은 서로 웃고 떠드느라 난장판이 되어 있었다. 그 모습을 본 손자는 즉시 군법에 따라 처벌하지 않고 모두에게 다시 한 번의 기회를 주며 말했다. "규칙에 대해 잘 모르고 명령에 익숙하지 않은 것은 모두 장군의 잘못입니다. 지금 다시 한 번 명령을 내릴 테니 모두 똑똑히 들어야 합니다. 다시는 틀려서는 안 됩니다. 틀리는 사람은 군법에 따라 처벌할 것입니다."

수차례에 걸친 지시와 경고가 마무리되자 손자는 다시 한 번 북을 두들겨 명령을 내렸다. "좌로 봐"라는 호령에도 이 궁녀들은 손자의 말에 여전히 아랑곳하지 않고 웃고 떠드는 데에만 정신이 팔려 있었다. 그러자 손자는 정색을 하며 180명의 궁녀를 호되게 꾸짖었다. "처음의 잘못은 제가 책임을 지겠지만, 두 번째 호령이 무엇인지 확실히 알게 되었는데도 여전히 명령에 따라서 움직이지 않았으니 이것은 여러분의 책임입니다."

군대에서는 잘못을 할 경우 반드시 군법에 따라 처벌하는 것이 관례다. 이에 즉각 2명의 대장, 즉 오나라 왕이 총애하는 비빈을 끌고 나와 참수를 하려는 참이었다. 서서히 전개되어가던 오나라 궁궐의 군사훈련 이야기에서 절정이 드러나기 시작했다. 본래 위쪽에 한가로이 앉아 볼거리나 감상하고 있던 왕이 기겁하여 얼굴이 새파랗게 질린 것이다. 옥좌에서 벌떡 일어난 왕은 다급히 곁의 시종을 불러 어명을 전달했다. 그는 손자에게 이렇게 간청했다. "장군에게 군사를 부리는 수완이 있다는 걸 짐도 이제 알겠소. 제발 비빈들을 너그러이 용서하고 참수는 하지 마시오. 이 두 비빈이 죽으면 짐은 밥맛도 사라질 것이오!"

갑을의 위치는 순식간에 역전되었다. 면접을 받아야 하는 면접자가 놀랍게도 주감독관을 강하게 압박해 자신에게 간청하도록 만들었다. 여기서 첫 번째 뜨거운 감자가 등장한다. 과연 손자는 사정을 봐줄까? 합려 대왕이 부탁을 하는데 체면을 봐줘야 하지 않을까? 왕의 체면까지 무시했다가 면접 결과를 어떻게 보장할 수 있을까? 어떤 지점에서 균형을 잡아야 할까?

대부분의 면접자는 이 결정적인 순간에 주면접관의 청을 거절하기 어려워 난처한 상황을 피하는 길을 택하게 된다. 한 번 더 용서해준다든지, 아니면 아예 처벌을 대체할 방식을 찾는 것이다. 예를 들어 '머리카락을 잘라 죄를 대신하기' 등의 수작으로 얼버무리면 되는 일이다. 그러나 손자는 오나라 왕의 청을 허락하지 않았다. 오히려 왕에게 바른말로 똑똑히 아뢰었다. "왕께서 저를 장군으로 임명하셨으면 전장의 군율을 엄격하게 따르셔야 합니다. 전장의 군율이란 바로 '장군이 군대를 지휘할 때는 왕의 명령이라도 듣지 않을 권리가 있다'는 것입니다."

말을 마치기 무섭게 손자는 명령을 내렸고, 오나라 왕이 총애하던 두 비빈의 머리는 땅에 떨어졌다. 왕은 자리에 털썩 주저앉았다. 볼거리나 찾으려던 마음은 이미 거두었다.

손자는 훈련을 계속했다. 그리고 서열에 따라 제2인자인 궁녀를 대장으로 뽑았다. 다시금 북을 울려 호령을 내리자 궁녀들은 처음으로 전후좌우를 막론하고 무릎 꿇기든 일어나기든 간에 모두 일사불란하게 움직였다. 더 이상 감히 웃고 떠들며 명령을 혼동할 수 없었던 것이다.

손자는 훈련을 마친 뒤 오나라 왕이 내려와 검수와 사열을 하도록 청했다. 그는 왕에게 이렇게 보고했다. "이 군대는 이미 대왕을 위해 물불을 가리지 않고 대왕이 원하시는 임무를 완성할 준비가 되어 있습니다."

그러나 왕은 사열대로 내려오지 않고 그저 손만 흔들며 손자에게 군사를 거두고 객관에 돌아가 쉴 것을 명했다. 순간 왕의 태도에 매우 실망한 손자는 이런 말을 내뱉었다. "이제 보니 오나라 왕은 내 군사이론만 좋아한 거지, 내 실전 능력을 진짜 확인해보고 싶었던 건 아니군!"

손자의 이 말에는 상대방의 화를 돋우는 화약 냄새가 배어 있었다. 그는 오나라 왕의 현재 마음 상태를 당연히 잘 알고 있었다. 그러나 오나라의 패업을 위해, 또 자신의 장래를 위해 반드시 왕의 상처에 왕소금을 뿌려야 했다. 마지막까지 도박을 걸어 오나라 왕이 받아들일 수 있는 마지노선이 어디까지인지 테스트해봐야 자신도 거취를 정할 수 있었기 때문이다.

다행히 오나라 왕은 감정의 찌꺼기들을 가라앉히고 이성을 되찾았다. 손자가 군사를 잘 다룬다는 것을 알게 된 그는 손자를 장군으로 임명했다. 그 후 손자는 오나라 왕을 보좌해 서쪽의 초나라와 북방을 주름잡던 제나라와 진나라를 평정하는 대업을 완수했다.

쉽지 않은 역할, 백락(伯樂)… 오나라 왕

오나라 궁궐의 군사훈련에서 당신은 무엇을 포착했는가? 우선 오나라 왕을 살펴보자. 오나라 왕은 패주가 되기를 원했고, 그에게는 인재가 필요했다. 《손자병법》 13편만으로 손자가 인재임을 알아봤으니, 그의 탁월한 인재 식별 능력을 알 수 있다. 과거 초한이 함께 싸우던 무대에 한신이 얼씬거릴 때 항우는 아예 그를 보지도 못했고, 유방은 그를 잘못 보고 있었다. 소하가 아니었더라면 이 천리마는 도도한 역사의 강물 속으로 떠내려가버렸을 것이다. 오나라 왕이 손자를 알아보았다는 점은 그가 결단코 백락이었음을 인정케 한다.

백락은 매우 창조적인 면접을 제안했다. 구술, 필기시험 등 구태의연한 방식은 집어치우고 진짜 능력을 보여주길 원했다. 목표는 궁녀를 훈련하는 것. 제일 군인 같지 않은 집단인 궁녀를 훈련하라니, 이 말을 절대 농담으로 오해하면 안 된다. 전문가들은 이 말 한마디면 상황 파악이 가능하다. 이것은 강한 장수 밑에 약한 군사가 없다는 원칙을 확인하기 위한 테스트였다. 이왕 테스트를 하려면 철저히 하겠다는 태도, 오나라 왕은 테스트의 삼매경을 잘 알고 있었다.

손자가 오나라 왕이 총애하던 두 비빈을 죽이려 할 때 오나라 왕이 나서서 반대했다. 이는 인지상정이다. 자기가 사랑하는 사람이 당장 죽임을 당하려는 판국에 누군들 마음이 목석같을까? 게다가 이것은 면접을 위해 실시한 군사훈련에 불과할 뿐이다. 그렇게 진지할 필요가 있을까? '나는 오나라 왕이고 너는 면접자야. 선발 여부도 아직 모르는데 당연히 내 말을 들어야지. 결정권자는 바로 나지, 네가 아니야. 적어도 지금은 아니라고!' 등의 생각이 떠올랐을 것이다. 그러나 오나라 왕이 꿈에도 생각지 못했던 점은, 그의 이런 합리적인 추론도 결코 손자의 결심을 막을 수 없었다는 것이다.

어엿한 오나라의 국왕이 자기가 총애하던 여인 하나도 구할 수 없고, 게다가 별 볼일 하나 없는 면접자 한 명 때문에 체면을 완전히 구기다니, 그 마음의 슬픔과 분노도 가히 짐작할 만하다. 그는 본래 자신의 말을 안 듣는 면접자를 사형에 처할 수도 있었다. 하지만 그렇게 하지 않았다. 그는 자리에 다시 앉았고, 손자가 훈련을 계속하는 모습을 조용히 지켜보았다. 지금 당신은 오나라 왕의 이 이성적인 판단과 높은 EQ에 감탄하지 않았는가!

훈련이 끝나자 오나라 왕은 내려가서 군대를 검수하는 대신 손을 흔들어 손자가 객관으로 돌아가 쉬도록 했다. 제왕으로서의 패기가 2% 부족한 것 같은 광경이다. 아니나 다를까, 그는 곧바로 손자에게 핀잔까지 들었다. 그러나 그는 성질을 부리지 않았다. 오나라 왕은 검수를 중요하게 생각하지 않은 것이 아니라 손자의 군사훈련을 끝까지 지켜본 후 심장과 뼛속까지 확신이 들었기 때문이다. '내 눈앞의 이 젊은이, 이 사람이 바로 내가 원하는 사람이다.' 그는 실전에서 군사를 다룰 수 있는 대장군이었다. 손자는 이미 시험을 통과했다. 시험을 통과했기에 검수는 전혀 중요하지 않았던 것이다.

나는 준비되었습니다… 손자

다시 한 번 손자를 살펴보자. 손자는 면접을 보러 온 사람이다. 하지만 다른 면접자들과 다른 점이 있다면, 그는 관직을 얻으러 온 것이 아니라는 것이다. 그는 자신이 진정으로 성장할 수 있는 무대를 찾기 원했다. 그래서 비록 자신은 면접 대상자였지만, 동시에 면접관이 되기로 작정했다. 그는 자신의 미래 인생을 결정할 눈앞의 이 사람이 믿을 수 있는 사람인지 테스트해봐야 했다. 그렇기에 면접의 마지노선을 확실히 정하고, 모호한 회색지대는 털끝만큼도 남겨두지 않았다.

우선 손자는 면접의 형식적인 부분은 모조리 수용했다. 완벽한 계산이 섰기에 《손자병법》 13편에서 주장한 기세대로 그에게는 이기지 못할 전쟁이 없고, 해결하지 못할 문제가 없었던 것이다. 모든 도전을 마주할 자신이 있었다. '실전 군사훈련? 문제없지. 훈련 대상은 궁녀? 오케이. 한판 붙어보자고!' 첫 번째 회합에서 오나라 왕과 손자는 무승부를 기록하며 각각의 패기와 자신감을 드러냈다.

군사훈련이 시작되자 손자는 매우 숙련된 모습으로 기본동작 연습을 지도했다. 언뜻 보기에는 시시하고 평범한 기본동작 훈련이었는데, 이는 사마천이 붓과 먹물을 낭비하면서까지 적어야 할 하이라이트로 격상되었고, 기본동작의 중요성도 뚜렷이 강조되었다. 전장의 작전 능력은 기본동작에서부터 시작한다. 무림 고수들은 반드시 오른발을 앞으로 내밀고 허리를 낮춘 기본자세를 취하고, 바둑 고수는 반드시 정석을 따르듯 말이다. 손자에게 있어 기본동작은 든든한 기초이기도 했지만, 더욱이 일종의 태도를 보여줬다.

더 중요한 것은 손자가 이 기본훈련을 통해 협동 단결과 군기를 연습하려 했다는 점이다. 《손자병법》 13편의 제1편인 〈계편計篇〉에는 피아 쌍방의 실력을 비교할 수 있는 항목 7가지가 나오는데, 그중 2가지가 군기에 관한 것으로 하나는 '법령의 집행'이며, 또 하나는 '분명한 상벌'이다. 그러므로 손자가 군사를 훈련하는 모습은 평범하고 신기할 게 없어 보였지만, 실제로는 실전에서의 중요한 개념을 포함하고 있었다. 궁녀들이 복종하지 않을 때, 명령이 실행되지 않을 때 손자는 반드시 처벌해야 했다. 그렇지 않다면 군기가 잡히지 않고, 전쟁 역시 할 필요가 없어지기 때문이다. 그러므로 위법자는 당연히 목을 베어야 했다.

하지만 오나라 왕이 총애하는 비빈의 목을 벤다, 이것은 그렇게 쉬운 결정이 아니었다. 진정 손자의 마음속에는 일말의 망설임도, 한 터럭의 두려움도 없었단 말인가? 한갓 면접자 신분인 그는 전혀 기댈 구석이 없었다. 그런데도 그렇게 큰 결정을 내리다니, 보는 사람의 간까지 졸아들게 만들 일이었다. 하지만 손자는 이런 것이 바로 테스트이고 테스트를 하려면 끝장을 볼 때까지, 모호한 부분 없이 철저하게 해야 한다는 것을 잘 알고 있었다. 또한 이 테스트로 인해 목숨을 위태롭게 할 화를 불러올 위험을 감수해야 했다. 그렇게 하지 않으면 오나라 왕이 받아들일 수 있는 한계가 어디까지인지 알 수 없고, 오나라 왕의 마음속 가장 깊은 곳에 숨겨진 생각을 끌어낼 수 없으며, 더 나아가 미래의 일생에서 자신의 전투 사상을 충분히 펼쳐 보일 수 있을지도 알 수 없기 때문이었다. 만일 이 원칙을 고수하지 않는다면 이 면접은 실패한 면접이 될 것이었다.

그다음으로 그에게는 오나라 왕에게 알려줘야 할 또 한 가지 메시지가 있었다. 장군의 직권은 반드시 존중받아야 한다는 것이다. '장군이 군대를 지휘할 때는 왕의 명령이라도 듣지 않을 권리가 있다.' 이것이 대원칙이다. 권리는 있지만 책임은 없는 것과 책임은 있지만 권리는 없는 것은 모두 잘못된 것이며, 두 경우 모두 전쟁의 승부에 영향을 미친다. 특히 천변만화하면서 서로 속고 속이는 전장에서 장군은 반드시 전략과 전술을 수시로 조정할 수 있어야 한다.

전투의 득실에 대해서 전반적인 고려를 하며 판단을 내릴 때 누가 전진하고 누가 후퇴하며 누가 공격하고 누가 방어할 것인가, 이 모든 것은 전장의 변화에 따라 결정되어야 한다. 한 가지 방향에만 집착해 변화를 거부해서는 안 된다. 그렇기에 손자는 오나라 왕에게 이 점을 알려줘야 했다. "정치적인 결정은 왕이 주관하시오. 하지만 장군의 지휘봉을 저에게 넘겨준 이상, 전장의 전략 결정은 내가 책임지겠소." 손자가 오나라 왕이 총애하는 비빈을 처형한 데에는 군율을 수호하겠다는 뜻 이외에, 장군의 권리와 책임을 수호하겠다는 뜻이 담겨 있었다.

세 번째, 그는 오나라 왕에게 전장의 승리는 반드시 전국의 상하가 한마음이 되어야만 얻을 수 있다는 것을 알려줘야 했다. 국왕은 굳은 결심을 보여주어야 하며, 장군은 자신의 능력을 보여주어야 하고, 병사는 엄격한 군율을 보여주어야 한다. 이것이 삼위일체가 되어야 전쟁의 승리를 보장할 수 있다.

만일 국왕이 자신의 사사로운 감정도 희생하지 못하면서 군대의 군율을 완성하려 한다면 그 장군은 병사를 관리할 수가 없고, 병사 역시 군율을 상실했기 때문에 전투를 할 수 없다. 국왕이 총애하는 비빈을 희생할 수 없다면, 이는 다시 말해 군율을 희생해야 한다는 뜻이 된다. 손자는 오늘 오나라 왕이 총애하는 비빈을 희생시킬 수 없다면 내일 전장에서 더 많은 무고한 백성들을 희생시킬 수밖에 없음을 잘 알고 있었다.

네 번째, 손자는 오나라 왕에게 '나는 능력 있는 장군이며, 이미 준비된 사람이다'라는 것을 알려주어야 했다. 마치 제2차 세계대전 시 영국군이 독일군에게 무차별 폭격을 받자 윈스턴 처칠이 영국인들의 지도자로서 독일군의 침략에 항쟁하면서 남긴 말 한마디처럼 말이다. "내 인생은 바로 지금을 위해 준비해왔습니다."

나는 손자 역시 이런 자신감이 있었을 것이라고 생각한다. 그래서 손자는 타협하지 않았다. 오나라 왕의 요구를 받아들이지 않았다. 그가 반드시 알려주고 싶었던 점은 이렇게 해야만 승리하는 군대를 조련할 수 있으며, 이것이 바로 장군의 책임과 본분이라는 것이었다. 손자는 마침내 능수능란하며 물불을 가리지 않는 군대를 조련해냈다.

—

모두 다 승자

면접의 마지막 부분에서 오나라 왕은 검수와 사열을 원치 않았다는 이유로 손자의 비웃음을 사야 했는데, 이 부분은 이 면접의 또 다른 절정이라고 할 수 있다.

만일 오나라 왕이 정말로 자신의 사사로운 감정을 내려놓지 않았다면 오나라 궁궐의 면접시험은 여기서 이야기가 끝나고 더 이상 뒷이야기가 이어지지 않았을 것이며, 손자의 후반기 인생도 존재하지 않았을 것이다. 그렇기 때문에 손자가 자극적인 조롱으로 오나라 왕을 각성시키고 그가 이성을 회복하길 소망한 이 한 수는 상처에 왕소금을 뿌리는 위험한 수 같아 보인다. 그러나 실제로 긴장감은 많이 약해진 상태라고 할 수 있다. 왜냐하면 오나라 왕이 총애하는 비빈이 죽임을 당했을 때도 화를 내지 않았고, 면접도 끝까지 진행했다는 점을 보면 그의 마음이 이미 결정되었다는 것을 알 수 있기 때문이다. 눈앞의 이 사람을 미래의 사업 파트너로 생각하니 손자가 무슨 말을 해도 상관없었던 것이다. 반면 손자는 가장 확실한 답을 얻고 싶었기 때문에 오나라 왕에게 마지막까지 도전할 수밖에 없었다. 다만 손자는 이 면접이 이미 끝났다는 사실을 몰랐을 뿐이다.

오나라 궁궐의 군사훈련이라는 이 면접 스토리에서 오나라 왕과 손자의 잠자던 잠재력이 소환되었고, 제왕과 장상의 진면목이 드러났다. 오나라 왕은 후퇴를 통해 패자의 기백과 결단을, 손자는 전진을

통해 장군의 뚝심과 두려움 없는 용기를 보여주었다. 비록 일진일퇴

했지만 쌍방이 모두 승자가 되는 것, 이것이 바로 면접이고 주인공의

진정한 무대 등장이다.

孫子兵法

《손자병법》에서 배우는 삶의 지혜

면접은 한판 승부다. 면접에서는 원칙을 확립하고 공동의 꿈을 추구한

다. 한 번의 면접으로 역사가 가름 났듯, 한바탕 군사훈련은 병법 책

한 권의 정수를 담고 있었다. 손자는 우리에게 면접의 진수를 보여주

었다.

2부

성공 경로도는
생각이 아닌 경험으로
획득한다

석유왕 록펠러는 호탕하게 선언한 적이 있다. "만일 내가 무일푼으로 홀랑 벗겨져 사막에 버려진다 해도 대상 한 무리가 지나가기만 한다면 나는 완벽하게 왕조 하나를 건설할 것이다!" 그의 자신감은 자신의 마음속 성공 경로도에서 나온다.

성공 경로도는 성공한 사람들의 사고 경로로서 자신이 인생에서 발견한 깨달음의 궤적을 나타낸다. 성공 경로도는 성공한 사람들이 스스로 노력한 결과로서 복제가 불가능하다. 모든 발자국 뒤에는 성공한 인사의 깊이 있는 인생철학이 응집되어 있기 때문이다. 마치 프랑스의 대문호 빅토르 위고가 말한 명언과 같다. "천재를 모방하는 데 성공한다고 하더라도 천재의 독창성은 모방할 수 없다." 그러나 성공 경로도는 배울 수 있다. 성공한 인사 이면에 있는 정신을 철저하게 이해하고, 이것에 정통하여 자신의 인생과 연계를 시킬 수 있다면 이것은 당신의 자양분이 될 것이다. 이는 대과학자 아이작 뉴턴이 한 말, "만일 내가 다른 사람보다 더 멀리 볼 수 있다면 그것은 내가 거인의 어깨 위에 서 있기 때문이다"와 일맥상통한다.

손자는 불세출의 병법가였다. 명대의 모원의[4]는 이렇게 말했다. "손자 이전의 병법은 손자가 잃어버린 내용이 없으며, 손자 이후의 병법은 손자에게서 벗어날 수 없다." 손자는 병법에 있어 선대를 계승하며 후대를 이어주는 중요한 위치를 갖는다.

당나라의 시인 두목은 이렇게 말했다. "손자가 죽은 후 1,000년간 장수와 병사 중 성공한 자도 있고 패한 자도 있는데, 그 사적을 고찰해보면 모두 손자가 저술한 저작과 하나같이 서로 맞아떨어지며 마치 모판으로 인쇄하고 조각한 듯 조금도 틀림이 없다." 그 뜻은 손자가 체험한 성공 경로도는 영원성과 보편성을 가지고 있어 천년 이래 전장의 승패 원인을 증거하며, 손자가 한 말을 같은 틀에서 인쇄한 것처럼 완전히 일치한다는 것이다. 손자의 이 보물 병법서는 자고이래로 각계각층의 사람들에게 사랑을 받았으며, 사람들은 모두 그의 성공 경로도를 통해 심오한 이치를 살펴보고, 자신의 지혜를 각성시켜

---

4) 자는 지생(止生), 호는 석민(石民). 군사력이 홀대되는 상황에서 부국강병의 대계를 자주 진언했으며, 15년에 걸쳐 병가와 전술에 관한 책 2,000여 종을 망라하는 《무비지(武備志)》를 완성하여 후대에 큰 영향을 끼쳤다.

더 행복한 인생을 살려 했다.

손자의 성공 코드는 13편의 글 속에 숨어 있지만, 그의 성공 경로도는 제1편 〈계편〉에서 단도직입적으로 제시되고 있다. 〈계편〉의 성공 경로도는 《손자병법》의 세계에 들어갈 수 있도록 문을 열어주는 열쇠나 마찬가지다.

손자의 〈계편〉의 경로도에는 8가지 단계가 나온다. 마치 유명 요리사가 코스 요리를 내오듯 하나라도 부족하거나, 단계가 바뀌어서도 안 된다.

—

손자의 성공 경로도 8단계

1단계 정의: 무엇이 문제인가?

'정의'는 자신이 부딪히고 있는 문제를 정확하게 이해하여 효과적으로 임기응변할 수 있도록 도와준다. 의사가 환자의 병세를 진단할 때 모호한 점 없이 정확한 진단을 해야지, 그렇지 않으면 증세에 맞는 처방을 할 수 없는 것처럼 말이다. 손자는 13편 중 제1편인 〈계편〉의 첫머리부터 전쟁에 대한 정의를 내리고 전쟁을 위해 닻을 내린다. 전체 병법의 논설 방향을 시작하며 그는 "병법이란 한 국가의 대사로서 죽느냐 사느냐에 관한 것이며, 멸망에서 구하여 생존케 하는 방도이니 반드시 살피지 않을 수 없다"고 했다.

손자는 전쟁을 4가지 면에서 정의했다. 첫째는 국가의 대사이며, 둘째는 국가 백성의 생사존망에 관계되는 것, 셋째는 멸망에서 구하고 존속을 기도할 수 있는 방법, 넷째는 신중한 태도로 대해야 하는 것이라고 말했다. 이 4가지 점을 통해 우리는 전쟁의 중요성과 잔혹한 본질적 의미, 확실하게 이길 수 있는 준비, 필수 불가결한 가장 진지하고 신중한 태도, 그리고 조금의 부주의도 허락될 수 없음을 알게 되었다. 손자의 성공 경로도 서막은 이렇게 시작한다.

2단계 준비: 무엇을 준비해야 하나?

'준비'는 문제 해결을 위한 필요 조건이다. 준비할 내용은 필요한 규모에 따라 달라진다. 라이플총으로 파리를 잡을 필요도 없고, 지렁이로 백상아리를 낚을 수도 없는 법이다. 장자는 가까운 교외로 소풍 갈 때는 하루치 음식만 가져가면 되지만 30리 밖으로 나갈 때는 하룻밤을 지낼 식량을, 100리 밖으로 나갈 때는 3개월 치 식량을 준비해야 한다고 말했다. 전쟁은 국가의 대사로 당연히 최고 등급의 대비가 필요하다.

손자는 말했다. "전쟁은 5가지 사항으로써 준비하고, 7가지 지표로써 쌍방을 비교하여 그 정황을 살핀다. 그 5가지 사항 중 첫째는 진리이며, 둘째는 하늘, 셋째는 땅, 넷째는 장수, 다섯째는 법도다."

진리란 전국의 백성들이 개인의 생사를 따지지 않고 국왕을 따라 전장에 나서기 원하는 마음을 말한다. 하늘이란 하늘의 맑고 흐림, 날

씨의 춥고 더움 및 사계절의 변환을 일컫는다. 땅이란 다양한 지형에 대한 이해 및 임기응변하는 지략을 말한다. 장수란 반드시 '지혜, 신뢰, 사랑, 용맹, 엄격함'의 5가지 덕을 가지고 있어야 함을 말한다. 법도란 인재와 재화를 하나로 아우를 수 있는 조직과 제도를 말한다. 진리가 사람 마음의 힘이라면, 하늘과 땅은 대자연의 힘이다. 장수는 인재의 힘이며, 법도란 제도의 힘을 가리킨다. 이 5가지 사항이 가장 경쟁력을 가진 전투조직을 만든다. 손자는 장수를 주재자 삼아 진리로 원의 중심을 이루며, 하늘과 땅을 좌표로 삼고 법도를 반지름 삼아 승리의 동심원을 그려냈다.

3단계 비교: 나는 이길 수 있을까?

전쟁은 두 세력의 대항이다. 강자는 이기고, 약자는 패한다. 무엇을 비교할까? 손자는 7가지 지표를 비교한다고 했다. "군주는 누가 더 진리가 있는가? 장수는 누가 더 유능한가? 천시와 지리는 누가 더 많이 확보했는가? 법령은 누가 더 엄격하게 시행하는가? 군대는 누가 더 강한가? 병사들은 누가 더 잘 훈련되었는가? 상벌은 누가 더 명확한가? 나는 이것만 보아도 승부를 알 수 있다."

어느 군주가 민심을 더 많이 얻었는가? 누구의 장수가 더 능력이 많은가? 누가 천시와 지리의 이익을 얻었는가? 누가 법령을 더 확실하게 추진하는가? 누구의 병사가 더 강하고 군수품이 잘 준비되었는가? 누구의 병사가 더 정예 훈련이 되었는가? 누구의 상벌체계가 더 분명한가?

이 7가지 요소는 '진리, 하늘, 땅, 장수, 법도'의 5가지 사항이 진화한 것이다. 차이점이라면 5가지 사항에서 '하늘'과 '땅'을 합하여 하나로 만들고, '법령'을 4가지 항목으로 나누었다는 것이다. '진리'는 여전히 첫 번째 위치를 차지하고 있지만, '장수'는 네 번째에서 두 번째로 지위가 격상한 것을 발견할 수 있다. 이 차이는 전쟁 전의 준비 단계와 실전 단계에서는 비교하는 강조점이 다르다는 것을 알려준다.

전쟁 전의 준비 단계에서 천시와 지리는 아주 중요한 선결 조건이기 때문에 앞쪽에 배치했다. 하지만 전쟁이 시작되려는 시점에서 전장을 장군에게 넘겨주어야 하기 때문에 장군의 중요성이 순식간에 격상되는 것이다. 게다가 전장의 공방에는 인력과 재화가 조화를 이루어야 하는데, 이때 조직과 제도의 운영이 힘을 발휘하면서 높은 비중을 차지하게 된다.

한신은 유방에 의해 장군으로 봉해지고 곧바로 유명한 〈한중대漢中對〉[5]를 작성해 유방과 항우 두 사람의 우열을 비교하고 유방의 자신감을 격려하면서 초한이 맞부딪히는 경쟁 시대의 서막을 열었다. 제갈공명은 유비의 삼고초려에 감동하여 곧바로 〈융중대隆中對〉[6]를 통

---

5) 초한 전쟁 시기, 한나라 왕 유방이 단을 쌓고 한신을 대장군으로 모셨을 때 군사가 한신이 유방에게 써준 저명한 군사 논문
6) 중국 동한 말년, 유비가 제갈량의 고향인 융중(隆中)을 방문해 삼고초려했을 때 제갈량과 나눈 대화 내용이며, 삼국의 구조를 촉진할 전략을 논했다.

해 조조, 손권과 유비 세 사람에 대한 비교 분석을 진행했고, 이 역시 삼국이 경쟁하는 대단원의 막을 열었다.

4단계 장수 선발: 누가 싸울 것인가?

5가지 사항에 대한 준비와 7가지 지표에 대한 비교를 끝내 자신이 우세하다는 것을 확정했다면, 이제는 전장에 나갈 수 있는 장군을 선택할 차례다. 설령 모든 것이 다 준비되었어도 임무를 훌륭하게 완수할 인물을 찾지 못했다면 이 준비 역시 헛수고에 불과하다.

쥐가 날로 창궐하자 어떤 사람이 고양이 한 마리를 데리고 와 쥐를 물리치려고 했다. 깜짝 놀란 쥐들은 함께 모여 이러쿵저러쿵 대책을 상의했는데, 어떤 쥐 한 마리가 이런 제안을 했다. "고양이의 목에 방울을 달기만 한다면 방울 소리가 울릴 때 모두 도망칠 수 있을 겁니다." 쥐들은 아주 좋은 제안이라고 생각했다. 그러나 고양이 목에 방울을 걸겠다고 나서는 쥐가 없어 서로 멀뚱멀뚱 쳐다보기만 할 뿐이었다. 장군이 전장에 나서서 나라를 수호하는 것은 '고양이 목에 방울 달기' 같은 어려운 임무를 수행하는 것이다.

자신 역시 장군이었던 손자는 '장수 선발'에 대해 특별한 요구사항이 있었다. 즉, 군주와 장군의 사상이 일치해야 한다고 강조한 것이다. "군주께서 장차 내 계책을 듣는다면 반드시 승리하고 장수는 남아 임무를 담당할 것입니다. 그러나 군주께서 장차 내 계책을 듣지 않는다면 반드시 패배하고 장수도 임무를 담당할 수 없어 떠나게 될 것입니다." 손자는 군주가 장군의 용병 사상을 인정해야만 장군이 승리하게 될 것이며, 이 막중한 책임과 임무를 받아들여 군대를 이끌고 승리하는 싸움을 할 수 있다고 말했다. 그와 반대로 사상이 달라 지휘가 일치되지 못한다면 두 마리의 말이 각각 다른 방향으로 끄는 마차는 반드시 실패를 초래하고, 장군은 이 임무를 수행할 수 없게 된다고 했다.

5단계 목표: 어떤 방향을 정해야 하나?

'멸망에서 구하여 생존케 하는 것'이 전쟁의 주요 목표다. 이 목표는 조금도 평가절하될 수 없다. 손자는 "목표를 계획하고 이것을 완벽히 받아들여 행동으로 이루어낸다"고 말했다. 이는 모든 행동은 반드시 목표에 부합해야 한다는 뜻이다.

속담 중에는 "항구가 어디 있는지 모르는 배는 아무리 큰 바람이 불어와도 항구의 의미가 없는 것이다"라는 말이 있다. 미국의 작가 헨리 데이비드 소로도 "바쁜 것만으로는 부족하다. 개미 역시 바쁘게 움직인다. 우리는 반드시 자문해봐야 한다. 나는 지금 무엇을 위해서 분주한가?"라는 말을 했다.

전국 시대에 군웅이 벌 떼처럼 일어나자 위나라 왕은 조나라의 수도 한단을 공격하여 패업을 성취하려 했다. 그러나 여행을 갔던 대신 계량은 이 소식을 듣고 급히 돌아와 만류하며 위나라 왕에게 이렇게 말했다. "제가 길에서 남쪽으로 가려는 사람을 한 명 만났는데 그 사람은 마차를 북쪽으로 몰고 갔습니다. 제가 방향이 잘못되었다고 말해주니 오히려 그는 저에게 이렇게 대답했습니다. '제 말은 아주 빨리 달리는 말입니다. 저는 노잣돈도 아주 많고요. 게다가 마부는 마차 몰이의 명수랍니다. 그러니까 전혀 걱정할 필요가 없습니다.' 그러나 그가 모르는 것이 한 가지 있었습니다. 이런 조건들이 좋으면 좋을수록 목적지에서 점점 더 멀어질 수밖에 없다는 것입니다. 오늘날 대왕님께서 패업을 이루기로 하셨다면 반드시 먼저 천하 사람들에게서 신뢰를 얻으셔야 합니다. 그와 반대로 먼저 강력한 군사력으로 한단을 공격해서 토지를 확장하고 명성을 얻으려 하고, 이런 행동이 많으면 많을수록 오히려 대왕님은 목표에서 점점 멀어질 것입니다. 마치 마차의 끌채는 남쪽으로 향하면서 마차의 바퀴 자국은 북쪽으로 향하는 이 사람처럼 말입니다."

《서유기西遊記》에서 걸핏하면 깜짝 놀라 말에서 뛰어내리는 혼비백산의 대가 현장 법사는 자신의 제자인 손오공에게 아주 심한 비난을 당했다. "사부님, 제발 이렇게 못난이처럼 굴지 않으면 안 되나요!" 하지만 제일 능력이 뛰어난 손오공, 저팔계는 오히려 툭하면 파트너 관계를 해체하고 서천으로 불경을 가지러 가는 목표를 포기하려 했다. 오직 현장 법사만이 가장 강인한 의지력으로 한번 정한 목표를 향해 전진하며 어떤 일 앞에서도 동요하지 않았다. 목표에 대해서 절대 포기하지 않는 마음을 가질 때에만 어떤 고난이 닥칠지라도 결국엔 경전을 손에 넣고 귀국하는 임무를 완성할 수 있는 것이다.

6단계 실행: 어떻게 싸울 것인가?

목표가 확정되고 사상이 일치하는 장군도 찾아서 임무를 장군에게 넘겨주었다면 성공 경로도는 탁상공론에서 '실행'의 단계로 진입하게 된다. 즉, 어떤 포석을 가지고 어떻게 기세를 드높이고, 어떻게 전장을 누비느냐에 관한 것이다. 전장은 순식간에 천변만화하며 진짜와 가짜 정보를 분간하기 힘든 곳이다. 이는 실행 과정에서 가장 어려운 부분 중 하나다. 그러므로 손자는 특별히 '기세'란 말을 사용했다. 그는 "기세란 얻어야 할 이익 때문에 임기응변을 하는 것이다"라고 했다. 여기서 '임기응변'이란 상황에 따라 유기적으로 기민하게 변화함을 말한다.

춘추오패 중 하나인 송나라 왕 송양공이 초나라와 홍수에서 전쟁을 할 때 비록 송양공이 먼저 전장에 도착해 우세를 점하기는 했지만, 군자 같은 이미지만 지키고 상대방의 위기는 이용하려 들지 않았다. 그래서 후에 도착한 초나라 군이 강을 건널 때가 병법상 최적의 공격 기회였는데도 이 기회를 외면해버렸다. 또 초나라 군이 강을 건넌 후 대오가 채 정비되지 않은 때 역시 또 다른 절호의 공격 기회였으나, 그는 이 기회도 포기했다. 좋은 기회를 연이어 포기한 잘못된 선택은 최후의 패배를 초래했다. 그 자신도 부상을 입은 송양공은 얼마 후 세상을 떠났다. 결국 사마천이 아무리 '인의를 실천했다'는 이유로 그의 잘못을 덮어주려고 해도 잘못은 잘못으로 남을 수밖에 없는 노릇이다.

송양공은 국가와 백성의 이익을 수호하기 위해 반드시 임기응변해야만 한다는 사실을 몰랐기에 돌이킬 수 없는 손실을 초래했다. 그는 제 생각만을 고집한 채 국가의 이익은 신중하게 고려하지 않은, 손자의 작전 원칙에 부합하지 않은 국왕이었다. 이런 행동이 사람들의 동정을 살 수 있을까?

7단계 속임수: 적을 약화시키는 방법은?

손자는 말했다. "전쟁이란 속임수다." 군사를 이용한 전쟁은 일종의 상대를 기만하는 행위라고 정의한다. 이 말은 전쟁의 특질을 잘 설명해 준다. "능력이 있으면서도 없는 것처럼 보이게 하고, 사용하면서도 사용하지 않는 것처럼 보이게 한다. 가까우면서도 먼 것처럼 보이게 하고 멀면서도 가까운 것처럼 보이게 한다. 이익을 통해 상대방을 유혹하고, 어지럽게 만들어 승리를 취한다. 상대가 충실하면 우리는 방비하고, 상대가 강하면 우리는 피한다. 상대를 분노케 하여 교란시키고 나를 낮추어 상대를 교만하게 한다. 상대가 편안한 상태라면 그를 수고롭게 하고, 상대와의 관계가 친밀하면 그들을 이간시킨다. 상대가 대비하지 않은 때 공격하며, 상대가 예상하지 못한 허점으로 나아간다. 이것은 전쟁에 능한 자들의 승리법이며, 사전에 알려줄 수 있는 것이 아니다."

'전쟁을 할 능력이 있으면서도 그럴 능력이 없는 척 위장한다. 군사를 동원할 계획이 있으면서도 동원 계획이 없는 척 위장한다. 멀리 군사를 보낼 계획을 세웠지만 군사는 가까운 곳에 있는 척 위장한다. 가까운 곳에 군사가 있지만 멀리 있는 것처럼 위장한다. 이익으로 적을 유인하고 적이 혼란한 틈을 타서 승리를 얻는다. 적의 역량이 충실하면 적을 방비하는 데 중점을 두며, 적의 병력이 강대하면 피하는 것이 낫다. 적을 격노케 한 후 공격해 격퇴시킨다. 적에게 겸손하고 비천하게 행동해 약한 모습으로 적을 교만케 한다. 적이 편안하고 여유로우면 피로하게 만들어버린다. 적이 단결되어 있으면 이간을 시킨다. 적이 대비하지 않은 때에 공격하며, 적이 주의하지 못한 곳을 공격한다.' 이것은 병법가가 승리하는 비결이며, 사전에 전수해줄 수 없는 무형의 것이다.

전쟁에서 왜 꼭 기만술을 사용해야만 할까? 두 군대가 맞서 싸울 때 확실한 승리를 보장하기 위해서는 반드시 적의 가장 큰 약점을 공격해야 하기 때문이다. 이것이 바로 '충실한 곳을 피하고 허술한 곳을 공격한다'는 원리다. 기만술은 적을 부실하고 약하게 만드는 방법이다.

8단계 종묘에서의 승부수 계산: 총체적인 평가

'종묘에서의 승부수 계산'이란 바로 총체적인 평가를 말한다. 앞의 7가지 조건이 모두 구비되면 제일 마지막에 다시 한 번 확인 단계를 거치게 되는데 이것이 바로 성공 경로도의 마지막 단계다. 손자는 말했다. "전쟁 시작 전 지휘부의 승부수 계산에서 이기는 자는 승산이 많은 것이다. 전쟁 시작 전 지휘부의 승부수 계산에서 이길 수 없는 자는 승산이 적은 것이다. 승산이 많으면 이기고 승산이 적으면 이길 수 없으니, 하물며 승산이 없는 싸움은 말할 필요도 없다! 나는 이로써 전쟁을 평가하고 승부를 알 수 있는 것이다."

전쟁에서는 도박을 걸 수 없다. 그러므로 전쟁 전에 총체적인 평가가 필요하며, 게다가 아주 신중한 평가가 필요하다. 손자는 전쟁 전 평가는 왕실의 종묘에서 진행하는 것이 가장 좋다고 말했다. 왕실의 종묘란 나라 역대 임금님들의 위패를 모셔놓은 곳으로, 장중하고 은밀하며 조용하여 심사숙고하기 좋은 곳이라는 장점이 있다. 또한 전쟁 평가 장소로 종묘를 택한 것은 조상들에 대한 존경심과 책임감을 가지겠다는 뜻이기도 하다.

승부수가 많이 계산되는 것은 승산이 많다는 뜻이기에 군사를 출병해도 좋다. 승부수가 적게 계산되는 것은 승산이 적다는 뜻이기에 출병해서는 안 된다. 승부수가 없다면 승산이 없는 것이니 아예 전쟁을 고려할 필요가 없고, 당연히 출병도 해서는 안 된다. 손자는 이렇게 말했다. "나는 종묘에서의 승부수 계산만 가지고도 승부를 판단할 수 있다."

———

여덟 경로, 사실은 한 경로

손자는 종묘에서의 승부수 계산을 총정리하며 앞의 7가지 단계를 종합적으로 평가했다. 이는 승부란 단편적인 계산 과정이 아니라 유기적으로 통합된 수 싸움임을 말해준다. 반드시 본질과 지엽적인 부분, 선후관계의 질서를 빠짐없이 확인하고 평소 준비 상황 및 실전 과정에서 일어날 변화 가능성을 두루 파악해야 한다. 적과 나의 실력 비교뿐 아니라 속임수가 필요한 전장의 특질을 이해하고 받아들여야만 전체적이며 실행 가능한 평가를 할 수 있고, 또 이로써 전쟁 여부의 의거로 삼을 수 있다. 이를 볼 때 손자는 성공 경로도를 비록 8가지 경로로 분류했지만 사실은 한 경로에 불과함을 알 수 있다.

송나라의 문인이자 예술가인 소식은 대나무를 그릴 때 마음속에 완벽한 대나무의 모습이 있어야만 붓을 들었다고 한다. 그는 이렇게 말했다. "요즘 사람들은 대나무를 한 마디 한 마디, 한 잎 한 잎씩 그리는데 이 그림 어디에서 대나무를 찾을 수 있나?" '한 마디 한 마디씩 그리고', '한 잎 한 잎씩 그리는 것'은 전체의 모습을 보지 못하고 전체적인 생명력을 지배할 수 없기 때문에 그려낸 모습도 대나무 같지 않게 된다. 마찬가지로 손자의 8가지 경로도를 하나씩 나누어서 생각한다면 손자의 전체적인 사유를 온전히 파악할 수 없다. 반드시 이 여덟을 하나로 융합·관통시키고 마음에 온전한 하나의 대나무를 그려낼 수 있어야만 《손자병법》의 진수를 이해할 수 있다.

—

인생에 득이 되는 계산, 실이 되는 계산

《손자병법》 13편은 〈계편〉으로 시작하고, 〈계편〉은 '종묘에서의 승부수 계산'으로 끝이 난다. 전쟁의 승부를 알려주는 천칭으로 손자가 '계산'을 생각하고 있음을 알 수 있다. 이런 면에서 그는 전장의 공인 회계사라 불릴 만하다. 그러나 성공 경로도 중 둘째 항인 '5가지 준비 사항'과 셋째 항인 '7가지 지표를 통한 비교'는 모두 '진리'를 첫 번째 핵심 요소로 삼은 것으로 볼 때 손자의 정산 배경은 '진리'로 귀결되며 이것이 중요한 관건이자 필수적, 선제적으로 확인해야 할 문제임을 알 수 있다. 이는 명나라 초기 학자인 방효유가 〈심려론深慮論〉[7]에서 말한 바와 완전히 일치하는 내용이다. "인간의 이성으로 계산할 수 있는 것이란 유한하다. 이성으로 계산할 수 없는 것이 있으니 이것이 바로 하늘의 진리이며, 이야말로 가장 큰 보화다."

대만 타이난 시 천공묘[8]에는 '일一'자 편액이 걸려 있는데 그 옆에는 다음과 같은 글귀가 한 구절 적혀 있다. '세상 사람들은 헛되이 노력하며 온갖 꾀를 써보지만, 하늘의 이치는 분명하여 속일 수 없다. 자기 마음대로 모든 것을 계산해놓지만, 그러고도 재앙과 경사는 무슨 수를 써도 바꿀 수 없다.' 모든 계산은 하늘의 도리를 기초로 해야만 한다. 만일 이 진리에 따르지 않고 스스로를 기만한다면, 아마도 인간의 계산법은 하늘의 계산법을 능가할 수 없을 것이다. 온갖 꾀를 다 써보아도 부질없는 노력이요, 결국엔 아무것도 남지 않는다.

맹자는 "물고기와 곰의 발바닥을 한꺼번에 얻을 수는 없다. 반드시 작은 것을 버려야만 큰 것을 얻을 수 있다. 목숨과 진리도 한꺼번에 얻을 수 없다. 목숨을 버려야만 진리를 얻을 수 있다"고 말했다. 이것이 맹자의 계산법이었다. 장자는 "나는 차라리 자유롭고 행복한 들꿩 한 마리가 되고 싶다. 비록 많은 시간을 허비해야 간신히 먹이를 찾을 수 있겠지만, 집에서 사육되는 피둥피둥한 닭이 되어 자유를 잃고 싶지는 않다"고 말했다. 이것은 장자의 계산법이었다. 두 사람은 정의롭고 늠름하며 자유자재로 노닐 수 있는 계산을 했기에 '득이 되는 계산'을 했다고 할 수 있다.

'득이 되는 계산'을 하는 사람도 많지만, 반면에 '실이 되는 계산'을 하는 사람도 많다. 역사적인 위인 나폴레옹도 워털루에서 패전했으며, 이기지 못하는 전쟁은 해본 적이 없던 항우도 해하 전투에서 패하고 말았다. 한신은 항우에 대한 셈법은 있었지만, 자신에 대한 셈법은 없었다. 전쟁의 승부는 셈할 줄 알았지만, 자신의 인생은 셈할 줄 몰랐던 셈이다. 시기에 따른 세력 변화에 둔감하고 정상의 자리에 올랐을 때 용감하게 퇴진할 줄을 몰라 결국 목숨마저 부지하지 못했다. 이 한 가지만 놓고 본다면 장량은 '교활한 토끼가 죽으면 사냥개는 삶아먹히고, 하늘을 날던 새가 잡히면 좋은 활도 창고에 처박히게 된다'는 사실을 알고 이러쿵저러쿵 시비를 가리려는 시비권을 일찌감치 떠났으니, 그는 한신보다 훨씬 현명했다.

부주의로 형주를 잃어버린 것은 관우가 저지른 실이 되는 계산이었다. '온갖 잔꾀를 계산하며 너무 똑똑한 척하다가는 오히려 자기 생명을 해하는 계산을 할 수 있다.' 이것은 왕희봉[9]이 한 실이 되는 계산이었다.

---

7) 방효유는 역대 중국 왕조의 흥망성쇠 사실을 다루며, 역대 군왕이 단지 전 왕조가 멸망했던 교훈을 단편적으로만 받아들이고 눈에 보이지 않는 문제는 간과했음을 지적했다. 또 그 원인을 인간의 이성으로는 알 수 없는 하늘의 뜻으로 귀결시켰다. 그가 이런 논증을 한 목적은 명나라 통치자들에게 역사적 교훈을 제시해, 장기간 안정적인 통치를 할 수 있는 도리를 '깊이 생각하도록' 하며 적절한 해결책을 찾도록 하려는 데 있었다.

8) 도교에서 옥황상제를 모시는 사당

9)《홍루몽》의 등장인물, 금릉십이차(金陵十二釵) 중 한 명, 가보옥(賈寶玉)의 어머니 왕부인의 친정 조카

중생들은 무지하여 무엇이 진정한 유익이고, 무엇이 해악인지 모른다. 날마다 이리 재고 저리 재며 눈에 보이는 이익을 따지기에 분주하다. 마치 흐르는 물이 얕은 강바닥을 훑고 지나가듯 시끄럽고 분주하다. 그들은 거대한 물보라도 결국 물로 돌아갈 뿐임을 모르고 있다. 〈계편〉 성공 경로도의 정산을 생각하며 우리는 자신의 인생을 어떻게 계획해야 할지 분명히 알아야 한다.

孫子兵法

《손자병법》에서 배우는 삶의 지혜

인생에서 실이 되는 계산을 왜 그렇게 많이 하는 것일까? 어쩌면 진리를 찾아갈 줄 알고, 생명의 본질로 돌아갈 줄 알게 된다면 진정 '득이 되는 계산'을 할 수도 있을 것이다.

1장

정 의

문제 대면하기, 가장 중요한 것은 태도

어떤 사람이 한 가지 실험을 했다. 꿀벌과 파리를 투명 유리병에 함께 넣은 후 병의 주둥이는 방 안을 향하고, 병의 바닥은 햇빛이 들어오는 창문을 향하게 하여 병을 탁자에 뉘어놓았다. 그러자 꿀벌은 빛이 있는 곳이 출구인 줄 알고 병의 바닥으로 있는 힘을 다해 날아가다가 부딪히기를 기진맥진할 때까지 포기하지 않았다. 반면에 파리는 아무런 방향감 없이 이리저리 마구 부딪히다가 요행히 병 주둥이를 통해 탈출할 수 있었다. 꿀벌은 변통 없이 자기 생각만 고집했고, 파리도 잘한 것 하나 없이 그저 좌충우돌만 했을 뿐이다. '변통을 모르는 생활방식'과 '맹목적으로 좌충우돌하는 생활방식'은 그들의 일생을 결정했다.

인생이란 문제를 연속적으로 대면하고 해결해나가는 과정이다. '천하에 본래 어려운 일이 있는 것이 아니며, 오직 마음에 뜻을 세운 사람이 제일 두려울 뿐이다'라는 말의 본질은 문제를 마주하려 한다면 반드시 해결 방법을 찾을 기회가 생긴다는 뜻이다.

맹자는 이렇게 말했다. "나는 하지 않는 것뿐이지, 할 수 없다는 것이 아니다." 플라톤 역시 이렇게 말했다. "이 세상에서 크게 걱정해야 할 만큼 가치 있는 일은 없다." 해결 불가능한 문제가 없다는 것은 한 사람에게 있어서 가장 자부할 만한 일이라고 할 수 있다.

문제 해결의 관건은 무엇보다도 문제의식이 있어야 한다는 것이다. 문제와 답은 쌍둥이 형제나 마찬가지다. 답은 항상 문제 안에 숨겨져 있기 때문에 문제를 파악하게 되면 답도 파악하는 것은 시간문제다. 그래서 답을 찾는 사람은 반드시 '문제 정의하기'부터 착수해야 한다.

《손자병법》13편 중 제1편 〈계편〉에서 단도직입적으로 나온 첫마디가 바로 정의에 관한 문제다. 손자는 말했다. "병법이란 한 국가의 대사로서 죽느냐 사느냐에 관한 것이며, 멸망에서 구하여 생존케 하는 방도이니 반드시 살피지 않을 수 없다." 손자의 이 말은 문제의 크기, 문제의 본질, 문제의 해결 방법과 문제를 대면하는 태도 등 전쟁 문제를 4가지 방면에서 정의하고 있다. 이 4가지 방면은 우리가 문제를 정의하는 데 있어서 편리한 비결들을 알려준다.

—

문제의 크기

문제의 크기는 사용할 자원의 양과 처리 시간 및 우선순위를 결정한다. 한 사람, 한 회사, 크게는 한 나라에 이르기까지 우리는 모두 크고 작은 문제에 둘러싸여 있다. 반드시 중요한 것과 중요하지 않은 것, 긴급한 것과 긴급하지 않은 것의 순서를 정해야만 문제를 순조롭게 해결할 수 있으며, 이것은 해결했지만 저것은 놓치거나 혹은 핵심을 잃고 지엽적인 부분을 추구하는 실수를 면할 수 있다. 그러므로 문제의 크기를 판단하는 것은 문제를 인식하기 위한 첫 번째 수업이 된다.

문제의 크기는 영향을 받는 측면의 크기로 살펴볼 수 있다. 《좌전左傳》에서는 "국가의 중대사로는 제사와 전쟁이 있다"고 말한다. 옛날에는 전쟁과 제사가 국가에서 가장 중요한 2가지 일로 하나는 국내를 안돈시키고, 또 하나는 국외의 우환을 제거할 수 있었다. 국내가 안정되고 해외의 문제가 해결되어야만 국가는 비로소 안정적인 장기 통치가 가능하니, 이것이 손자가 전쟁을 '국가의 중대사'로 정의한 주요 원인이었다. 그러나 이 세상에서 문제의 크기는 항상 범위를 확정하기가 모호한 법이다. 특히 개인의 주관적인 느낌이나 가치관 문제와 연관된 경우, 매우 큰 낙차가 발생해 심지어 극과 극의 판단이 나오기도 한다.

예를 들어 생사의 문제는 인생의 난제지만, 어떤 이들의 가치 체계에서 생사는 오히려 하찮기 그지없는 것으로 인식된다. 소크라테스는 진리를 수호하기 위해 용감하게 독배를 들었고, 〈정기가正氣歌〉를 쓴 문천상[10]은 두려움 없이 의를 위하여 자신을 희생했다. 광친 법사는 "나는 강으로 흘러가는 한 방울 물입니다. 저를 있는 힘껏 들이마셔서 받아들이시고, 제가 큰 바다로 흘러가버리지 않게 해주세요"라고 했다. 옛날에는 "배가 고파 죽는 일은 작은 일이고, 절개를 잃는 일은 큰 일이다"라는 가치관도 있었다. 이처럼 문제의 크고 작음은 사람에 따라서 달라질 수 있음을 알 수 있다.

선종에는 이런 이야기가 전해져 온다. 동자승이 노스님에게 질문했다. "스님, 저는 수행한 지 한참이 됐는데 왜 아직도 고민이 이렇게 많은 건가요?" 그러자 노스님은 동자승의 질문에 곧바로 대답하지 않고 동자승에게 부엌에 가서 소금 한 움큼을 집어오라고 시켰다. 그리고 소금을 찻잔에 집어넣어 마셔보라고 했다. 찻잔의 물을 마셔본 동자승은 짜다며 인상을 찌푸렸다. 노스님은 동자승에게 다시 부엌에 가서 소금을 한 움큼 집어오라고 했다. 그리고 야외로 나가 소금을 호수에 뿌린 후 동자승에게 그 물을 마셔보라고 했다. 동자승은 이번에는 짜다고 미간을 찌푸리지 않았다. 그러자 노스님은 이렇게 말했다. "같은 소금을 넣었지만 왜 어떤 물은 짜고, 어떤 물은 짜지 않을까? 중요

---

10) 남송 말년의 정치가, 문학가, 원나라에 항거한 명신. 육수부(陸秀夫), 장세걸(張世傑)과 함께 '송말 3걸'로 불렸다.

한 건 소금을 담은 용기의 크기에 달려 있단다. 네 마음이 호수 같으면 짜지 않고 찻잔 같으면 짠 게지. 너에게 고민이 있고 없고는 네 마음의 크기에 따라 결정되는 것이다!"

문제의 크기는 어떨 때는 잘 보이지만, 어떨 때는 잘 보이지 않기 때문에 선견지명이 필요하다. 한나라 선제 때 대신 곽광은 하늘을 나는 새도 떨어뜨리던 일인자였기에 친족들도 덩달아 세도를 부리기로 유명했다. 대부 서복은 한나라 선조에게 이를 미리 경고했으나 선제는 마땅히 들어야 할 말을 귀담아듣지 않았다. 결국 곽광의 사후 곽씨 가문은 멸문지화를 당하고, 한나라 왕조도 큰 타격을 입었다. 그런데 한나라 선조는 논공행상하는 자리에서 당시 선견지명을 가지고 경고했던 서복은 빼놓고 말았다. 어떤 이가 '곡돌사신曲突徙薪'의 이야기로 선제를 일깨우자 선제는 그제야 크게 깨닫고 당초에 그의 말을 듣지 않았던 것을 후회했다.

어떤 이가 한 저택의 굴뚝에서 불꽃이 일렁이는 것을 보고 주인에게 굴뚝을 중간이 굽은 모양으로 바꾸면 불꽃이 일렁이지 않을 것이라고 건의했다. 게다가 곁에 놓아둔 목재도 다른 곳에 옮겨놓으면 화재가 날 위험도 피할 수 있다고 전했다. 그러나 그 주인은 위험 의식이 전혀 없어 그의 건의를 받아들이지 않았다. 그런데 후에 진짜 불이 나자 이웃들은 불을 끄는 소방대 역할을 열심히 자처했고, 부상을 당한 사람도 여럿이었다. 주인은 이 사람들에게 감사하기 위해 큰 연회를 열었으나, 선견지명으로 경고했던 사람만 초대되지 않았다. 나중에 다른 이가 일깨워주었을 때에야 주인은 이 일을 다시 생각해낼 수 있었다. '곡돌사신'이란 선견지명이 있는 능력이며, 사건의 발전 추세를 예견하여 '작은 구멍을 메꾸지 않은 탓에 큰 구멍이 생겨 고생하는 안타까움을 방지'할 수 있는 능력이다.

—

문제의 본질

삶과 죽음은 불가역적이다. 손자는 '죽느냐 사느냐에 관한 것'이라는 한 구절로 전쟁의 잔혹한 본질을 간단명료하게 짚어냈다. 그래서 옛날에는 장군을 '사관死官'이라고 했는데, 이는 직무의 냉혹함을 강조한 말이다. 손자는, 군주와 장군은 감정적으로 경솔하게 출병해서는 안 된다고 말했다. 왜냐하면 감정은 변할 수 있지만, 사람은 죽으면 다시 살아날 수 없고 나라는 패망하면 다시 회복될 수 없기 때문이다. 당나라의 시인 왕한은 〈양주사凉州詞〉에서 이렇게 말한다.

"감미로운 고급 포도주를 백옥 술잔에 따라놓고 마시려 하는데
비파소리가 울리니 출정을 재촉이라도 하는 듯하다.
내가 술 취해 모래사장에 쓰러지더라도 웃지 마시게.
예로부터 출정하여 돌아온 사람 몇이나 되겠나!"

조조 역시 〈호리행蒿里行〉에서 이렇게 적었다.

"백골이 온 들판에 나뒹굴고,

　사방 천 리에 닭 울음소리조차 들리지 않는구나.

　살아남은 백성은 백에 하나 되려나,

　생각만 해도 애간장이 끊어지누나."

　전쟁이 가져온 생사 이별과 대량의 사상자는 누구라도 감당하기 힘든 아픔이다. 안타까운 것은 인류 역사 이래로 전쟁이 그친 적이 없었다는 것이다. 빅토르 위고의 말을 빌리자면 "이 세상에 나쁜 사람은 없다지만 나쁜 일들이 이렇게나 많이 벌어지고 있다." 모두 건망증 환자들일까, 아니면 인간은 전쟁에 대한 문제의 본질을 정확하게 인식해본 적이 없는 걸까? 전자가 답이라면 구제할 약이 없고, 후자가 답이라면 고칠 기회는 아직 남아 있다.

　본질을 이해해야만 증상에 따른 정확한 처방을 할 수 있다. 병의 원인을 찾지 못해 함부로 약 처방을 한다면 사실상 도움이 되지 못한다. 문제만 일으키는 머리로 생각을 한다면 답은 찾을 수 없다. 그러므로 반드시 다른 머리를 가지고 생각해야 한다. 애플사의 어떤 직원이 스티브 잡스에게 시장조사를 해서 제품 개발에 도움을 얻는 것이 어떻겠느냐고 묻자 잡스는 이렇게 대답했다. "우리가 고객에게 제품을 보여주기 전까지 고객들은 자신이 어떤 제품을 원하는지 전혀 모르고 있다네." 그는 포드 자동차의 창업자인 헨리 포드가 한 말, "만일 내가 고객에게 무엇을 원하느냐고 물으면 그들은 '더 빨리 달리는 말 한 마리요!'라고 대답할 것입니다"라는 말을 인용해서 대답한 것이다. 이것은 문제의 본질을 탐색할 때의 기본 태도에 관한 것이다. 문제가 발생한 상황에서 한 발짝 물러서야만 문제를 제대로 볼 수 있다.

인생의 본질에서 존재가 본질에 우선하는지, 혹은 본질이 존재에 우선하는지를 따지는 것은 사실 그다지 큰 의미가 없다. 사람들은 모두 자신의 일생에 책임을 져야 한다는 사실을 반드시 주목해야만 인생의 본질 문제에 부딪히게 되고, 인생의 방향을 붙잡을 수 있다.

사업을 하게 되면 어떤 경영이론이 좋을지, 어떻게 하면 목이 좋은 곳을 차지할 수 있을지, 어떻게 하면 성숙한 조직과 작업 절차를 만들지에 힘을 빼기보다 고객에게 무엇이 필요할지를 생각하는 것이 더 실속이 있다. 주식시장에 들어가서는 일정한 이론을 맹신할 필요가 없다. 어떤 거래 시스템이든지 종합 주가를 끌어올릴 수 있고 이윤을 얻을 수 있다면 이것이야말로 거래의 본질을 따른 것이기 때문이다.

—

문제의 해결 방법

문제의 원인을 찾아서 처리해야 한다는 것을 알면서도 처리할 방법이 없는 상황을 두고 '100리 길의 절반은 90리 길'이라고 한다. 도착점까지 남은 10리 길이 지금까지 온 90리 길만큼 중요하다는 뜻이다(옮긴이 주). 중간에 멈춰 서면 바로 그 순간 도착점은 도달할 수 없는 곳이 되며, 문제도 여전히 해결할 수 없기 때문에 모든 것이 다시 원점으로 돌아간다. 일반적으로 성공과 패배라는 기준만으로 영웅을 논하지는 않지만, 국가 백성의 생사존망이 달린 전쟁이라면 자연스럽게 성공과 패배를 두고 영웅을 논할 수밖에 없다. 여기에는 동정표가 없다. 이 사실은 우리에게 한 사람을 떠올리게 한다. 이후주[11]는 사람들의 입에 회자되는 사詞인 〈우미인〉을 짓기도 했다.

"봄꽃과 가을 달 같던 좋은 날들은 언제 끝났던가?

아련한 옛일을 난 아직 얼마나 기억하고 있지?

어젯밤에도 작은 누각에는 봄바람이 일렁였지.

휘영청 달 밝은 밤마다 고국이 떠오르는 그 아픔 참을 수 없어.

정교하게 조각한 난간, 옥돌로 쌓아올린 궁정 계단은 아직 그대로

일 텐데

그저 그리움에 사무친 내 얼굴만 변했구나.

내 마음속 이 슬픔, 얼마나 많은지 물어야 한다.

흡사 동으로 끝없이 흐르는 봄 강물 같다고."

비극은 발생해서는 안 된다. 어떤 사람도 그 무게를 감당할 수 없기 때문이다. 일개 망국의 군주가 한밤중에 흐느낀다 한들 동정을 얻

---

11) 이욱(李煜), 중국 5대 10국 남당의 후주. 중주(中主) 이경(李璟)의 여섯째 아들. 급박한 정치 정세에 주연을 일삼다가 국가의 멸망을 초래했지만 음률에 정통하여 아름다운 사들을 남겼다.

을 수 없다. 진정한 왕이 되려면 반드시 문제 해결 능력을 갖추어야 하고, 반드시 백성들의 생명과 재산에 책임을 져야 하며, 반드시 국가 흥망을 자신의 소임으로 받아들여야만 한다. 그렇지 않다면 직무 태만인 것이다.

시대를 잘못 만나 내 재능을 알아주는 사람이 없다고 원망하지 마라. 자신이 인재라면 스스로 두각을 나타낼 각오를 해야지, '하늘이 날 망하게 하는구나!'라며 운명을 탓할 생각일랑 집어치우자. 회사를 도와 회사의 문제를 해결하지 못한다면 회사는 무엇 하러 당신을 고용했을까? 국가의 승리를 위해 전투에서 싸우지 못한다면 어떻게 장군이 될 수 있을까? 자기 문제 하나 처리하지 못한다면 자신의 인생에 어떻게 떳떳할 수 있겠는가? 손자는 오나라 왕을 만나기 전 이미 13편의 이론을 정립하고, 오나라 왕에게 '나는 이미 준비가 되었노라'고 고했다. 이것이 문제의식이 왜 필요한지를 알려주는 중점이다. 해결 방법이 없다면 다른 것은 모두 공연한 헛수고에 불과하다.

문제를 대하는 태도

만일 어떤 일이 전쟁처럼 불가역적이며, 한번 잘못한 후에 다시 돌이킬 수 없다면 당신은 이 문제를 어떤 태도로 대할 것인가? 만일 당신이 한 국가의 운명을 짊어지고, 천만 명의 생사가 당신의 손에 달려 있다면 당신은 자신을 어떤 존재로 볼 것인가? 이것이 손자의 질문이다. 스티브 잡스 역시 동일한 질문으로 직원들의 잠재력을 끌어내 더욱 빠르게 작업 시스템을 설계한 적이 있다. 잡스는 물었다. "만일 한 사람의 생명을 구할 수 있다면 최대한 모든 방법을 다 동원해 가동 시간을 10초 줄일 수 있겠습니까?" 이것이 바로 태도의 문제다.

손자의 질문에 대답하기는 쉽지만 실천은 어렵다. 어렵지 않게 대답이 나온다는 것은 이런 소망이 인간의 본능이기 때문이다. 생사가 달린 긴박한 사건 앞에서 누구라도 함부로 행동하지 않고 정신을 집중해 문제를 해결하기 원할 것이다. 그러므로 동서고금을 막론하고 전쟁에 대해 마땅히 가져야 할 태도는 하나로 일치된다. 바로 '신중함'이다. 이는 노자가 한 말, "가장 큰 재앙은 적의 힘을 과소평가하는 것이고, 적의 힘을 과소평가하는 것은 내 최고의 보배를 잃어버리는 것과 마찬가지다"와 일맥상통한다. 손자 역시 오나라 왕에게 심각하게 이야기했다. "전쟁은 이익을 다투는 것이요, 재미있는 것이 아닙니다. 전쟁은 믿을 수 있어야 하며 놀이가 아닙니다. 군왕이 전쟁의 재미있는 점과 놀이에 대해서만 물어보니 신하들은 감히 대답할 수 없습니다."(《은작산 한고묘 죽간본銀雀山漢古墓竹簡本 · 견오왕見吳王》) 손자의 뜻은 전쟁을 멸시하는 태도를 버려야만 전쟁에 대해 물을 자격이 있다는 것이다.

이 대답의 배후에는 2가지 정보가 담겨 있다. 첫째, 일반적으로 특별히 강조하는 것은 특별히 부족하기 쉬운 것이라는 점이다. 날마다 호흡하지만 호흡에 대해 강조하는 사람은 찾아보기 어려운 것과 마찬가지다. 신중함을 강조하는 것은 당신이 신중하지 않기 때문에 자신에게 주의를 줄 필요가 있다고 말하는 것이다. 둘째, 신중한 태도란 벼락치기로 길러지는 것이 아니라 장기간의 훈련으로 길러진다는 사실을 등한시했다는 것이다. 그래서 신중함은 누구나 다 아는 것인데도 중대한 일을 앞두고 신중함을 '발휘해내지' 못하는 것이다. 알고 있는 지식을 습관으로 바꿔내지 못했기 때문이다. 그래서 사건이 닥쳤을 때 반드시 가져야 할 태도를 가질 수 없는 것이다.

태도는 또 문제에 대한 책임감이다. 즉, 문제가 나에게서 멈추기를 바라는 것이다. 미야자키 하야오의 만화영화 〈센과 치히로의 행방불명〉에는 이런 말이 나온다. "네 친한 친구가 만일 네가 눈물 한 방울을 흘리는 것을 본다면 두 번째 눈물방울은 손으로 받쳐주고, 세 번째 눈물방울은 흘리지 않게 막아줄 거야." 초나라의 명신 손숙오는 꼬맹이 시절에 머리가 두 개인 뱀을 만났다. 그는 머리가 두 개인 뱀을 본 사람은 죽는다는 이야기를 들었던 기억이 나서 다른 사람도 자신과 같이 죽지 않기를 바라는 마음에 뱀을 죽여버렸다. 이것이 바로 세 번째 눈물방울을 흘리지 않게 막아주려는 참을 수 없는 안타까움이다.

문제의 크기를 알았다면 문제의 경중과 긴박성을 가늠할 수 있고, 적절한 우선순위를 파악할 수 있다. 문제의 본질을 알면 문제의 근원을 찾아 증상에 맞는 정확한 약을 처방할 수 있다. 문제 해결의 방법을 알면 문제에 휩싸이지 않고, 계속 앞으로 나갈 수 있다. 또 문제를 해결할 수 있는 태도를 알면 문제를 신중하게 대하며 용감하게 책임질 수 있다. 이것이 바로 손자가 전쟁에 대해 가졌던 문제의식이다. 인생의 문제를 해결하는 것도 이와 마찬가지 아닌가!

문제를 정의할 때는 2가지 곤경에 빠지지 않도록 조심해야 한다. 하나는 사람마다 문제에 대해 내리는 정의가 다르기 때문에 다른 사람의 정의로 자신의 문제를 해결하려고 하지 말라는 것이다. 우리는 다른 사람이 정의한 내용을 맹목적으로 배우는 것이 아니라 스스로 정의 내리는 법을 배워나가야 한다. 그다음으로 정의는 문제를 더욱 잘 알고 쉽게 처리하기 위해 내리는 것이지만, 우주에는 변화가 발생하기 때문에 그전에 맞았던 정의가 지금은 틀릴 수도 있다. 그리스의 철학자 헤라클레이토스는 이렇게 말했다. "사람은 같은 강물에 두 번 빠지지 않는다." 그러므로 문제를 정의했다면 반드시 지행합일의 태도로 과단성 있게 행동에 옮기고 지체하지 말아야 한다. 그렇지 않으면 계속 정의만 내려야 하는 곤경에 빠질 수 있다.

《손자병법》에서 배우는 삶의 지혜

인생이란 문제를 연속적으로 대면하고 해결해나가는 과정이다. 문제를 마주하려 한다면 반드시 해결 방법을 찾을 기회가 생긴다. 문제는 나에게 있으며, 해답도 나에게 있다. 문제 해결의 관건은 무엇보다도 문제의식이 있어야 한다는 것이다.

2장

진 리

가장 큰 영향력은 눈에 보이지 않는다

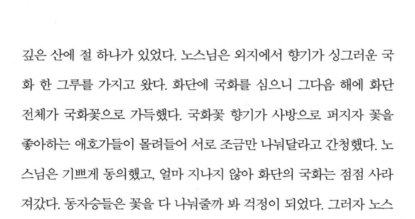

깊은 산에 절 하나가 있었다. 노스님은 외지에서 향기가 싱그러운 국화 한 그루를 가지고 왔다. 화단에 국화를 심으니 그다음 해에 화단 전체가 국화꽃으로 가득했다. 국화꽃 향기가 사방으로 퍼지자 꽃을 좋아하는 애호가들이 몰려들어 서로 조금만 나눠달라고 간청했다. 노스님은 기쁘게 동의했고, 얼마 지나지 않아 화단의 국화는 점점 사라져갔다. 동자승들은 꽃을 다 나눠줄까 봐 걱정이 되었다. 그러자 노스님이 그들을 안심시키며 말했다. "걱정하지 마라. 1년만 지나면 화단 전체가 국화꽃 향기로 진동할 테니."

한 사람이 국화를 심으면 꽃향기가 정원에 가득하고, 모든 사람이 다 국화를 심으면 곳곳마다 향기가 난다. 전쟁이라는 골치 아픈 문제는 한 사람이 완수할 수 없으며, 반드시 전 국민이 나서서 참여해야 한다. 전 국민이 전쟁에 참여하길 원할까? 관건은 군주가 진리를 따르는지 아닌지에 달려 있다.

《손자병법》에서 제시한 5가지 준비사항 '진리, 하늘, 땅, 장수, 법도'에서는 군주에게 진리가 있는지를 첫 번째 항목으로 꼽았다. 손자가 말하는 진리란 무엇일까? 그는 말한다. "진리란 국민들이 윗사람과 같은 마음을 가지게 할 수 있는 것이다. 그래서 군주와 함께 죽을 수도 있고, 군주와 함께 살 수도 있으며, 위험을 두려워하지 않는 것을 말한다." '진리'란 전국의 백성들이 당신과 이심전심이 되어 당신을 위해서라면 생명의 위험도 두려워하지 않고 목숨을 버려 죽음을 택하기를 원하도록 만드는 것이다. '같은 마음'은 바로 응집력이요, 구심력이며, 일체감을 말한다.

—

진정한 지도자

진리를 가진 지도자란《역경·태괘·단易經·兌卦·彖》의 글을 근거로 이야기하자면, '강인함과 부드러움의 공존', '하늘에 순종, 사람의 본성에 순응', '전장에서 사병에 솔선수범', '전진하며 위험과 장애를 두려워하지 않는 용기'의 4가지 조건을 구비해야 한다. 지도자가 강인함과 부드러움을 두루 갖추고, 하늘의 도리와 사람의 본성에 순응하여 통치하면 백성들은 즐겁게 참여할 수 있다. 지도자가 사병보다 솔선수범하면 백성들은 이에 감화를 받아 수고와 어려움을 거리끼지 않는다. 지도자가 위험을 두려워하지 않고 용감하게 전진하면 백성은 죽음까지도 두려워하지 않는다.

놀기 좋아하고 일하기 싫어하는 것, 살기 원하고 죽기 싫어하는 것, 이것은 사람의 본능이다. 본능은 인도가 필요할 뿐 강압할 수 없는 것이다. 〈태괘〉의 '태' 자는 좋아한다는 뜻이며, 진심으로 기뻐하며 마음으로 복종하는 것을 말한다. 진정한 진리가 있는 군주에게만 백성들은 진심으로 복종을 할 수 있다.

《여씨춘추·맹동기·이용呂氏春秋·孟冬紀·異容》에서는 상나라 탕왕의 '망개일면網開一面' 고사를 기재하고 있다. 어느 날 상나라 탕왕이 한 사냥꾼을 보니 그물을 온 사방에 다 둘러 쳐놓고 작은 새를 잡으며 이렇게 기도하고 있었다. "하늘에서 날아오든, 땅에서 솟아나든, 혹은 사면팔방에서 몰려오든, 전부 다 내 그물 안으로 들어오게 해주십시오."

상나라 탕왕은 사냥꾼의 모습에 연신 고개를 가로저으며 말했다. "이렇게 싹쓸이로 씨를 말려서야 하나라의 폭군 걸왕과 무슨 차이가 있겠나? 거미가 그물을 칠 때 어떻게 하는지를 배워야 하네. '곤충들이 왼쪽으로 가고 싶건, 혹은 오른쪽, 위로, 아래로 가고 싶건 간에 모두 각자 원하는 대로 하세요. 저는 이쪽으로 오시는 분만 받겠습니다' 하는 태도 말일세."

탕왕의 '망개일면' 이야기는 한수[12] 이남 40개 소국의 백성들을 감동시켰다. 그들은 탕왕의 덕행이 금수에게까지 미치는데, 하물며 사람은 어떻게 대하겠냐며 너도나도 탕왕에게 귀의했다. 훗날 탕왕은 모두의 구세주가 되어 "동으로 토벌하러 가면 남쪽 백성들이 빨리 와주지 않는다고 원망하고, 남으로 토벌하러 가면 북쪽 백성들이 와주지 않는다고 원망한다"는 명성을 얻게 되었다.

초한이 서로 싸우던 시기에 본래 유방 진영에 속했던 영포가 반란을 일으키려 하자 유방은 매우 걱정이 되었다. 그러나 참모 설공은 유방을 안심시키며 말했다. "영포는 걱정할 필요 없습니다. 영포가 반란을 일으킬 경우 상, 중, 하의 3가지 책략을 쓸 수 있습니다. 그중 백성들 입장에 서는 상책을 사용한다면 그는 성공할 것입니다. 그러나 영포는 이기적이고 자기만 알기 때문에 자기가 집착하는 하책을 쓰려 할 겁니다. 하책을 쓰면 백성들의 지지를 받을 수 없기 때문에 성공할 수 없습니다. 폐하께서는 베개를 높이 베고 편안하게 주무셔도 됩니다." 후에 정말로 설공이 말한 대로 이기적인 영포는 백성들의 지지를 받지 못하고 세력은 급속도로 와해되고 말았다.

'리틀 보이'라는 별명으로 불리던 미국의 대통령 프랭클린 루스벨트는 척수 회백질염(소아마비)에 걸렸지만 신체의 질병을 극복했을 뿐 아니라 미국 백성들을 이끌어 불안했던 시대를 극복했다. 그의 예지, 근면, 국민의 아픔과 함께 아파하는 애민정신 및 다른 소리를 포용할 줄 아는 도량은 그를 미국 역사상 유일한 4선 대통령으로 만들어주었다.

---

12) 후베이성과 산시성에 있는 강

전기 작가 스미스는 루스벨트를 칭찬하며 이렇게 말했다. "자신을 휠체어에서 일으켜 세우고, 나라 전체를 굴종에서 해방시켰다."

국민을 먼저 생각하는 정치가는 말 한마디, 행동 하나마다 강렬한 감동을 불러일으킨다. 루스벨트가 국민과 허물없이 나눈 노변정담은 국민들을 격려했고, 자신감을 회복시켜주었다. 이것은 그가 고심 끝에 생각해낸 방법이 아니었다. 그가 이런 방식으로 전국의 국민들과 대화하지 않고 다른 방식을 사용했다 하더라도 그는 분명 국민들의 인정을 받았을 것이다. 왜냐하면 그의 마음은 언제나 국민들과 함께 했기 때문이다.

—

공동의 염원을 만족시키라

진리를 가진 지도자는 반드시 국민의 필요를 만족시킬 줄 알아야 한다. 그렇다면 국민들은 무엇을 필요로 할까? 심리학자 매슬로는 인간의 욕구를 생리적 욕구, 안전 욕구, 소속과 친애 욕구, 자아존중 욕구, 자아실현 욕구 등 5가지로 분류했는데, 지도자는 이것을 사고의 방향으로 삼을 수 있다.

생리적 욕구

생리적 욕구는 인류에게 있어 가장 기본적인 욕구다. 《예기·예운禮記·禮運》에서는 이렇게 적고 있다. "먹고 마시는 식욕과 남녀 간의 성

욕은 인간의 가장 큰 욕구다." 1992년 클린턴 대통령이 조지 부시 대통령을 격퇴시킨 구호가 바로 "바보야, 문제는 경제야"였다. 비록 과거 부시는 걸프전에서 멋지게 승리함으로써 큰 명성을 얻었지만, 미국 경제가 쇠퇴한다는 경고의 소리는 무시했다. 그때 예민한 클린턴이 경제라는 기본적인 욕망으로 돌아가려는 욕구의 냄새를 맡으며 승리를 얻게 되었다.

안전 욕구

국민은 생존에 위협을 느낄 때 발로 투표를 한다. 《시경》에는 〈석서碩鼠〉라는 시 한 편이 있다.

"큰 쥐야 큰 쥐야, 내 기장을 훔쳐 먹지 마라!
몇 년 동안이나 너를 힘들게 섬겨왔는데, 내가 죽건 말건 너는 전혀 상관도 안 하는구나.
지금부터 너를 떠나겠다고 맹세한다. 꿈에도 그리던 낙토로 갈 거야."

이 시에서는 국왕을 큰 쥐에 비유했다. 큰 쥐가 백성의 심장과 피를 갉아 먹어 살아갈 수 없게 된 백성들은 결국 집과 고향을 떠나는 방식으로 항의를 표시했다. 2011년 내전으로 인해 400만 명의 난민이 발생한 시리아를 보고 다시 이 시를 읽어보면 자신도 모르게 한숨이 나온다. 인류가 2,000여 년 동안 발전의 시간을 거쳤는데도 백성이 살든

죽든 전혀 관심 없는 지도자들은 여전히 역사의 교훈을 되새기지 못
하고 있기 때문이다.

소속과 친애 욕구

'사랑'은 인류 공통의 언어로서 마음에 사랑이 있을 때 공감을 불러
일으킬 수 있고 어려움을 극복하는 힘을 발휘할 수 있다. 빅토르 위고
의 소설《레미제라블》의 남자 주인공 장발장은 인생의 막다른 길에 부
딪혔을 때 신부의 도움을 받아 개과천선하여 남다른 삶을 살아갔다.

몇 년 전, 나는 감옥을 찾아 청소년 수형자들을 돕기 위한 교화를
실시한 적이 있다. 첫날 수업에서 나는 바로 장발장의 이야기로 그들
을 격려했다. "여러분은 감옥을 나가면 다시는 들어와서는 안 됩니다.
선생님이 바로 여러분의 친구예요"라고 말하며 전화번호와 주소까지
적어주었다. 학기가 끝날 무렵, 한 학생이 염주 하나를 선물해주었다.
이 염주는 어디서 난 것이냐고 묻자 그는 "방금 전에 밖에서 한 여자
수형자가 감옥에서 출소하려는 것을 보고 선생님께서 해주셨던 그
말씀이 생각났어요. 그래서 큰 소리로 '밖에 나가면 다시는 들어오지
마세요!'라고 외쳤더니 그 여자 수형자가 뒤돌아 저를 보더니 손에 차
고 있던 염주를 벗어서 저에게 선물로 주었어요. 선생님과 헤어지는
데 제가 드릴 것이 하나도 없어서 이 염주를 선생님께 선물해 드린 거
예요"라고 말했다. 그 당시 나는 매우 크게 감동했다. 생명 간의 상호
연결, 이것보다 더 아름다운 순간은 없었다.

자아존중 욕구

'존중'이란 인격에 대한 일종의 긍정이다. 영화《엽문 2》에서 엽문은 서양 사람들이 중국 무술을 경멸하자 영춘권[13]으로 서양식 무술 고수를 격파시켜버린다. 그리고 그가 전하는 한마디, "사람의 지위는 높고 낮은 구분이 있을지 몰라도, 인격에는 귀하고 천한 차별이 없다." 이 말은 우리의 마음을 감동시킨다.

미국 남북전쟁 시기, 전쟁이 대치 국면에 접어들었을 때 링컨은 '노예해방 선언'을 발표하고, 흑인 노예들이 자유인이 되었음을 선포하여 수많은 흑인 노예들의 인정과 연이은 전향을 이끌어냈고 결국 전쟁을 순조롭게 마칠 수 있었다. 링컨이 인간성의 존엄에서 시작해 흑인 노예들의 마음속 가장 부드러운 곳을 건드려 얻게 된 구심력은 마치 밀물처럼 전 미국을 뒤덮었다. 링컨의 사랑을 향한 일념은 거대한 영향을 끼쳤다.

비록 2009년 오바마 대통령이 당선되면서 미국에서 첫 번째 흑인 대통령이 탄생하기는 했지만, 링컨의 노예해방 선언이 있은 지 이미 100여 년의 시간이 흐른 후였다. 그러나 링컨이 이 한 걸음을 내딛지 않았더라면 흑인의 운명은 아마도 더욱 힘겨웠을 것이다. 주희가 공자에 대해 "하늘이 중니를 낳지 않았더라면 이 세상은 마치 길고 긴

---

13) 중국 전통 무술로서 상대의 습격을 제지하는 기술이다. 적극적이며 간결한 정당방위 시스템으로서 무력을 합법적으로 사용하는 권법이다. 중국의 기타 전통 무술과 비교하자면 최대한 빨리 상대를 제압하여 당사자의 손실을 최소화하는 데에 중점을 둔 권법이다.

밤과 같았을 것이다"라고 찬탄한 것처럼, 이 세계에 만일 이런 위대한 심장을 가진 인물들이 나타나지 않았다면 인류는 아직도 캄캄한 밤 속을 헤매고 있을 것이다. 그래서 비록 100여 년의 시간이 흐르고 대통령이 수십 명 바뀌었다 하더라도 링컨 대통령은 여전히 미국인들의 마음속에 가장 사랑받는 대통령으로 자리 잡고 있다.

자아실현 욕구

'자아실현'은 모든 사람의 일생에서 가장 큰 소망이다. 한번은 노벨 평화상을 받은 소련의 최고지도자 고르바초프와 경영의 신 마쓰시타 고노스케가 만나게 되었다. 고르바초프는 마쓰시타 고노스케에게 말했다. "내 일생에서 가장 자랑스러운 일은 바로 '소련을 해방시킨 것'입니다." 그러자 마쓰시타 고노스케도 지지 않고 응수했다. "제 일생에서 가장 자랑스러운 일은 바로 '전 세계의 여성들을 해방시킨 것'입니다." 한 사람은 정치적인 지혜로 공산주의 체제를 와해시켰고, 또 한 사람은 상업적인 두뇌로 가전제품을 발명하여 여성들이 주방에서 낭비하던 시간을 절약시켰다. 그들은 모두 자신만의 멋진 인생을 살아냈다.

유비는 제갈공명이란 인재를 얻기 위해 그의 초가집을 세 번이나 방문했으며, 제갈공명은 부르심에 보답하기 위해 온몸이 쇠약해져 죽을 때까지 충성했다. 유방은 도망갔던 한신을 붙잡기 위해 단을 쌓아 그를 정중하게 대장군에 임명했으며, 한신은 일생 두 마음을 품지 않았다. 연나라 태자 단은 형가를 지기로 보았으며, 형가는 죽음을 인생의 귀로로 보았다. 지도자들이 그들에게 자아실현을 할 수 있는 무대를 만들어주었기 때문에 이들도 인생에서 가장 멋진 장절을 연출할 수 있었던 것이다.

나는 애플사의 현재 CEO 팀 쿡이 잡스를 평가한 한마디를 매우 좋아한다. "우리는 세계를 변화시키기 원했다. 이것이 우리가 날마다 일하러 오는 이유였다." 잡스는 '세계를 변화시키기 원한다'는 더 높은 시야와 더욱 거시적인 관점, 더 비전 넘치는 이상과 가치관으로 전 세계 각지의 엘리트들을 매료시켰고, 이 위대한 목표에 함께 매진했다. 그는 '자아실현'은 인재들의 최대공약수요, 인간의 잠재력을 발휘시킬 가장 큰 동기라는 것을 알고 있었다.

5대 욕구는 누구에게나 있는 공통점이다. 한 지도자가 국민들의 욕구를 만족시키고, 생존의 가치를 수호해줄 수 있다면 국민들의 지지를 받을 것이다.

직장에서 사장은 모든 직원이 생활을 해야 한다는 점을 생각해 월급을 조금 더 주고, 모든 직원이 인정받기를 원한다는 점을 생각해 조금 더 칭찬해주어야 한다. 모든 직원에게 자존심이 있다는 것을 생각해 조금 더 존중해주고, 모든 직원이 자신의 존재가치를 증명하고 싶어 한다는 것을 생각해 조금 더 기회를 주어야 한다. 지난하고 고단한 인생을 사는 사람이 많다. 사람들의 마음에는 모두 말 못 할 고충이 있다. 그들에게 조금 더 웃어주자. 그러면 분명 모든 사람이 따르는 사장이 될 것이다.

서로의 차이를 존중하라

인성에는 공통점도 있지만 차이점도 있다. 지도자는 반드시 이 2가지를 동시에 고려해야 한다.

가치관의 차이

사람들은 저마다 문화적 배경, 정치적 입장, 종교적 선택, 예술적 애호, 인생관 등이 서로 다르다. "나는 당신의 관점에 동의하지 않는다. 하지만 당신이 말할 권리는 끝까지 사수할 것을 맹세한다!"라는 말이 있다. 이 말의 강조점은 바로 차이점을 존중한다는 것이다.

장자의 〈제물론〉에는 '조삼모사' 고사가 나온다. 원숭이를 기르는 한 노선생이 있었다. 그가 원숭이들에게 아침에는 도토리 3개를 주고 오후에는 4개를 주자 원숭이들은 매우 불만스러워했다. 그래서 방법을 바꾸어 아침에는 4개를 주고 오후에는 3개를 주자 원숭이들은 매우 좋아했다. 같은 7개지만 효과는 완전히 달랐던 것이다.

장자는 원숭이들은 아침에는 4개, 오후에는 3개를 좋아하고, 아침에는 3개, 오후에는 4개는 싫어했으니 원숭이들의 말을 들어주자고 한다. 이것을 일러 '양행兩行'이라고 한다. 즉, 너도 되고 나도 된다는 것이다.

다른 사람이 반드시 나와 똑같아야만 한다고 주장할 필요가 있을까? 노자는 이에 대해 이렇게 말했다. "성인은 자기만의 정해진 마음이 없으며, 백성의 마음을 자기 마음으로 여긴다." 지도자는 자신의 생각을 버릴 수 있어야 하며, 한 가지 표준으로만 이 세계를 재단하려 들지 말고 백성의 마음의 소리를 들으며 백성의 생각을 존중할 줄 아는 것, 이것이 바로 좋은 지도자의 덕목이다.

개성의 차이

개성은 생명이 주어짐과 동시에 얻게 되는 인격적 특징이다. 정원에 핀 가지각색의 꽃처럼 각기 자신만의 장점이 있다. 진晉나라의 유소는 《인물지·구징人物志·九徵》에서 이렇게 말했다. "대저 사람과 사물의 본성은 그의 감정과 성격에서 비롯된다. 감정과 성격의 도리는 섬세하고 심오한 것이라 성인이 관찰하지 않으면 그 누가 이를 연구할 수 있겠는가?"

개성은 인간의 독특성이며, 인간의 개성은 서로 다르고 매우 섬세하며, 성인의 예지가 있어야만 알아낼 수 있는 것이다. 《논어論語》에는 공자 제자들의 특징이 기록되어 있다. 예를 들어 민자건은 성격이 치우치지 않고 올바르며, 자로는 강인하고 솔직했다. 염유, 자공은 매우 온화했다. 특별히 공자는 자로에게 일을 할 때 극단적이 되지 않도록 충동적인 성격을 자제하라 타이른다. 공자는 차이를 그대로 받아들이면서 그들의 개성에 따라 적절한 가르침을 줄 줄 알았기 때문에 후대 사람들이 존경하는 지극한 성인이요, 인류의 스승이 될 수 있었다.

재능의 차이

사람은 서로 다른 재능을 가지고 있기 때문에 한 가지 잣대로만 판단할 수 없다. 이와 관련된 한 가지 이야기가 있다. 겨울이 곧 오려고 하자 개미는 열심히 식량을 나르며 겨울을 날 준비를 했다. 하지만 베짱이는 전과 다름없이 노래하며 춤만 추고 있었다. 개미는 베짱이에게 식량을 빨리 저장하지 않으면 겨울이 올 때 굶어 죽기 십상이라고 경고했지만 베짱이는 듣지 않았다. 과연 겨울은 찾아왔고, 베짱이는 눈과 얼음으로 뒤덮인 들판에서 굶어 죽고 말았다. 이 이야기는 우리에게 가랑비가 내려 아직 옷이 다 젖지 않았을 때, 즉 평안할 때 위험을 생각하라는 교훈을 준다. 하지만 이 이야기에는 또 다른 버전이 있다고 한다.

베짱이가 개미의 경고를 들은 척 만 척하자, 개미는 바로 이렇게 건의했다. "너는 노래하고 춤추는 걸 좋아하니까 아직 날씨가 추워지기 전에 얼른 남쪽 지방으로 가서 공연단에 들어가 네 실력을 발휘해보렴." 그 건의를 받아들인 베짱이는 눈과 얼음 속에서 얼어 죽는 대신, 다음 해 봄에 금의환향했다. 이 이야기는 사람의 머리 위에는 다 자신에게 속한 하늘이 있고, 재능은 서로 다를 뿐 결코 좋고 나쁨의 차별이 없다는 것을 알려준다.

전 NBA 시카고 불스의 필 잭슨 감독은 예전부터 '선사님'이라는 별명으로 불렸다. 그가 팀을 운영하는 원리는 마음의 깨달음과 대원의 차별성을 존중하는 것이다. 그는 항상 다양한 서적을 골라 대원들에게 선물하길 좋아했는데 그가 코비 브라이언트에게 선물한 책은 흑인 소년이 백인 사회에서 성장해가면서 부딪히는 도전을 그린 내용이었다고 한다. 왜냐하면 그것은 코비의 성장 경험과 동일했기 때문이다. 샤킬 오닐에게 선물한 책은 니체의 자서전이었는데, 이 책이 슈퍼스타가 자신을 잃어버리지 않도록 도와줄 수 있다고 믿었기 때문이다.

마이클 조던은 이렇게 말했다. "시카고 불스 팀에서 우리가 가장 감사했던 사람은 필 잭슨 감독이었습니다. 그는 우리의 장점과 약점, 생각을 시종일관 잘 이해하고 있었습니다. 그는 시카고 불스 팀에서 유일하게 우리를 완벽하게 이해했던 사람이었습니다." 사람들 각각의 다른 점을 이해하고 개인의 잠재력을 키워주며, 모든 사람의 힘을 하나로 합하여 놀라운 화학반응을 일으켜 한 팀이 정상에 오르게까지 한 것은 바로 필 잭슨 '선사님'의 능력이었다.

—

소리 없이 만물을 적셔주는 가는 비

지도자는 '진리'에 부합해야 한다. 노자는 "진리를 이렇다 저렇다 말할 수 있다면 그것은 진정한 진리가 아니다"라고 말했다. 진리란 무한한 것이므로 진리를 대신할 정의를 찾거나, 혹은 어떤 일정한 특성으로 귀납할 수 없기 때문이다. 진리는 일종의 인격체이며, 일종의 경지다. 진리에 대해 깨닫게 될 때 자연스럽게 불가사의한 힘을 발휘할 수 있으며, 이는 계량화될 수 없다. 두보는 〈춘야희우 春夜喜雨〉에서 이렇게 노래했다.

"때에 맞춰 오는 비는 시절을 알아보고

봄이 되어 만물이 자라날 때가 되니 찾아온다.

봄바람 따라 가만히 밤에 와서

소리 없이 만물을 적셔주는 가는 빗줄기."

지도자는 마치 한바탕 봄비처럼 아무도 모르는 사이에 만물 사이로 스며들어 만물을 촉촉이 적셔주고, 만물을 일깨워주면서도 누가 그들을 잠에서 깨웠는지 아무도 모르게 일한다. 손자의 '진리' 역시 반드시 이렇게 체득해야 한다.

《손자병법》에서 배우는 삶의 지혜

'진리'란 누군가와 이심전심이 되어 당신을 위해서라면 생명의 위험도 두려워하지 않도록 만드는 것이다. '같은 마음'은 바로 응집력이요, 구심력이며, 일체감을 말한다. 진리를 깨닫게 될 때 자연스럽게 불가사의한 힘이 생겨난다.

3장

하 늘

변화에 능숙하게 대처하기

하늘은 공평하다. 당신과 당신의 경쟁자들에게 동일한 해와 동일한 달 그리고 하늘 가득한 별들을 주고, 동일한 하늘 아래에서 낮과 밤의 변화와 사계절의 순환에도 함께하기 때문이다. 객관적인 세계에서 주관적인 느낌을 가지고 어떻게 '하늘의 도리를 통해 사람의 일들을 밝히고 깨달을지'는 각각의 사람이 저마다 반드시 노력해야 할 숙제가 되었다.

하늘은 변화에 능숙한 마법사다. 손자는 전쟁의 각도에서 하늘을 바라보며 하늘의 핵심 3가지를 알아냈다. "하늘이란 맑고 흐림과 춥고 더움, 사계절의 변화를 말한다." 음양이란 하늘색의 맑고 흐림, 밝고 어두움 등을 가리키며, 시각적인 느낌을 말한다. 한서란 날씨가 춥고 더움,

즉 몸의 느낌을 말한다. 시제란 사계절이 변화하는 순환이며, 시간의 개념을 말한다. 이 3가지가 손자의 천시관天時觀을 구성한다.

음양의 4대 개념

태양이 비치는 곳을 '양지'라고 하며, 태양이 비치지 않는 곳을 '음지'라고 한다. 이것이 음양의 본의다. 후에 뜻이 확장되어 서로 상반되는 2가지의 사물을 모두 음양이라고 부르게 되었다. 예를 들어 천지, 낮밤, 남녀, 내외, 부부, 군자와 소인 등등이 있다. 이어서 음양을 서로 보충하고 발전시켜주는 관계로 보거나, 서로 반대되면서도 서로를 촉진시키는 개념으로 보았다.

《주역·계사상繫辭上》에는 "한 번의 음과 한 번의 양을 합하면 그것을 도라고 한다"라는 말이 있다. 음양의 변화는 우주를 움직이는 2가지 주요 요소로서, 이 말에서 음양은 '진리'를 가리키는 대명사가 되었다. 진리라는 차원까지 상승했기 때문에 만물을 창조하는 특징을 가지게 되었다.

《주역·계사상》에서는 "음양을 측량할 수 없으면 그것을 신神이라고 한다"고 이야기했다. 측량할 수 없다는 것은 인간의 힘으로는 알 수 없다는 것이며, 천하 만물들이 모두 이 음양에서 생겨나 끊임없이 변화하되 그 깊이를 측정할 수 없다면 그 존재를 신이라고 부를 수밖에 없는 것이다. 음양은 여기까지 변화하면서 그 의미가 확장되고 극치에까지 발전을 이루었다고 할 수 있다.

훗날 음양가가 나타나면서 만물을 생성시키는 음양의 변화를 사상적으로 한 번 더 신비화시켰다. 사마천은 음양가를 두고 "음양의 소멸과 성장을 깊이 관찰했으나, 음양을 괴이하고 굽어지게 변질시켰다"고 말했다. 즉, 음양가는 음양 변화의 규율에 대해 철저하고 심도 있는 이해를 했지만 오히려 술수, 점술, 점성술 등의 요소를 혼합시키며 음양을 이상한 것으로 변질시켰고, 음양의 의미도 복잡하게 만들어버렸던 것이다.

기본적으로 음양의 개념은 4가지를 넘지 않는다. 첫 번째 개념은 순전히 태양을 향한 것과 등지고 선 것만을 구별한 것으로, 이것은 가장 기본적인 음양의 개념이다. 두 번째와 세 번째 개념은 '음양의 인격화'다. 즉, 대자연에 주관적인 의미를 부여하여 철학적 차원으로 발전시킨 것이다. 네 번째는 바로 '음양의 신비화'다. 이성의 범주를 뛰어넘어 사람이 제어 가능한 범위를 넘어선 것을 말한다.

손자의 음양관은 앞의 3가지 개념만 내포하고, 네 번째 개념은 포함하지 않는다. 그는 귀신에 대한 이야기는 하지 않았기 때문이다. 그러나 손자는 대자연의 천체현상, 기후 파악에는 조금도 소홀하지 않았다. 예를 들어 〈화공편〉에서 화공을 해야 할 시점에 대해 이렇게 말했다. "화공을 하려면 반드시 하늘이 마르고 사물도 건조한 때, 동시에 바람이 부는 날을 택해야 한다. 즉, 달이 4개의 별자리의 방위 중간에 가 있을 때 해야 효과적으로 공격할 수 있다."

귀신의 말, 믿거나 말거나?

비록 손자는 귀신에 관한 이야기는 믿지 않았지만, 그 시대에는 귀신을 믿는 사람들이 적지 않았다. 예를 들어 춘추 시대에는 세성(목성)이 머무르는 국가는 세성의 보호를 받는다는 설이 있었다. 보호를 받는 국가는 공격해선 안 되며, 이를 무시하고 함부로 공격했다가는 재앙을 불러온다는 것이다.

《좌전》에서 소공 32년 여름, 오나라가 월나라를 공격하자 진晉나라의 대부 사묵은 40년 안에 월나라가 오나라를 멸망시킨다는 예언을 했다. 그 이유는 바로 1~2년간 세성이 월나라 위에 머무르기 때문에 월나라는 하늘의 복을 받고 있었는데, 오나라가 월나라를 공격하는 커다란 금기를 범했기 때문이라는 것이었다. 38년이 지나 월나라가 과연 오나라를 멸망시켜 사묵이 세성을 근거로 한 예언을 증명해주는 듯했다. 그러나 모든 사람이 이런 설을 믿는 것은 아니었다.《육도六韜》중에는 주공과 강태공이 귀신에 대해 설전을 벌이는 내용이 실려 있다.

무왕이 주나라를 토벌하고 대군이 사수변 우두산에 도착했을 때 갑자기 번개와 우레가 울리더니 폭풍우가 몰아쳐 군대의 깃발이 모두 부러지고, 무왕의 마차와 군마 역시 번개에 격파되고 말았다. 이런 갑작스러운 천재지변을 만나자 주공은 즉각 점을 쳐보았다. 결과는 흉조였다. 주공은 하늘의 뜻을 거스른 행동을 했기 때문에 마땅히 군대를 퇴각시켜 되돌아가야 한다고 여겼다. 그러나 강태공의 생각은 사뭇 달랐다. 그는 "용병과 승부의 관건은 사람에게 달려 있지, 하늘의 뜻과는 무관합니다. 하늘의 뜻에 따른다고 해서 반드시 길하리라는 보장이 없고, 하늘의 뜻을 거스른다고 해서 반드시 흉하리라는 보장도 없습니다. 하지만 사람이 노력하지 않는다면 삼군은 반드시 망하게 될 것입니다."

강태공은 또다시 소리 높여 말했다. "하늘의 뜻, 귀신은 누가 볼 수 있단 말입니까? 누가 들을 수 있단 말입니까? 하지만 포악한 주나라 왕이 비간을 죽이고 기자를 구금시키며 간신 비렴이 권세를 휘두르게 한 것을 우리는 모두 보았습니다. 이런 폭군을 토벌하는 것이 왜 잘못된 일입니까? 죽어버린 거북의 등껍질과 말라버린 가새풀이 우리한테 뭘 알려줄 수 있단 말입니까?" 강태공은 말을 끝내자마자 주공의 반대를 무릅쓰고 점을 쳤던 거북 등껍질과 가새풀을 모두 불에 태워 부러뜨려버리고, 계속 진격하라며 북을 울렸다. 그리고 군대를 이끌고 강을 건너 마침내 단번에 상나라 주왕을 멸망시켰다.

주공은 하늘의 뜻을 근거로 삼고자 점으로 하늘의 징조를 살폈다. 그러나 강태공은 실용을 중시하는 병법가의 관점에서 일을 처리하고 인간사를 판단했다. 결국 사람의 노력을 믿은 강태공이 하늘의 뜻을 믿은 주공에게 승리를 거두었다. 그러나 귀신을 활용한다는 것이 황당무계해 보이지만, 완전히 허무맹랑한 이야기는 아니다. 때때로 사람의 마음이 무력할 때 격려를 하기도 하고, 심리적인 안정을 가져다주는 작용을 하기 때문에 수많은 정치인들이 절이나 교회를 다니는데, 이것이 바로 심리적인 작용이다. 역사상 유명했던 전단의 국토 수복 역시 이런 방식으로 민심을 자극했다.

《사기史記·전단열전田單列傳》을 보면 전단은 제나라 70여 개의 도시가 점령된 후에 국토를 수복하라는 중책을 맡았다. 임무는 맡았지만 역량이 미약하고 조직도 고립되고 부족하여 민심은 흉흉했다. 이때 모두의 힘을 하나로 모을 수 있는 수단이 있다면 그는 무엇이라도 한번 사용해볼 요량이었다. 그는 도시 안의 사람들이 밥을 먹을 때 중앙광장에 음식을 떨어뜨리도록 하고 새가 날아와 이를 먹으면 신령한 징조가 강림해 도움을 준다고 선언했다. 또 병사 하나를 천신으로 분장시켜 매번 군사훈련을 할 때마다 천신의 지시를 받아 훈련하고 있다고 소문을 퍼뜨렸다. 전단이 귀신의 이름을 빌려 사람의 마음을 자극하는 이 방법은 매우 효과적이었다. 결국 그는 화우진[14]으로 연나라 군대의 포위를 돌파하고 잃어버렸던 도시들을 수복할 수 있었다.

물론 귀신을 이용한다는 것은 부수적인 역량일 뿐 주된 역량이 되어서는 안 된다. 지도자가 임시변통의 방법을 사용할 수는 있지만 이

---

14) 춘추전국 시기, 제나라 장수 전단이 발명한 전술. 연나라 장수 악의가 제나라를 파하고, 전단이 즉묵을 지키고 있을 때 전단은 연나라 군에 가짜로 항복하여 경계심을 누그러뜨린 뒤 한밤에 소 1,000여 마리의 뿔에는 칼날을 묶고 꼬리에는 갈대를 묶어 끓는 기름을 부어 점화시킨 후 소들이 연나라 군으로 돌격하게 하고, 그 뒤에는 5,000여 명의 용사가 뒤따라 전투를 하게 했다. 전단은 이로부터 70여 성을 수복하는 승리를 거두었다고 전해진다.

런 생각에만 의지하는 것은 영적인 존재가 실재하는지, 그렇지 않은 지와는 별개의 문제다. 지도자가 결정적인 힘을 미지의 힘에 맡겨버릴 때 자신이 판단할 능력을 잃어버리고, 신비한 하늘의 뜻을 전달하는 확성기가 될 뿐이다. 이런 행동은 전쟁을 위험하고 불확실한 상황 속으로 몰아넣는 매우 무책임한 행위다.

모든 대립되는 것은 본래 일체다

음양의 개념 중 하나로서 음양의 인격화를 들 수 있다. 이 개념은 대자연의 현상을 현실의 삶에 적용시켜 복과 화는 서로 연결되어 있으며, 서로 반대되면서도 서로를 촉진시킨다는 변증법적 논리를 제기하고 있다. 이 부분은 손자의 전쟁 체계에서 매우 중요한 위치를 차지하며, 《손자병법》 13편을 거의 아우르고 있다.

13편의 글을 살펴보면 서로 대립되는 수많은 명사를 발견할 수 있다. 적과 나, 주체와 객체, 공격과 수비, 이익과 손해, 강함과 약함, 많음과 적음, 비정상과 정상, 허구와 현실, 움직임과 멈춤, 승리와 패배, 속전속결과 지구전, 분할과 합병, 전진과 후퇴, 용맹함과 두려움, 근면함과 안일함, 굽음과 곧음, 허기짐과 배부름, 생과 사, 생존과 멸망, 질서와 혼란, 험준함과 평탄함, 멀고 가까움 등등 말이다.

대립되는 것처럼 보이는 이 명사들은 사실 손자의 눈에는 하나요, 모두 상호 전환이 가능한 개념으로 보였다. 예를 들어 적과 나의 대립

관계는 영원히 물과 불처럼 용납할 수 없는 것이 아니며, 전쟁의 무기는 화해의 예물인 옥과 비단으로 변화될 수 있다. 주체와 객체는 위치를 바꿀 수 있으며, 공수는 전환될 수 있다. 손자는 이렇게 말했다. "혼란은 질서에서 나오고, 두려움은 용맹함에서 나오며, 약함은 강함에서 나온다."

분명히 난리법석인데, 혼란 중에서도 질서를 발견할 수 있다. 겉으로 볼 때는 두려움에 가득했는데 돌아서면 무적의 아이언맨으로 돌변한다. 너무 심약해서 무엇 하나 견뎌내지 못할 것 같은데, 약함 속에 강인함이 자리 잡고 있다. 그러므로 음양 상호 전환의 이치를 알고 있으면 전장에서 당신은 자유자재가 될 수 있다. 매우 중요한 사상이라서 뒤에서 계속 설명할 것이므로 여기서는 간단하게만 언급한다.

—

내 손 안에 있는 흐림과 맑음, 어둠과 밝음

계속해서 음양의 첫 번째 의미에 대해 이야기해보자. 음양의 신비성은 우선 떨쳐버리고 이성과 객관으로 돌아가 대자연의 규칙을 충분히 이해하는 것이야말로 경쟁의 무대에서 반드시 연구해야 할 중요 과제다. 조조는 왜 제갈공명에게 10만 대의 화살을 거저 선물했을까? 강에 안개가 잔뜩 끼어 오판을 초래했기 때문이다. 반면 공명이 성공할 수 있었던 이유도 바로 매년 이맘때 강에 안개가 자욱이 낀다는 것을 알고 있었기 때문 아닌가? 현대 과학기술의 도움이 없는 상황에서 제갈공명이 자신의 노력만으로 이런 법칙들에 정통했다는 것은 매우 대단한 일이다. 절대로 제갈공명이 손가락 마디를 짚어가며 역술을 따졌다는 신화는 이야기하지 말자. 이것은 이성의 빛이 비친 일이지, 결코 귀신과 신비를 가장한 미스터리가 아니다.

제2차 세계대전 중 아이젠하워 장군은 연합군을 이끌고 노르망디 상륙작전을 감행했다. 이것은 역사상 최대 규모의 상륙작전으로서 이 작전이 성공할 수 있었던 핵심 원인은 날씨를 정확하게 판단했던 데에 있었다. 비록 사전에 매우 주도면밀한 전략 전술 계획을 세우기는 했지만 만일 상륙작전 당일의 날씨를 오판했다면 아마도 공든 탑은 무너졌으리라. 치밀한 사색과 분석을 거쳐 아이젠하워는 달빛과 바람이야말로 성패를 결정하는 양대 조건임을 확신했다.

전진하는 노선과 목표를 확인하기 위해서는 달빛이 비춰줘야만 했다. 그러나 습격을 위해서는 적군이 알아차릴 수 없도록 하늘은 반드시 칠흑같이 캄캄해야 했다. 그래서 달이 뜨고 지는 시간은 가장 중요한 변수가 되었다. 그다음으로 행동을 위해서는 바람이 잦아들고 파도도 잔잔해야 했다. 바람이 세게 불고 파도가 거칠면 함대끼리 서로 충돌할 뿐 아니라 병사들이 뱃멀미를 해 전투력 손실이 발생하고, 매우 강한 바람은 자욱한 바다 안개를 일으키기 때문에 공격 목표 설정을 어렵게 만들었다. 이런 필요성들을 종합 판단한 아이젠하워는 최종적으로 6월 6일을 작전 수행일로 결정했다. 그리고 서사시와 같이 임무를 완수해 역사에 이름을 길이 남기게 되었다.

달빛의 밝고 어두움이 노르망디 상륙작전의 성패를 가른 것처럼 태양을 향하고 등지는 행동은 17세기 일본 에도시대에 손에 땀을 쥐게 한 한바탕 명승부의 승패도 결정지었다. '쌍검술'로 세계적으로 명성이 자자한 일본 병법가 미야모토 무사시는 사사키 코지로와 간류우시마 섬에서 결투를 벌이기로 약속했다.

결투 당일, 사사키는 한시바삐 전투를 하고 싶은 마음에 아침 일찍 간류우시마를 찾아 미야모토 무사시를 기다렸다. 그러나 미야모토 무사시는 일부러 지각을 해서 사사키를 초조함과 분노에 빠져들게 만들었다. 그는 손자의 "적의 삼군은 사기를 떨어뜨릴 수 있고, 적의 장군은 마음을 빼앗을 수 있다"라는 심리 전술을 사용하여 사사키가 심리전에서 패하도록 만들었다. 반면 미야모토 무사시가 일부러 지각한 또 다른 뜻은 태양이 막 그의 등 뒤로 넘어가는 시간대를 선택하여, 사사키가 햇빛에 눈이 부셔 착시현상에 시달리게 하려는 데 있었다. 그뿐 아니라 미야모토 무사시는 자신이 애용하던 검까지 바꾸었다. 배의 노를 깎아 원래보다 더욱 긴 목검을 만들고 이를 노로 위장했다. 태양광선을 이용한 시각적 교란 때문에 사사키가 정확한 거리를 판단할 수 없는 상황에서 예상치 못했던 장검을 꺼내 듦으로써 사사키를 속수무책의 궁지로 몰아넣으려 한 것이다.

미야모토 무사시는 이렇게 3가지 면에서 전략적 준비를 했지만 사사키 코지로는 이를 전혀 눈치 채지 못했다. 그래서 미야모토 무사시가 작은 배를 저어 햇빛을 등지고 사시키 쪽으로 접근했을 때 기다림에 지쳐 단단히 부아가 났던 사사키 코지로는 미야모토 무사시를 향해 인정사정없이 큰 칼을 휘둘렀다. 그러나 강렬한 햇빛은 시각을 자극했고, 미야모토 무사시가 장검을 사용하리라고는 전혀 예상치 못했던 탓에 이 한 번의 실수가 오히려 미야모토 무사시의 노를 깎아 만든 장검에 그대로 적중되는 반격을 허용했다. 한판 결투는 이렇게 허무하게 끝나고 말았다.

흐림과 맑음, 어둠과 밝음은 시각적인 느낌일 뿐이다. 그러나 시각이 온전한 기능을 하지 못하는 상황에서는 반드시 다른 감각기관을 빌려 보조기능을 활성화시켜야 한다.

청나라의 대장군 연갱요는 주둔 시 한밤중에 갑자기 병사들을 깨워 적군이 1시간 이내에 들이닥칠 것을 알렸다. 병사들은 별과 달이 밝은 빛을 뿜어내고, 사방이 쥐 죽은 듯 고요한 상황에서 적군이 이런 시각에 쳐들어올 거라고는 전혀 상상할 수 없었다. 그들은 반신반의했지만 털끝만큼도 태만할 수 없었기 때문에 신속히 무장을 완비하고 전쟁을 준비했다. 과연 연갱요가 말한 대로 1시간 후에 적군은 실제로 공격을 해왔다. 그러나 연갱요가 미리 병사들에게 이 사실을 알려주었기 때문에 막대한 사상이 초래되지는 않았다.

알고 보니 연갱요는 능에 떼의 우는 소리를 듣고 이런 판단을 내렸던 것이다. 능에는 한밤중에 아무런 이유 없이 날아다니며 울지 않기 때문이다. 어떤 일에 깜짝 놀란 것이 분명했다. 연갱요는 이를 통해 적군이 자신들을 향해 달려오고 있다고 판단할 수 있었다. 또한 능에 떼는 그들의 주둔지에서 30리 밖에 있는 늪지대에서 잠을 자고 있었기 때문에 적군이 약 1시간 이내에 도착할 것이라고 추론했던 것이다.

밝음과 어둠은 객관적이며, 또한 주관적이다

각계각층의 업종은 밝음과 어둠의 원리를 적용해 자신에게 유리한 조건을 창조한다. 사업을 하는 사람은 광선으로 다양한 분위기를 만들어 고객들의 발걸음을 끌어당긴다. 예를 들어 채소와 과일에 빛을 비추어 채소는 더욱 푸르게, 과일은 더욱 맛있게 보이게 해 고객들의 구매 욕구를 증가시킨다. 식당에서는 어두운 등불로 낭만적인 분위기를 연출해 연인들의 방문을 유도한다. 예술품 전시회에서도 스포트라이트를 예술품에 집중시켜 더욱 품격 있는 예술감을 창조한다. 그런가 하면 젊은이들은 연애할 때 꽃그늘 앞과 달빛 아래를 즐겨 찾는다.

밝음과 어둠은 객관적인 동시에 주관적인 것이며, 더욱이 변증법적인 것이다. 백주 대낮에 나를 속일 수 있는 자야말로 대단한 도둑이다. 어두운 곳에 숨어 있는 자는 좀도둑일 뿐이다. 같은 세계지만 서로 다른 해독 코드를 갖는다. 자신의 눈을 믿어야 하지만 자기 눈을 너무 믿어서도 안 된다. 바로크 전기의 화가인 카라바지오는 명암 대비를 통해 평면을 입체로 만든 듯한 착각을 불러일으키는데 이것은 속임수일까, 아닐까? 우리가 눈을 제아무리 크게 뜬다 한들 대자연 만물의 착시현상을 알아볼 수는 없다.

《손자병법》에서 배우는 삶의 지혜

모든 사건은 결코 단일한 사건이 아니며, 전체 우주의 관계망 속에서 바라보아야 한다. 대립되는 것처럼 보이는 명사들도 손자의 눈에는 하나요, 모두 상호 전환이 가능한 개념으로 보였다. 손자의 이 말을 기억하자. "혼란은 질서에서 나오고, 두려움은 용맹함에서 나오며, 약함은 강함에서 나온다."

4장

땅

성장의 길 다지기

호랑이가 자신의 엄격을 드러내려면 삼림을 쩌렁쩌렁 울리며 포효해
야 한다. 교룡이 자신의 능력을 나타내려면 하늘 높이까지 솟구쳐 올
라야 한다. "용이 얕은 개울로 내려오면 새우도 조롱하고, 호랑이가
평지로 내려오면 개도 괴롭힌다"는 속담도 있듯이 적절한 무대가 없
는 영웅은 능력을 발휘할 수 없다.

　장군에게 필요한 무대는 바로 땅, 즉 지형이다. 손자는 말했다. "적의
상황을 판단하여 필승의 방안을 제정하되, 지형의 험준함과 두절됨,
멀고 가까운 것을 계산에 넣어야 한다. 이것이 우수한 장군이 반드시
갖추어야 할 능력이다." 가장 우수한 장군은 반드시 적군의 동향을 정
확하게 예측할 수 있어야 하며, 지형의 특징을 장악하고 있어야 한다.

지형의 종류는 가지각색이지만 손자는 산지, 경지, 쟁지, 교지, 구지, 땅인 중지, 비지, 위지, 사지의 9가지로 분류했다. 산지는 적진으로 돌격하지 않고 자기 지역에서 싸우는 것이기 때문에 병사들의 마음이 해이해서 싸우려는 투지가 없다는 문제가 있다. 경지는 적과의 접경지역에 막 진입한 상태로, 군사들의 마음이 들뜨고 착실하지 못하다. 중지는 적국 안으로 너무 깊숙이 들어가 돌아 나올 수 없는 상태를 말하며, 쟁지는 좋은 땅으로 누구나 차지하려고 혈안이 된 곳이다. 교지는 텅 빈 곳으로 누구나 왕래할 수 있으며, 아무나 점령할 수 있는 것같이 보이지만 확신할 수 있는 점도 없다. 구지는 제3국이 존재하기 때문에 협상을 하지 않고서는 아무것도 할 수 없다. 비지는 매우 불리한 늪 지형으로서 떠나는 것이 최선의 선택이다. 위지는 포위된 상태이기 때문에 포위를 푸는 것 말고는 기회를 기다리는 것밖에 할 수 없다. 사지는 살길이 없는 곳으로, 첫째도 절대 포기하지 않고, 둘째도 절대 포기하지 않는 것 외에는 다른 방법이 없는 땅이다.

　아홉 지형은 인생의 아홉 경지와 같다. 산지, 경지, 중지는 분투하는 인생의 3단계다. 즉, 능력 배양 및 준비, 첫 도전, 자기 영역 개척 단계를 말한다. 쟁지, 교지와 구지는 경쟁의 큰 무대로 근거지 점령, 신중한 세력 확장, 협력과 상생을 하는 곳이다. 비지, 위지와 사지는 인생의 곤경을 대표한다. 반드시 모든 방법을 동원해 흉을 피하고 길을 쫓으며, 포위망을 뚫고 구원을 얻어야 하는 동시에 나의 잠재력을 불러일으켜야 한다. 인생의 9가지 경지는 한 편의 인생 개척사로서 인생

풍상의 상징일 뿐 아니라 인생 성장의 궤적을 기록한다. 인생에서 어떤 상황을 만나더라도 반드시 착실하게 한 걸음씩 전진하며 최선을 다해 역경을 헤쳐나가야 한다. 그럴 때 그 땅이 우리에게 가져다주는 참된 의미를 알 수 있을 것이다.

—

결심이 인생의 판도를 결정한다

촉나라 변경에 승려 2명이 살고 있었는데, 하나는 가난하고 하나는 부유했다. 어느 날 가난한 승려가 부유한 승려에게 말했다. "견문이나 넓힐 겸 나는 남해로 가보고 싶은데." 그러자 부유한 승려가 물었다. "자네가 뭘 믿고 거길 가려고?" 가난한 승려가 대답했다. "나는 물 담아갈 물병하고 밥 담을 바리때 하나만 있으면 되는걸." 그러자 부유한 승려가 말했다. "자네, 길 떠나는 게 그렇게 쉬운 줄 아나? 나도 남해에 가려고 벌써 몇 년째 준비 중인데, 아직까지 출발도 못 했다고. 자네는 겨우 물병하고 바리때 하나만 들고 남해에 가겠다니, 너무 순진한 것 아닌가!" 가난한 승려는 더 이상 반박하지 않고 자신의 계획대로 남해로의 여정을 출발했다. 2년 후 가난한 승려가 남해에서 돌아왔을 때 부유한 승려는 여전히 출발할 기미도 없었다.

기회는 용감하게 시작하는 사람에게 따라온다. 객관적으로 부족한 조건은 의지와 열정이 보완해줄 수 있다. 전장의 산지, 경지와 중지에 도전할 때 비록 난이도는 다 다르겠지만, 진정 난관을 극복하기를 원한다면 공통적으로 필요한 것은 환경에 굴하지 않겠다는 결심이다.

산지는 자기 땅에서 싸우는 것이기 때문에 병사들은 실제 전쟁 상황이 닥치면 쉽게 도망칠 수 있다. 경지는 막 국경을 넘어섰기 때문에 병사들은 주저하며 앞으로 나가지 않으려 할 수 있다. 중지는 적의 지역에 깊숙이 파고들었기 때문에 자기 힘으로 문제를 해결해야 한다. 이것은 곧 능력 배양 및 준비, 첫 도전, 자기 영역 개척이라는 인생의 3가지 단계다.

첫 번째 단계는 실력 배양 및 준비 단계다. 아직까지 자기 땅을 벗어나지 않고 보호를 받기 때문에 감정적으로 아군을 의지하기 쉽고, 어려움을 마주할 용기가 없다. 그러므로 손자는, 표면적으로는 "산지에서는 전쟁을 하지 않는다"고 하지만 실제로는 심리적인 의존심 극복과 독립적이며 자주적인 능력 배양을 과제로 일깨워준다.

두 번째 단계는 첫 도전 단계다. 무슨 일이든지 첫 시작이 어렵다. 실패의 충격을 이기지 못하면 중도 포기를 선언하기 쉽다. 그러므로 손자는 용감하게 전진하라고 조언한다. "경지는 멈추지 않는다." 이 단계에서는 목적을 이루겠다는 결연한 결심을 보여주어야 한다.

세 번째 단계는 자기 영역 개척 단계다. 적진 깊숙이 파고들어 모르는 나라에 침투한 이상, 반드시 모든 도전적인 상황에 적응하며 자력 갱생해야 한다. 손자는 "중지에서는 현지의 자원을 활용하라"고 말한다. 낯선 땅에서 자립하기 위해서는 현지 자원을 활용해 가치 창조를 하며, 자기 사람들에게 유익을 가져와야 입지를 확고히 할 수 있다.

산지, 집을 그리워하는 심리

손자는 "제후가 자기 영토에서 직접 싸우는 경우를 산지라고 한다", "산지에서는 전쟁을 하지 않는다"고 말한다. 전장이 자기 나라 안에 있는 상태를 '마음이 흩어지는 땅-산지'라고 한다. 가족들이 가까이에 있기 때문에 각종 근심 걱정이 떠나지 않아 투지를 잃기 매우 쉽다. 적과 결사의 전투를 벌이기는 불리한 곳이다. 그러므로 경솔하게 전쟁의 단서를 제공해서는 안 된다.

산지의 심리는 바로 집을 그리워하는 심리다. 집은 우리 마음을 가장 따뜻하게 해주는 우리의 피난처요, 우리가 의지하는 곳이다. 우리는 이 보호막 아래에서 자라고 튼튼해졌기 때문에 가족에 대한 걱정 근심은 인지상정이다. 그러나 전쟁은 스스로 결정하는 것이 아니다. 적이 이미 집 문간을 넘어왔을 때 집 안에 숨어서 모른 척할 수만은 없는 불가피할 상황이 벌어진다. 그래서 손자는 "산지에서는 전투를 하지 않는다"고 말했다. 그렇다면 이때의 대응 방법은 무엇일까?

손자는 말했다. "안으로는 자신의 인력과 양식을 집중시키고, 성벽을 수리하며 방어공사를 철저히 한다. 적군에 대해서는 군량미를 끊고 사기를 떨어뜨리는 작전부터 시작한다. 적군의 군수 통로를 차단하고, 지연전술을 사용해 문을 닫고 나오지 않으면 양식이 부족하고 속전속결할 수 없으므로 적군 내부가 뒤숭숭해진다. 이때 다시 전술을 사용해 적을 유혹하면 아주 좋은 효과를 거둘 수 있다. 성 밖으로 나와 전쟁을 해야 할 경우 반드시 의지할 만한 지형물을 찾고 장애물과 복병을 심어둔다. 특수한 지형을 은폐물로 사용하지 않을 경우 날의 흐림이나 어둠을 이용해야만 허를 찌르는 효과를 창조해낼 수 있다."

전단의 미션 임파서블

기원전 274년, 연나라 소왕은 악의를 파견하여 제나라를 정벌케 했다. 악의는 제나라 70여 성을 쓸어 담고 결국엔 거와 즉묵이라는 작은 성 두 곳만 남게 되었다. 제나라 왕은 전단을 장군으로 삼아 국토 수복의 비장한 계획을 세웠다. 이때 제나라가 바로 '산지'에 처한 상황이었는데 전단이 어떻게 임기응변을 했는지 함께 살펴보도록 하자.

우선 대내적으로 장군과 병사들이 산지에 처해 투지가 사라지는 상황을 피하기 위해 전단은 군심 안정을 급선무로 삼았다. 그는 군대를 재개편하고, 성벽을 수축하며 방어 조직을 보강하는 한편, 전투력을 강화했다. 또 병사들과 동고동락하며 누구나 차별 없이 대했다. 자신의 가족까지 모두 함께 노동에 참여하게 해 장수와 군사 간의 신뢰감을 구축했다.

그다음으로 외부의 협조를 빌리기로 하고, 천신의 힘을 빌려 군대와 백성의 믿음을 강화하기로 했다. 그는 병사 한 사람을 하늘에서 강림한 천신으로 가장하게 한 후 매번 군사행동을 할 때마다 우선 천신의 사자를 세워 그에게 어떻게 해야 할지를 물었다. 또 일부러 연나라 군에게 제나라 사람들은 연나라의 포로가 되어 코가 잘리고 성 밖 조상의 무덤까지 파헤쳐지는 것을 제일 두려워한다는 정보를 흘렸다. 그는 연나라 군이 제나라 사람들이 제일 혐오하는 비열한 행동을 하게 만들어서 오히려 즉묵성 백성들이 적에 대한 적개심에 불타오르도록 고도의 심리전을 펼쳤다.

수성 시에 최대의 난제는 더 이상 식량을 구할 수 없다는 데에 있다. 그러므로 전단은 백성들이 밥을 먹기 전에 쌀을 알알이 떨어뜨려 새에게 먹이도록 했다. 이렇게 연나라 군대에게는 성안에 충분한 양식이 있다는 허상을 심어주면서 인내심을 잃어버리게 하는 한편, 성성안에 있는 금은보화를 다 모아 연나라 장수들에게 뇌물을 제공하고 제나라가 강화를 원한다는 듯한 제스처로 적군의 투지를 해이하게 했다. 그는 더욱이 반간계를 이용하여 연나라 혜왕과 악의의 관계를 이간시켰다. 연나라 혜왕이 나라의 대들보이자 기둥 같은 악의를 교체해버리는 실책을 저지르게 함으로써 적 지도부의 핵심을 와해시켜버린 것이다. 마지막에는 불소의 진이라는 신기한 전략을 들고 나왔다. 이 돌격대는 달이 어둡고 바람이 세게 부는 날을 골라 전광석화와 같은 속도로 적진을 돌파해 연나라 군대를 크게 파했다.

'산지' 앞에서 전단은 기개도 있었으며, 절개도 지켰다. 그는 산지의 불리한 요소를 극복하고 적극적으로 공격을 감행하여 불가능한 임무를 완수했다. 산지는 '견실한 땅'이 되었다. 그는 전쟁의 국면을 역전시켜 멋지게 승리했다.

전단은 위기의 때에 중임을 지고 자신의 특기를 발휘해 불가능을 가능으로 바꾸었다. 하지만 이것은 이가 없으면 잇몸으로라도 먹겠다는 정신이지, 최종적으로 추구할 길은 아니다. 만일 전단이 없었다면 제나라는 일찌감치 멸망했을지도 모른다. 그러나 아무리 전단이 있었다 하더라도 그가 쓴 수많은 방법은 울며 겨자 먹기 식이었다. 특히 천신의 이름을 가장해 백성들을 속이고 제나라 군에게 연나라 포로들의 코를 베고 그들의 조상 묘를 파헤치라고 사주한 것은 매우 흉포하고 사악한 방법이었다. 같은 방법을 한 번 더 쓴다고 해도 행운의 여신이 여전히 제나라의 편에 서줄지는 누구도 보장할 수 없다.

'산지'에 이런 부족함이 있다면, 그럼 개선책은 무엇일까? 이곳이 항상 전쟁의 최대 약점이 되어 속수무책으로 당하고만 있을 수는 없지 않은가? 그러므로 산지에서 승리하기 위해서는 평소부터 병사들 안에 있는 산지 심리를 철저하게 제거해야 한다. 이것이야말로 본질적인 개선 방법이며, 적이 문간을 넘어 집 안으로 침입해왔을 때 우리도 강편치를 날리는 것이 보장된다. 당대의 가림이 한 말이 전혀 틀리지 않다. "만일 명령이 엄하고 분명하면 병사와 하속들은 오히려 복종하기를 원하며 죽기를 불사하니 산지라는 개념이 있을 수 있겠는가?"

병사들은 엄격한 훈련을 거쳐 명령에 복종하고 지도자를 신뢰할 수 있게 되면 나라를 위해 물불을 가리지 않고 자기 목숨도 자발적으로 내놓게 된다. 그렇다면 산지는 자연히 문제가 되지 않는다. 그래서 제나라가 만일 최선을 다해 나라를 잘 다스릴 방법을 강구하고 미리부터 병사를 훈련하여 산지 심리를 없앴더라면 이렇게 코너에 몰리거나, 이렇게 간발의 차로 간신히 승리하지는 않았을 것이다.

—

최상의 보호는 자립심을 길러주는 것

인생도 마찬가지다. 성장기에는 부모의 보호 아래서 지내지만 이때 자립심과 자주적인 능력을 길러나가야만 불시에 다가오는 여러 가지 도전들을 대면할 수 있다. 프랑스 철학자 루소는 이렇게 말했다. "사람들은 아이들을 어떻게 보호할지만을 생각하는데, 이것만으로는 부족하다. 그들이 성인이 된 후에 자신을 어떻게 보호할지를 가르쳐야 한다."《에밀》제1권)

《전국책戰國策》에서는 '촉섭이 조나라 태후를 설득하다'라는 이야기를 기재하고 있다. 조나라 태후가 막 집정을 시작해 어수선한 틈을 타서 진秦나라는 군대를 파병해 조나라를 공격할 기회만을 노리고 있었다. 조나라 태후는 제나라에 원군을 요청했지만 제나라는 반드시 조나라 태후의 사랑하는 아들인 장안군을 인질로 잡아야만 원군을 출병할 수 있다는 조건을 달았다. 조나라 태후는 사랑하는 아들을 곁에서 떠나보내는 것이 걱정스러웠기에 이를 거절했다. 대신들이 간곡하게 간언을 올렸으나 아무 소용이 없었다. 태후는 오히려 주변의 신하들에게 감히 자기 앞에서 다시 간언을 올리는 사람이 있으면 그 얼굴에 침을 뱉어주겠노라고 경고했다. 이때 좌사 촉섭이 조금도 두려워하지 않고 자신의 견해를 아주 재치 있게 제기함으로써 태후의 마음의 방어벽을 제거하고 국가의 대재앙을 모면할 수 있었다. 이는 또한 후대 사람들에게 자녀 교육에 관한 교훈을 전해주고 있다.

촉섭은 태후에게 물었다. "조나라에서 3대 전에 제후로 봉했던 가문들이 있을 텐데, 그 자손들이 아직도 남아 있습니까?" 태후가 대답했다. "없다." 촉섭이 말했다. "다른 제후국은 있습니까?" 태후가 말했다. "있다는 이야기는 못 들어봤다." 촉섭이 물었다. "왜 다 사라졌을까요? 바로 조금 빠른 경우는 자신의 대에 화를 당한 것이고, 조금 느린 경우는 자손의 대에 화가 미쳤기 때문에 모두 사라진 것입니다. 설마 이 제후국의 자손들이 전부 다 안 좋았다는 겁니까? 아닙니다. 이유는 그들의 지위가 너무 높고, 봉록도 너무 많지만 나라를 위한 헌신은 전혀 하지 않고, 그러면서도 그렇게 많은 보물들을 가지고 있었기 때문에 횡액을 당한 것입니다! 지금 태후께서는 사랑하는 자제 장안군에게 이렇게 높은 지위를 주시고 비옥한 땅과 많은 보물들을 하사하셨지만, 나라를 위해 공헌할 기회를 한 번도 주지 않으신다면 태후께서 돌아가신 후 장안군은 도대체 무엇을 내세워서 조나라에서 존립할 수 있겠습니까?" 이야기를 듣고 난 태후는 큰 깨달음을 얻고 바로 장안군에게 제나라에 가 인질 생활을 하도록 했으며, 제나라는 병사를 파견해 조나라를 위기에서 구해주었다.

촉섭은 자립심과 자주적인 실력이야말로 각각의 사람이 생존하기 위한 철칙임을 간파했다. 자립심과 자주적인 실력 없이 얻은 명성과 재물은 계속 가지고 있을 수도 없을 뿐만 아니라 오히려 흉악한 화근이 된다. 이것은 모든 부모가 자녀 교육을 할 때 반드시 스스로 먼저 배워야만 할 내용이다.

경지, 초보 운전

손자는 말했다. "적의 땅에 들어섰으나 깊이 들어가지는 않은 경우를 경지라고 한다." "경지는 멈추지 않는다." 적군의 변경지역을 막 진입했다는 것은 위험지대에 갓 진입했다는 뜻이다. 병사들은 모든 것이 익숙하지 않아 두려움이 생기고, 의지할 수 있는 요새가 없기 때문에 적군은 매복해서 공격을 감행할 수도 있다. 그러므로 주저하는 마음을 지울 길이 없다. 이때 뒤로 물러설 길을 차단하기 위해 장군은 주저하며 멈추지 않고 더욱 재빨리 전진해 이곳을 넘어서도록 신속한 결단을 내려야 한다.

물 한 주전자를 끓일 때 처음에는 반드시 센 불로 끓여야 한다. 그러나 물이 일단 끓기 시작하면 약한 불로도 온도를 유지할 수 있다. 매사가 마찬가지다. 처음부터 성공적으로 시장을 열었다면 그 후의 경영은 비교적 순조롭다. 인생의 첫 항해도 불안한 마음을 감출 길이 없다. 우리가 첫 항해를 한다고 해서 바다의 파도가 사정을 봐주지는 않기 때문이다. 배라면 원거리 항해를 해보아야 한다. 거센 풍랑이 신

출내기의 결심을 시험해볼 수 있기 때문이다.

《주역》의 세 번째 괘는 〈둔괘〉라고 한다. 건, 곤, 2괘에 이어 제일 처음으로 나오는 괘로서 천지개벽 후 만물 생장의 어려움을 대표한다. 진, 감, 2괘로 구성되는데 진은 발동으로서 만물이 나고 자람을 시작함을 비유한다. 감은 위험과 어려움을 대표하며, 만물이 생장을 시작하자마자 어려움을 만남을 비유한다. 그러나 둔괘의 존재는 이 모든 고난이 필히 거쳐야 하는 과정임을 알려준다. 끝까지 굳건한 믿음을 잃지 않고 시기와 상황에 순응한다면 어려움도 이겨낼 수 있다.

진秦나라 말년, 진나라 대장 장한이 조나라를 공격하니 조나라 왕이 거록으로 도망쳤다. 장한은 왕리, 섭간 등 부하에게 명령하여 거록을 포위하도록 했다. 조나라와 제후국들은 너나없이 출병해 함께 싸웠고, 항우도 자신의 군사를 이끌고 강을 건넜다. 그는 출발 전에 병사들에게 배를 전부 격침시키고 밥솥과 밥그릇, 바가지와 양푼을 모두 깨버리고 강변에 지은 집도 전부 불살라버린 채 모든 이가 3일치 양식만 가지고 전투에 나서게 했다. 이는 필승의 결심을 의미하는 것이었다. 이 행동은 병사들에게 투지를 불러일으켰다.

과연 병사들은 일당십, 일당백으로 싸워 왕리를 죽이고, 섭간은 자살했으므로 거록을 단숨에 함락시킬 수 있었다. 그러나 같은 시간에 조나라를 구하기 위해 참전한 제후들은 감히 전진하지 못하고 강 건너 불구경만 하다가 항우가 진군을 격파하고 제후들을 소환하자 항우의 위엄에 두려워 떨기만 해야 했다. 그들은 '무릎으로 벌벌 기어나

가지 않는 사람이 없었으며, 감히 우러러 바라보지도 못할 정도였다'
고 한다. 두 군상을 대조해본다면 항우는 분명한 결심을 했기 때문에
천하를 호령할 수 있었고, 제후들은 결심이 없었기 때문에 땅에 엎드
려 목숨을 구걸했다. 당신은 어떤 종류의 인생을 살기 원하는가?

결심은 '경지'에 대처하는 가장 좋은 처방이다. 어떻게 하면 더 분명
한 결단을 내릴 수 있을까? 결단을 한 모든 이의 배후에는 항상 강력
한 사상이 뒷받침되어 있다. 발명가 에디슨이 실패를 두려워하지 않
고 끝없이 실험을 할 수 있었던 이유는 바로 실패는 성공으로 더 가까
이 다가가는 한 걸음이라고 확신했기 때문이다. 국부 손중산 선생이
10번이나 혁명을 하며 실패한 때에도 중도 포기하지 않았던 이유는
"나의 마음은 이것이 가능한 일임을 믿고 있다. 비록 산을 옮기고 바
다를 메우는 어려움이 있다 하더라도 반드시 성공할 날이 올 것이다"
라고 확신했기 때문이다.

결심을 했는가? 결심을 했다면 일어나서 행동에 옮겨야 한다. 마치
촉나라의 부유한 승려처럼 시작하는 발걸음을 떼어놓지 못한다면 이
여행은 영원히 계획 속에만 존재하는 가상일 뿐 절대 성공할 수 없다.
염구는 스승 공자에게 이렇게 말한 적이 있다. "저는 선생님의 학문을
싫어하는 것이 아닙니다. 다만 정말 제 능력이 부족할 뿐입니다!" 그러
자 공자는 대답했다. "능력이 부족한 사람은 먼저 걸음을 내디딘 후에
더 이상 갈 수 없을 때가 되어야 멈추는 법이다. 그러나 너는 자기 틀을
정해 그 안에만 있으면서 자신한테 기회 한 번 안 주고 있지 않으냐."

독일의 철학자 쇼펜하우어는 말했다. "오직 책의 결말을 알아야만 책의 첫머리를 이해할 수 있다." 그러나 사람들은 내가 책의 결말을 모른다는 이유로 인생이라는 책을 덮어두지는 않는다. 미래를 알 수 없다는 이유로 발걸음을 멈추지도 않는다. '경지'는 사회활동의 시작이다. 모든 일은 시작이 어렵다. 그러나 성실하게 준비하며 실력을 기른 사람, 이상과 목표를 확정하고 확실한 결단을 했으며, 발걸음을 내디디면 기회를 얻게 될 것이라고 굳게 믿는 사람이라면 경지가 당신의 믿음을 흔들지 못할 것이다. 그와 반대로 경지는 이백이 탄 경쾌한 배처럼 당신이 굽이굽이 험산준령을 가볍게 빠져나가게 만들어줄 것이다.

중지, 세계의 무대

손자는 말했다. "적군의 땅에 깊숙이 들어가 다수의 적의 성읍을 등지고 있는 경우를 중지라고 한다." "중지에서는 현지의 자원을 활용하라." 적국에 깊숙이 파고들어 적국의 수많은 도시를 지나 되돌아가기가 매우 힘든 경우를 '중지'라고 한다. 적의 땅에 깊숙이 들어간 상태에서 양식을 후방에서부터 보급해야 한다면 인력 부담이 클 뿐 아니라 국가 경제에도 심각한 부담을 초래할 것이다. 그러므로 수단과 방법을 가리지 않고 자급자족해야만 한다.

'중지'란 이 세상에서 뜻을 펼쳐보려는 사람들에게 있어서 낯선 나라이며, 더욱 힘겨운 환경이다. 하지만 '바다는 물고기가 뛰어오르라고 그렇게 넓은 것이고, 하늘은 새들이 날아다니라고 그렇게 높은 것'이라고, 뛰어난 재능을 가진 사람에게 있어서 세계라는 무대야말로 손발을 마음껏 뻗칠 곳이 된다. 중지에 진입한 후에는 신체와 심리의 적응 여부를 시험하고, 타향을 고향 삼아 그곳의 습속에 따라 이국의 문화, 가치관과 게임의 규칙에 적응해야 한다. 특히 특수한 금기 및 다양한 민간의 풍속은 반드시 존중해야 한다. 어떻게 자신의 가치관을 보존하면서 현지의 환경에 녹아들어갈 것인가는 영토를 개척하려고 세계로 눈을 돌리는 사람들을 면밀하게 시험하는 시험대가 될 것이다.

손자는 노략질이 아니라 현지의 자원을 운용해 기회를 창조하고, 다른 곳에서 발전을 시키라고 말한다. 현지인들의 자원을 나눠서 쓸 목적으로 그곳에 온 것이 아니라 당신의 생각을 나눠줄 목적으로 그곳에 간, 현지 사람들에게 축복을 주기 위해 온 사람이다. 수많은 기업이 전 세계 각 곳에 상품을 판매하는 행위는 바로 이 가치관을 실천하는 것이다. 스타벅스를 창립해 '커피계의 잡스'라고 불리는 하워드 슐츠가 스타벅스를 세계 70여 국가에 보급하면서 현지 정서에 맞는 일부 현지 상품을 개발한 것 외에도 가장 중요한 점은 그의 경영이론이 수많은 국가와 사람들의 인정을 받고 있다는 것이다.

하워드 슐츠는 말했다. "사람들은 모두 자신의 가치관에 충실해야 하며, 자신이 존재하는 이유에 충실해야 한다. 많이 희생하고 조금 덜 받는다면 더 많은 것을 얻을 것이다. 성공을 함께 공유하는 것은 인생에서 가장 아름다운 일이다." 그는 스타벅스가 남아프리카 공화국에서 제1호점을 개점했을 때의 경험을 이야기했다. 직원 면접 과정에서 이 사람들은 자주 '우반투'라는 말을 했다고 한다. 이 말은 '공동체가 있기 때문에 내가 있다'는 뜻인데, 하워드 슐츠는 이 말이 바로 스타벅스의 경영이념과 완전히 일치한다고 이야기했다.

어렸을 때의 가난으로 인해 그는 삶이란 힘겨운 것임을 알게 되었다. 그래서 스타벅스는 직원들 하나하나를 진심으로 보살펴주며, 그들을 직원이 아니라 함께 분투하는 파트너로 생각한다. 그는 사람들이 더 좋은 기회와 더 아름다운 비전을 갈망한다는 점을 잘 알고 있었기 때문에 주식을 직원들에게 나눠주고 성취를 공유하도록 했다. 심지어 아르바이트생에게까지 스타벅스의 주식을 나눠준 것은 바로 모든 이가 아름다운 미래를 맞이할 수 있길 바랐기 때문이다.

하워드 슐츠는 스타벅스를 창립하겠다는 아이디어가 어떻게 생겨났는지에 대해 이렇게 회고했다. "언젠가 이탈리아 밀라노에서 바리스타가 타준 한 잔의 에스프레소 커피를 마시다가 알 수 없는 감동에 휩싸였다. 나를 감동시킨 것이라면 분명히 다른 모든 이도 감동시킬 수 있을 테니 더 많은 사람을 커피의 세계로 초청하여 이 감동을 함께 나눠야겠다고 생각했다." 그는 맛 좋은 커피 한 잔을 끓여 고객 한 사람 한 사람에게 친절하게 대접하고, 편안하고 감성적이며 따뜻한 공간을 마련해 날마다 자기 업무에 최선을 다하는 사람들을 맞이해 이곳에서 쉬고, 마음을 가라앉히고 사색하며 새로운 출발을 할 수 있기를 바랐다.

스타벅스가 창조한 '공동체가 있기에 나도 있다'라는 가치는 인류의 보편적인 가치다. 이런 가치관으로 이국 타향의 '중지'에 들어서 영토를 확장한다면 세계의 각 구석구석 사람이 사는 곳이라면 어떤 곳이라도 모두 두 팔 벌려 당신의 도래를 환영할 것이다.

孫子兵法

《손자병법》에서 배우는 삶의 지혜

배라면 멀리 여행해봐야 한다. 큰 풍랑은 초심자의 결심을 시험해볼 수 있다. 결심을 했다면 일어나서 행동에 옮겨야 한다. 모든 일은 시작이 어렵다. 그러나 성실하게 준비하며 실력을 기른 사람, 이상과 목표를 확정하고 확실한 결단을 했으며, 발걸음을 내디디면 기회를 얻게 될 것이라고 굳게 믿는 사람이라면 초심이 흔들리지 않을 것이다.

5장

장 군

지혜, 신뢰, 사랑, 용기, 엄격함을 갖출 것

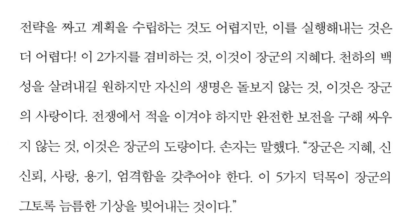

전략을 짜고 계획을 수립하는 것도 어렵지만, 이를 실행해내는 것은 더 어렵다! 이 2가지를 겸비하는 것, 이것이 장군의 지혜다. 천하의 백성을 살려내길 원하지만 자신의 생명은 돌보지 않는 것, 이것은 장군의 사랑이다. 전쟁에서 적을 이겨야 하지만 완전한 보전을 구해 싸우지 않는 것, 이것은 장군의 도량이다. 손자는 말했다. "장군은 지혜, 신뢰, 사랑, 용기, 엄격함을 갖추어야 한다. 이 5가지 덕목이 장군의 그토록 늠름한 기상을 빚어내는 것이다."

장군은 자신을 '5가지 덕목'으로 수련하며, 병사는 '4가지 다스림'으로 인솔한다. 4가지 다스림이란 기세를 다스림, 마음을 다스림, 힘을 다스림, 변화를 다스림을 가리킨다. 앞의 3가지는 장군과 병사에게 강인한 심신을 만들어주며, 마지막 한 가지는 환경의 변화에 순응할 수 있게 하여 적을 이용해 승리할 수 있도록 만들어준다. 이런 팀은 적수가 이름만 들어도 간담이 서늘해지는 무적무패의 군대가 된다. 마치 시장에서 절대 흔들리지 않는 명품 브랜드 같은 대접을 받게 된다.

—

장군의 생각과 품격이 전장의 승패를 가름한다

손오공이 옥황상제의 궁전에서 온갖 난장판을 친 덕분에 하늘 시민들은 불안과 공포에 떨었고, 신선님들도 속수무책이었다. 남은 길은 단 하나, 부처를 찾아 도움을 청할 수밖에 없었다. 그런데 이 손오공은 부처를 만나더니 자기 포부를 강력하게 피력했다. 옥황상제가 자리를 넘겨주기만 하면 다시는 깽판을 치지 않겠다고 했다. 그러자 부처가 대답했다. "하지만 그 자리는 몇 천만 년 동안 수양을 닦아야만 앉을 수 있는 자리다. 아무나 맡을 수 있는 일이 아니다." 그러자 맹랑한 손오공은 반대 근거를 제시했다. "제 실력이 얼마나 대단한 줄 아십니까? 72가지 모습으로 변신할 수 있고, 장생불로술도 익혔고, 근두운을 타면 한 번에 10만 8,000리를 날아가는 게 바로 접니다. 이런 제가 그 자리에 앉을 실력이 안 된단 말씀입니까?" 그러자 부처가 대답했다. "네 실력이 그렇게 대단하다니, 그럼 칼이나 창은 사용하지 말고 내 손바닥을 벗어나보아라. 그러면 내가 옥황상제에게 정권을 이양해주라고 말해주마."

손오공은 속으로 코웃음을 치며 생각했다. '이거 완전히 보너스 퀴즈네.' 그는 얼른 정신을 집중해 힘껏 솟구쳤다. 그랬더니 눈앞에 기둥 5개가 보였다. 앞으로는 더 이상 갈 길이 없었기 때문에 하늘 끝에 왔다는 분명한 확신이 들었다. 그런데 전혀 예상치 못하게 자신은 여전히 부처 손바닥 안에 있었다. 부처에게 발목이 잡힌 손오공은 결국 오행산 아래에 깔려 수행을 계속해야만 했다.

어떤 조건을 구비해야만 지도자가 될 수 있을까? 이것은 손오공의 의문이었다. 아마 여러분도 한두 번쯤은 이런 생각을 해보았을 것이다. 《손자병법》 13편에는 '운명의 주재자司命'라는 말이 두 번 출현하는데, 그중 하나는 백성의 운명의 주재자다. "전쟁을 아는 장군은 백성을 살리는 운명의 주재자가 되며, 국가 안위의 주관자가 된다." 또 다른 하나는 적의 운명의 주재자다. "진정 신이구나, 신! 소리 소문 없기가 이렇게 신출귀몰하다니. 그렇기에 그는 적의 운명의 주재자가 된다." 손자는 장군의 능력을 이렇게 묘사했다. 장군은 전장의 주재자다. 그는 자기 동포의 생명과 안전을 책임질 뿐만 아니라 적군의 생명의 주도권도 관장한다. 손자는 장군의 실력을 '신'과 동급으로 보았다.

손자가 장군에게 이렇게 기대치가 높았던 건 바로 전쟁이 '생사의 땅'이기 때문이다. 실패를 허용할 공간이 없고, 다시 시작할 기회도 없다. 역사적인 명장을 살펴본다면 그들은 모두 동일한 특질을 가지고 있었다. 그것은 바로 한 치의 흔들림 없는 지휘와 죽음을 불사한 용맹이다. 입에 시가를 비뚜름히 문 맥아더 장군이든, 분노로 머리카

락이 관모를 찔렀다던 악비든, 혹은 '과감, 과감, 또 과감'을 외치던 사막의 여우 패튼 장군이든, 그들의 얼굴에는 모두 자신감이라고 적혀 있다. 모두 '내가 있는 한 너희는 두려워할 필요가 없다'는 표정이다.

나폴레옹은 말했다. "모든 장군은 반드시 천재인 위대한 인물이며 전군의 주요 브레인이요, 공수와 승패, 생사와 존망의 열쇠가 된다." 강태공이 문왕을 보좌했기 때문에 주나라 왕조가 800년의 역사를 이어갈 수 있었다. 유방에게 한신이 없었더라면 초한이 함께 다투는 최후의 승리가 있었겠는가? 이정 장군이 없었더라면 역사상 대당나라의 번성기를 볼 수 없었을 것이다. 맥아더 장군이 없었더라면 제2차 세계대전은 어떤 식의 결말을 거두었을까? 손자는 이런 신급의 능력을 5가지 덕목으로 정리했다. 바로 '지혜, 신뢰, 사랑, 용기, 엄격'이다.

—

지혜, 해결하지 못할 일은 없다

《손자병법》의 전체 책은 모두 지장의 모습을 담고 있으며, '지혜'는 사상의 체계를 이룬다. 지혜를 제일 처음에 놓은 것은 해결할 수 없는 문제란 없다는 것을 강조하기 위해서다.

손자는 말했다. "전쟁을 잘 이해하고 있는 장군은 군사를 동원할 때 혼란에 빠지지 않고, 싸움을 시작해도 해결 방법이 무궁무진하다." 문제를 잘 해결할 수 있는 장군은 완벽한 계획을 갖고 있는 지도자를 대표한다. 그는 모든 행동이 초래할 수 있는 문제를 미리 예측할 수 있어 사전에 대비하고 상황에 따라 임기응변할 수 있으므로 혼란에 빠지지 않는다. 또한 문제에 부딪혔을 때 무궁무진한 해결 방법을 생각해낼 수 있어 고목나무처럼 영감이 완전히 말라붙는 일이 없다. 한마디로, 문제 해결에 대한 확실한 보장을 제공해준다.

손자는 장군에 대해 말하며 신과 동급의 요구사항을 제시했다. 전쟁의 신 등급의 장군이라면 전략, 전술을 계획할 뿐 아니라 본질적인 인식과 함께 반드시 전체를 보는 안목과 장래를 예견하는 비전을 겸비하고 있어야 한다.

우선 전쟁의 본질을 평가하자면, 전쟁이란 인성이 정상 궤도를 이탈하여 초래된 충돌이라고 할 수 있다. 비바람이 지나가면 결국 날이 개야 하듯, 평화는 전쟁의 최종 목적이 된다. "반드시 싸우지 않을 수 있는 가장 좋은 전략으로 천하에 승리하며, 국력과 병력이 패배로 무디어지지 않으면서도 승리의 이익을 전면적으로 확보하도록 한다"라는 말처럼, 손자의 싸우지 않고 가장 좋은 전략을 구사한다는 사상은 바로 이 점을 구현하고 있다. 이 점을 인식하지 않는다면 전쟁은 생명 약탈 게임을 하는 투기장이 될 뿐이며, 심지어 살육의 전장이 된다. 지혜가 있는 장수는 전쟁의 방향판을 부드럽게 꺾어 꺼졌던 인간성의 빛이 다시 발하며 평화가 회복되도록 만든다.

그다음으로 전쟁은 개별적인 요소가 아니다. 전쟁을 둘러싼 주변 요소로는 정치, 경제, 외교, 지연관계, 국제관계 등이 있을 수 있다. 얽히고설킨 복잡다단한 관계망 속에서 장군은 반드시 전쟁에서 가장 중차대한 문제에 도전하며, 전쟁에 영향을 미치는 각 측면에서부터 탐구하여 전쟁의 원인을 찾아내야만 한다. 그래야 솥 밑에서 불타는 장작을 끄집어내 솥이 다 타버리는 것을 방지할 수 있고, '들판을 다 태우지 못하고 남은 불이 봄바람이 불어 다시 일어나는 것'을 피할 수 있다. 또한 장군은 화복이 상생하는 쌍둥이임을 깊이 깨닫고 동전의 앞뒤를 보는 각도에서 문제를 바라보아야 한다. 손자는 "유리한 상황에서 불리한 면을 고려해놓으면 일을 순조롭게 처리할 수 있다. 불리한 상황에서 유리한 상황을 고려할 수 있다면 화를 제거할 수 있다"고 했다. 이해관계를 볼 수 있는 눈이 있다면 이익은 얻을 수 있고 해는 제거할 수 있으며, 전쟁의 양면성을 분명하게 직시하면서 가장 적절한 임기응변을 할 수 있다.

마지막으로, 한 번의 결정을 하더라도 만 세대를 고려하며, 하나의 전쟁을 해결하려 할 때도 앞으로 어떤 후유증을 남기게 될지를 고려해야 한다. 대립관계는 일거에 소멸시키고 전쟁이 발생될 위기는 두절시키는 것이 가장 좋다. 적어도 전쟁의 충돌이 확대되지 않도록 해야 하며, 국력의 쇠퇴를 초래하여 다른 국가들이 이 틈을 파고들 위기를 근절해야 한다. 손자도 이 점에 대해 "만일 군대가 오랜 전쟁으로 피폐해지고 전투력이 꺾이며, 군사력이 다하고 국내의 물자가 고갈되면 다른 국가의 제후들은 반드시 재난을 틈타서 일어나게 된다. 그때에는 비록 지략이 뛰어난 사람이라 하더라도 뒷수습을 할 수 없어 위기와 멸망에서 구해내지 못할 것이다"라고 조언했다. 전쟁에서 피를 흘리고 전쟁이 무기한도로 연장되는 일을 막을 줄 모른다면 사마귀가 매미를 잡을 때 참새가 뒤에서 노리는 비참한 결과를 초래하여 아무리 지혜로운 사람이라 하더라도 뒷일을 수습할 수 없게 된다. 그러므로 지혜로운 사람의 눈은 현재만을 보지 않고 반드시 미래를 향하고 있다.

이 3가지를 깊이 깨닫고 있는 장군은 전쟁에서 화려한 전과를 세우는 것을 영광으로 여기지 않고, 전쟁이 발생하기 전에 우선 기회를 통찰하여 문제가 발생하지 않도록 해야 한다. "전쟁을 잘하는 장군이 하는 승리란 지략이나 명성, 혹은 무용담이나 전공도 없다."(〈형편形篇〉) 이런 인재야말로 진정 지혜로운 자이며, 진정 위대한 장군이다.

—

신뢰, 불안한 마음을 안정시켜주는 힘

신뢰는 두 번째 조건이다. 신뢰란 우뚝 솟아 흔들리지 않는 산과 같으며, 모든 이들이 용감하게 발걸음을 내딛을 수 있도록 인도해주는 북극성이다. 공자는 "믿음이 없으면 백성은 서지 못한다"고 말했다. 맥도널드의 창립자 레이 크록은 말했다. "신뢰받는 것이 사랑받는 것보다 더 중요하다." 기업에 신용이 없으면 은행에서 융자도 받을 수 없는데 사업을 어떻게 하겠나? 소비자가 제품을 신뢰하지 않으면 누구에게 팔까? 그러므로 신용이 없으면 기업도 없다는 이 말은 조금도 과장이 아니다. 병사가 전쟁터에 나가면 장군은 그들의 신이 된다. 장군의 인격을 완전히 신뢰하게 되면 불안하던 마음이 안정을 찾게 되고, 우리는 반드시 이길 것이며 반드시 개선해서 돌아올 것이라는 믿음이 생기게 된다.

> "여전히 진나라의 밝은 달이요, 한나라의 변경 초소이건만,
>
> 기나긴 전쟁에 만 리 길 떠난 원정병은 아직 돌아오지 않았네.
>
> 만일 용성의 날아다니는 장군 이광이 지금도 건재했다면,
>
> 흉노가 남하해 음산 넘어 유목하는 일은 절대 허락지 않았을 텐데."
>
> – 왕창령의 〈출새곡(出塞曲)〉

왕창령은 당나라 시대의 시인인데도 한나라 왕조의 이광 장군을 잊지 못하고 있다. 그는 이광 같은 장군만 있다면 적은 절대 함부로 변경을 침범하지 못하고, 나라는 안정을 되찾을 거라고 확신했다. 이광 장군은 어떤 이유 때문에 수많은 왕조가 지난 후에까지 백성들 마음속에 장군의 표본으로 남은 걸까? 《사기·이장군열전 李將軍列傳》에 아주 정확하게 나와 있다.

사마천은 이광을 직접 본 적이 있는데 아주 우직한 농부같이 생겼고 말은 어눌했다고 한다. 그렇지만 그가 죽은 날에는 그를 직접 만나본 적도 없는 전국의 모든 백성들까지 다 함께 비통해했다고 한다. 바로 그의 성실과 신용이 사람들을 감동시켰기 때문이다. 그를 가장 잘 묘사해주는 속담이 있다. "복숭아나무와 자두나무는 거창한 말을 안 해도 그 아래에 저절로 길이 생긴다." 믿음직한 사람은 말이 필요 없다. 사마

천은 이 전기의 제일 마지막 부분에 공자의 글귀를 빌려 이광의 일생을 총평했다. "자신이 올바르면 명령을 내리지 않아도 저절로 시행되고, 자신이 올바르지 않으면 명령을 내려도 사람들이 따르지 않는다. 이는 이광 장군을 두고 한 말이 아닌가?" 몸소 모범을 보이는 것, 이것이야말로 이광 장군이 많은 사람에게 존경을 받은 가장 큰 이유였다.

신뢰는 곤경을 넘어설 힘을 만들어내며, 미지의 세계에 도전할 용기를 부여한다. 《손자병법》 13편은 곳곳마다 먼저 이기고, 쉽게 이기고, 반드시 이기고, 완벽히 이기겠다는 결심이 나타나는데 이것이 바로 장군의 자신감이며, 이는 또한 병사들의 믿음의 근원이기도 하다.

—

사랑, 내가 아닌 모두를 위하여

사랑은 생명에의 일체감이다. 타인이 배가 고프면 나도 배가 고픈 것처럼 고통스럽고, 타인이 물에 빠지면 나도 물에 빠진 것처럼 다급해한다. 장군의 마음에는 자기가 없다. 자기를 사랑하지 않는 것이 아니라 나라의 어려움을 자신의 어려움처럼 여기기 때문에 불안해하고 견딜 수 없어한다. 또한 그는 자기의 지인들만 사랑하고 보호하는 것이 아니다. 그의 가슴은 크고 넓어 적의 병사와 그의 가정이 겪는 고난까지 공감한다. 그러므로 그에게 있어 최선의 방법은 전쟁을 하지 않는 것이다. 가장 완전한 방법인 전쟁 없는 평화를 구한다. 곧 전쟁이 벌어질 일촉즉발의 상황에서도 장군은 차가운 머리로 전쟁을 하지 않을 수 있는 가능성을 생각한다. 큰 배포가 없다면 어떻게 이런 분별력을 발휘하겠는가? '지구촌 한 가족'이라는 마인드가 없다면 불가능할 일이다.

손자는 말했다. "장군은 진격할 때에는 개인적인 명예를 구하지 말고, 후퇴할 때에는 죄를 회피하지 않으며, 오직 병사들을 보호하는 것을 목표로 삼아 군주의 이익에 부합되는 일을 해야 한다. 이런 장군은 나라의 보배다." 이 임무를 맡게 되면 오직 국민과 나라만을 위할 뿐 자신의 명예와 생사는 반드시 한편으로 제쳐놓는 것, 이것이 바로 사랑의 마음을 가진 어진 이의 배포이며, 이것이 바로 책임을 진다는 것이다.

선종에는 이런 사건이 하나 있었다. 한 절에 노사부가 수도승 몇 명을 데리고 함께 수도를 하고 있었다. 어느 날 사부가 갑자기 모두에게 이야기했다. "절 안의 보물인 사슬이 사라졌다. 누가 그 사슬을 너무 좋아해서 가져갔다면 상관없다. 내게 그 사실을 밝히고 잘못을 인정하기만 한다면 그 사람에게 선물로 줄 수 있다. 여러분에게 일주일간 시간을 줄 테니 다들 생각해보기 바란다." 수도승들은 매우 이상하다는 생각이 들었다. 그 사슬은 모두가 돌아가면서 지키던 보물로 경내는 외부인 출입 금지이기 때문에 사슬이 사라졌다면 분명 그들 중 누군가의 소행이었다. 하지만 과연 누가 가져갔단 말일까? 모두 서로를 의심의 눈초리로 바라보기 시작했다. 본래 아무 일 없이 평안하기만 하던 이곳은 삽시간에 삭막해졌다.

드디어 일주일이 지나갔으나 사슬을 가져갔다고 자수하는 사람이 없자 사부가 입을 열었다. "보아하니 모두 자기는 아무 죄도 없다고 자신만만한 모양이구나. 수행을 다 했다는 의미로 받아들일 테니 모두 이곳을 떠나도록 하라." 모두 자리를 떠날 준비를 하려는데 눈이 보이지 않는 수도승 하나만 떠나지 않고 여전히 부처 앞에서 불경을 외우고 있었다. 모두 그제야 한숨을 내쉬었다. 마침내 염주를 가져갔다고 자수를 한 사람이 나타났으니 말이었다.

노사부는 수도승들에게 작별을 고한 후 돌아와 눈이 먼 수도승에게 물었다. "자네는 왜 가지 않는 건가? 사슬은 자네가 가져갔나?" 그러자 눈먼 화상이 대답했다. "염주의 끈은 떨어지고 나쁜 일을 짓더라도 불심은 여전합니다. 저는 불심을 수양하러 온 사람입니다!" 사부가 물었다. "자네가 가져가지 않았다면 왜 남아서 모든 의심을 뒤집어쓰려는 건가?" 눈먼 화상이 대답했다. "누군가를 의심하는 것은 커다란 상처를 남기게 됩니다. 의심은 누군가 책임을 지는 사람이 있어야만 사라지게 됩니다." 이때 노사부가 가사 안에서 사슬을 꺼내 이 눈먼 수도승의 목에 걸어주면서 말했다. "사슬은 여기에 있네. 오직 자네만 책임지는 법을 배웠군!"

눈먼 수도승의 목표는 마음을 수련하여 부처가 되는 것이었다. 다른 사람을 대신해 죄를 뒤집어쓰는 것 역시 수행의 일부분이었다. 눈먼 수도승이 하산할 수 있는 이유는 결코 자신의 결백을 증명하기 위해서가 아니라 수행을 끝냈기 때문이어야 하는 것이다. 이것은 수행자가 스스로 담당해야 할 부분이다. 장군은 자신의 목표가 국가와 국민의 안전을 보호하는 것임을 아주 잘 알고 있다. 그는 반드시 모든 것을 책임져야 한다. 그가 전장을 떠날 수 있는 이유는 반드시 임무 완수가 되어야 한다.

용기, 혼란한 앞길을 가르는 칼

용기는 혼란한 시대를 안정시켜주는 든든한 반석이다. 《송사宋史·악비전》에는 이런 글이 실려 있다. 한번은 황제가 악비에게 천하는 언제쯤 태평할 수 있는지 묻자 악비는 "문신이 돈을 사랑하지 않고, 무신이 죽기를 아끼지 않으면 천하는 태평하게 됩니다"라고 대답했다.

나는 헤밍웨이의 《노인과 바다》에 나오는 늙은 어부를 좋아한다. 늙은 어부는 나이가 많아 젊은 날처럼 용기백배할 수 없는데도 날마다 바다에 나가 고기를 잡았다. 이미 84일 동안 물고기를 한 마리도 낚지 못했지만 85일째 되는 날에도 여전히 바다로 나갔고, 게다가 깊은 바다를 향했다. 아주 큰 물고기 한 마리를 잡고 싶었기 때문이다. 그런데 이번에 그의 꿈이 정확하게 이루어졌다. 정말로 자기 나룻배보다 더 큰 다랑어가 걸려든 것이다. 그는 존경심에 가득 찬 눈빛으로 그 큰 다랑어를 바라본 후 이 다랑어에게 호쾌하게 외쳤다. "오너라! 우리 둘 다 도와주는 사람이 없으니까 일대일로 붙어보자!"

늙은 어부는 젖 먹던 힘을 다해 이틀 밤낮을 다랑어와 대결했고, 결국 승리를 거두었다. 그러나 몸도, 마음도 녹초가 되어 돌아오는 길에

난데없이 나타난 굶주린 상어 떼들이 이 커다란 다랑어의 고기를 한 입씩 뜯어먹는 것이 아닌가? 늙은 어부의 몸은 이미 지쳐 기력이 떨어졌지만 또다시 상어와의 사투를 불사했다. 결과는? 사투에도 불과하고 소득은 고사하고 해변으로 돌아온 그의 배에 남은 것은 커다란 다랑어의 뼈뿐이었다. 해변가에 있던 사람들조차 이 모습에 경악하고 탄식했지만, 늙은 어부는 여전히 평소와 같은 담담한 모습이었다. 그날 밤 노어부는 또다시 아프리카 초원을 뛰노는 사자 꿈을 꾸었다.

내 노력이 전혀 보상받지 못했다 할지라도 그 현실이 내가 사자 꿈을 꿀 권리까지 빼앗을 수는 없다. 이런 뼛속 깊은 기개, 의연함과 도량이라는 품격은 노어부가 세계의 무대에서 활약할 수 있고 전 세계 사람들의 존경을 한 몸에 받게 된 진정한 원인이 되었다.

나는 맥아더 장군이 "노병은 죽지 않는다. 다만 사라질 뿐이다"라고 말한 장면을 생각하면 "대장부는 나라를 위해 싸우다 전사해 말가죽에 시신이 싸여 고향으로 돌아가는 것이 마땅하다"고 말하던 동한의 명장 마원이나, "내가 다시 옛 산하를 철저히 수복할 날을 기다려다오!"라고 했던 악비, 가시나무를 지고 사죄를 하던 염파, 혈혈단신 적진을 찾아 담판으로 적을 돌려보냈던 곽자의 장군들이 생각난다. 역사에 이름이 길이 남을 명장들의 골수에 박혀 있는 것이 바로 대쪽 같은 성품이다. 이런 정신은 예리하기 그지없는 칼날이 되어 혼란스러운 앞길을 갈라주고, 넘을 수 없을 것 같은 곤경들을 사라지게 해준다. 그들은 이런 정신으로 자신의 인생을 개척해왔으며, 나라 백성들의 미래를 담당해왔다. 맥아더 장군은 필리핀 전장을 떠날 때 이런 말을 했다. "나는 다시 돌아올 것이다!" 이것은 국민에 대한 장군의 맹세다. '국민들이 안정을 얻기 전까지 나는 절대로 전장을 떠나지 않을 것이다!' 용기는 모험을 하는 것이며, 길이 없는 곳에서 탈출구를 찾는 것이며, 습관의 틀에서 벗어나 새로운 지름길을 찾는 것이다.

1950년, 한국전쟁이 발발하자 북한군은 파죽지세로 치달아 곧바로 서울까지 도착했다. 맥아더 장군은 이때 매우 대담한 제안을 했다. 인천으로 상륙해서 북한의 보급 루트를 차단하자는 것이었다. 그러나 회의 참가자들은 반대했다. "우리는 자연과 지리적 어려움이 있는 장애 리스트를 모두 열거했고, 인천은 모든 항목에 다 올라온 곳입니다." 그러나 이런 반대도 인천 상륙작전을 감행하겠다는 맥아더 장군의 결심을 꺾지 못했다. 그는 반대자들이 이야기하는 불리한 조건들이야말로 바로 내가 생각하는 유리한 조건이고, 오히려 "상대가 예상하지 못한 허점으로 나아가서 상대가 대비하지 않은 때에 공격한다"는 효과를 만드는 장점인데, 이 점이야말로 전장에서 승리를 가져다주는 중요 요소라고 여겼다. 결과적으로 그는 성공했다.

두려움이 당신을 지배하지 못하게 하라. 일말의 두려움도 절대 허용하지 않겠다는 담대함이 없으면 뚫고 갈 수 없다. 진리를 수호하는 사람은 결심을 보여주어야 한다. 부처를 만나면 부처를 죽이고 마귀를 만나면 마귀라도 죽일 각오로 전혀 위축되지 말아야 한다. 처칠은 말했다. "용감한 사람이 어떤 사람인지 알고 싶다면 반드시 용감한 사람처럼 모든 힘을 다하여 행동해야 한다. 이때 내 안의 두려운 마음은 용기 있는 마음으로 과감하게 대체될 것이다."

타인과 다른 일을 하려면 위험을 감수하는 모험이 필요하다. 하지만 난관을 극복하고 틀을 벗어나는 풍부한 경험이 쌓이게 될 때 인간의 지혜와 용기는 자연스럽게 향상된다. 포기하지 않는다면 말이다.

엄격, 퇴로를 남겨놓지 않는 연단

진짜 장군의 마지막 덕목은 엄격이다. 엄격은 원칙이며, 한걸음 후퇴하면 죽을 곳조차 없다는 마지노선이요, 군령은 하늘 같다는 뜻이다.

어느 희대의 도둑에게 아들이 한 명 있었는데, 이 아들이 아버지의 가업을 잇고 싶어 했다. 도둑은 아들을 데리고 견습을 갔다. 한밤중에 한 집에 몰래 들어가 막 집을 털려는 찰나에, 도둑은 살그머니 빠져나와 문을 밖에서 잠가버린 후 도둑이 들어왔다고 고래고래 소리를 질렀다. 도둑의 아들은 아버지의 이 기습적인 행동에 깜짝 놀라 어쩔 줄 몰라 얼른 옷장 안에 숨어 쥐 우는 흉내를 내며 주인을 속여야 했다. 주인이 다시 잠이 들자 그제야 몰래 그 집에서 빠져나와 보니 아버지 도둑이 밖에서 자신을 기다리고 있는 것 아닌가? 아들이 막 원망불평을 쏟아부으려는 찰나에 아버지 도둑이 어깨를 두드리며 말했다. "너도 터득했구나. 가업을 계승해줘도 되겠다."

사지로 몰아넣은 후 살길을 찾아가게 한 것은 가장 엄격한 연단이다. 손자 역시 항상 이런 방법으로 병사들의 잠재된 능력을 끌어올렸다. "병사들을 결코 돌아올 수 없는 곳에 투입시키면 용맹함을 발휘한다." 병사들에게 퇴로가 없을 때 그때부터 필사의 각오가 생겨난다.

엄격은 완벽함을 요구하며, 조금의 디테일도 놓치지 않고 전장에서 어떤 잘못도 허락하지 않는 태도를 말한다. 작은 실수 하나로 한판의 전쟁에서 질 수도 있고, 심지어 나라 전체를 잃어버리기도 한다. 1485년, 영국 요크 왕조의 마지막 국왕인 리처드 3세가 보즈워스 전투에서 패배하게 된 주된 원인은 편자를 박을 못이 부족하여 대체품을 사용했기 때문이다. 교전 시에 그가 탄 말의 말굽이 헐거워 벗겨지고 말이 넘어지는 바람에 리처드 3세는 말 등에서 떨어져 죽었고, 반란군에게는 승리는 물론 나라까지 넘겨주게 되었다. 그래서 후일 영국에는 믿거나 말거나 이런 민요가 전해져 내려온다고 한다. "편자못 하나가 없어 편자 하나 잃어버렸네. 군마 한 필을 손해 보고 국왕자리를 빼앗겼네. 전쟁에서 한 번 패하고 왕국이 통째로 패망했네."

지혜, 신뢰, 사랑, 용기, 엄격은 일체를 이루는 덕목이기 때문에 단일 항목으로만 보아서는 안 되며, 그중 하나를 잃어버릴 경우 전체적인 생명력에 타격을 입게 된다. 아인슈타인처럼 똑똑한 사람도 미군이 원자탄을 괌에 투하하자 의미심장한 한마디를 남겼다. "이것은 내 인생에 가장 큰 실수이자 유감이다. 이런 일이 발생할 줄 알았더라면 나는 차라리 시계수리공이 되는 게 나을 뻔했다."

확실히 사랑의 선택은 똑똑한 선택보다 훨씬 더 중요할 때가 있다. 똑똑하지만 사랑은 경시한다면 그 똑똑함은 힘점을 상실한 채 오용된다. 반면 용감함은 장군의 표지임이 분명하지만, 사랑의 마음을 잃어버린다면 전장의 도살자가 될 수밖에 없고, 만일 지성도 없고 훌륭한 지략도 사용할 줄 모른다면 그 용감함 역시 필부의 용기에 불과할 뿐이다. 엄격한 요구사항만 있을 뿐 사랑의 관심과 서로 간의 상호 신뢰가 없다면 효과를 볼 수 없다.

손자는 말했다. "병사들이 아직 사랑을 느끼지 못하는데 벌부터 주면 복종하지 않는다. 복종하지 않는 병사들은 쓰기 어렵다." 사랑만 있고 엄격함이 없어도 마찬가지로 결과가 좋지 않다. "병사들과 관계가 가까워졌다고 해서 벌을 주지 않으면 쓸모없는 병사가 된다." 그러므로 손자는 이렇게 결론을 내렸다. "명령을 내릴 때에는 부드럽고 합리적으로 하며, 통제할 때에는 강압적인 수단을 사용하는 것, 이를 싸움에서 반드시 승리하는 법이라고 한다."

《손자병법》에서 배우는 삶의 지혜

부드러움(문)과 강함(무)이 겸비되어야만 백전무패 무적의 팀을 조련해낼 수 있다. 지혜, 신뢰, 사랑, 용기, 엄격이 함께 녹아들 때 위대한 심령을 만들고, 가장 호쾌한 장군의 모습을 드날릴 수 있다.

6장

법 도

우주법칙이 구체화된 산물

유방이 막 천하를 통일하고 공로연을 베푼 자리에서 군신들이 유방을 황제로 추대하자 유방은 신이 나서 대답했다. "내가 황제가 되면 진秦나라 때부터 내려오던 그 복잡한 예법들은 깡그리 없애버리고 전부 간단하게 하겠소. 지금부터는 모두 나한테 격식을 차릴 필요 없소." 유방을 따라 함께 천하를 평정하던 공신들은 모두 이 말에 기뻐 어쩔 줄 몰랐다. 그런데 술을 많이 마시자 술주정이 시작되었다. 자신의 공이 더 크다고 경쟁적으로 열을 올리던 공신들은 심지어 검을 뽑아들고 결투를 벌였다.

완전히 통제 불능이 된 현장에서 유방은 혼비백산했지만 어떻게 해야 할지 몰랐다. 함께 이 모습을 지켜보던 유생 숙손통은 얼른 공손한 발걸음으로 앞으로 나가 계책을 올렸다. 자신이 유방을 위해 조례를 제정하여 질서를 안정시키겠다는 계책이었다. 그러나 유방의 첫 반응은 "그거 어려운 거 아닌가?"라는 것이었다. 이런 말도 무리가 아닌 것이, 유방은 평생 책이라곤 읽어보지 못한 사람이었으니 걱정부터 되는 게 당연했다. 숙손통은 가슴을 탕탕 치며 성공을 보증했지만 그래도 걱정이 태산이었던 유방은 "반드시 간단하고 쉬워야만 한다!"라고 재차, 삼차 주문했다.

2년이 흐른 후 조례 제정이 완비되고 처음으로 장락궁에서 조례를 실시하게 되었다. 유방은 용좌에 높이 앉아 있고, 문무백관들은 순서에 따라 입궐하여 엎드려 절을 하고 일어나 다시 인사드린 후 자리에 앉았는데 조용한 중에 질서가 있었다. 심지어 술마저 신분의 존비 순서에 따라 마시니 함부로 고함을 치며 경솔한 행동을 하는 사람이 없었다. 유방은 매우 만족하며 말했다. "내가 오늘에야 황제의 존귀함이 무엇인지 알겠노라."(《사기·유경숙손통열전劉敬叔孫通列傳》)

법은 나무통의 테두리와 같아 흩어져 있던 나무 널판을 물을 담을 수 있는 나무통으로 엮어줄 수 있다. 마치 8개의 게 다리처럼 마음을 합해 하나의 방향으로 전진해서 임무를 완성할 수 있게 되는 것처럼 말이다. 법이 없으면 모래판의 모래 같아지고, "승려가 셋이면 마실 물이 없다"는 말처럼 낭패에 빠지게 된다.

숙손통은 이 조례를 제정해 질서를 상실한 난상을 해결해주었고, 중국 천년 정치 운영의 거시적 규모를 다졌으니 실로 위대한 공로를 세

왔다. 반면 유방은 법이란 간단하고 쉬워야 한다는 원칙을 반복해서 강조했는데, 비록 개인적인 이유에서 비롯된 요구이기는 했지만 그는 부지불식간에 법의 기본 정신을 끄집어냈다. 법을 제정하는 목적은 모든 사람들이 다 지키도록 하기 위해서인데 만일 모두가 따라 하기 어렵고, 지키기도 어렵다면 기능을 발휘할 수 없으며 입법을 한 의의도 상실하게 된다. 유방의 이 말은 은연중에 하늘의 도리와 일치하고 있다.

간단하다는 것은 거칠고 대강 만들었다는 뜻이 아니라 더욱 치열한 사고를 거쳤기에 어려운 도리를 간단하게 풀어냈다는 뜻이다. 스티브 잡스는 "간단한 것은 복잡한 것보다 더 만들기 어려울 것입니다. 반드시 자신의 생각을 정확하게 정의한 후에 간단하게 만들어야 합니다. 결국 이것은 가치 있는 일이 됩니다. 왜냐하면 이것을 해냈다면 기적을 창조할 수 있기 때문입니다"라고 말했다. 잡스는 이 개념에 근거하여 조작이 간단한 휴대전화를 창조했으며, 이 휴대전화는 모든 이들의 인정과 사랑을 받게 되었다.

손자는 법의 제정을 중시했다. 비록 5가지 사항인 '진리, 하늘, 땅, 장수, 법도'에서 법은 가장 마지막을 차지하고 있지만 이것은 결코 법이 중요하지 않다는 뜻이 아니며, 오히려 대미를 장식한다는 중요성을 의미한다. 그가 쓴 적과 나의 실력을 비교하는 7가지 지표 중에서 법도와 관련된 부분은 4가지나 된다. "법도는 누가 더 엄격하게 시행하는가? 군대는 누가 더 강한가? 병사들은 누가 더 훈련을 잘 받았는가? 상벌은 누가 더 명확한가?" 승부를 결정짓는 요소의 반 이상을 차지하고 있다는 점만 봐도 그 중요성을 잘 알 수 있다.

손자는 이 3가지 방면에서 법도를 이야기한다. "법이란 군대의 조직 편제이며, 장군과 사병의 직책과 관할 범위, 군용 물자의 공급과 관리에 관한 제도다." 즉, 조직제도, 인사관리제도, 자원의 준비를 말한다.

조직제도, 적절한 조직인가?

조직에는 크고 작음이 있고, 제도에는 조직 운영을 위한 모든 법규와 조항이 포함된다. 손자는 〈세편勢篇〉에서 "대부대를 마치 소부대를 다스리듯 다스리려면 편제를 나누어 관리하는 인원수가 적절하면 된다. 대규모 전투를 마치 소규모 전투처럼 지휘하려면 지휘 체계와 이름이 적절하면 된다"고 했다. 수많은 사람을 마치 소수의 인원처럼 쉽게 관리하려면 조직의 효과적인 계층화 관리를 적용해야 한다. 대규모의 적을 마치 소수의 적처럼 싸우려면 완벽한 지휘 체계와 명확한 부호 체계가 필요하다.

조직의 규모 기준

조직의 크고 작음은 조직 운영의 원활함 여부를 결정짓는다. 방대한 조직은 마치 타이타닉호처럼 방향 전환이 어렵기 때문에 작고 짧고 가벼운 소형 선박처럼 신속하게 전환할 수 없다. 조직의 부서가 너무 많으면 효율이 감소해 자체 기준을 적용하기 쉽기 때문에 단체의 응집력은 떨어진다. 반면 부서가 너무 적어도 기능이 한데 뒤섞이기 때문에 전문적인 기능이 두드러지지 않는다. 이 둘의 장점을 어떻게 조합하고 단점을 어떻게 제거하느냐에 따라 지도자의 지혜를 엿볼 수 있다.

초나라 송옥은 얼굴도 잘생기고 말도 잘해 항상 시기와 질투를 받았다. 한번은 어떤 이가 초나라 왕에게 송옥은 바람둥이 카사노바라고 무고했다. 왕은 송옥을 불러 사람들이 한 말이 맞는지 물었다. 송옥의 변명은 듣는 이를 빙그레 웃게 할 정도로 해학적이었다. 그는 항변했다. "저희 이웃집에는 천하제일의 미녀가 있는데, 항상 저하고 친해지고 싶어 하더군요. 하지만 저는 3년 동안 그 여자 얼굴을 한 번도 똑바로 쳐다봐주지 않았는데 제가 이래도 바람둥이입니까?" 송옥이 진짜 바람둥이 짓을 했는지 안 했는지는 우리가 알 바 아니다. 송옥은 이어서 그 미녀의 생김새를 이렇게 묘사했다. "얼굴은 조금만 늘이면 너무 길고, 조금만 줄이면 너무 짧아집니다. 분을 바르면 너무 희멀겋고, 입술을 붉게 칠하면 쥐 잡아 먹은 것 같습니다." 이 말은 조직의 규모에 대한 기준을 이야기할 때 사용하면 적절하다.

끊임없이 진화하는 부호 체계

관리학에는 '관리 간격'이라는 이론이 있다. 한 부서에서 관리할 수 있는 인원수는 최대 6~9명을 넘지 말라는 것이다. 아마존의 CEO 제프 베이조스는 '피자 두 판의 법칙'을 가지고 있다. 한 조직의 인원수는 회의 시 피자 두 판을 먹을 만한 인원수를 넘지 않도록 한다는 것이다.

즉, 조직의 인원수가 관리 가능한 범위를 넘지 않도록 한 것이다.

관리는 간단한 부호를 통해 조직의 모두가 행동할 근거로 삼도록 해야 한다. 손자는 "부대 안에서 징과 북, 깃발로 병사의 행동을 통일해야 한다. 부호가 확정되면 아무리 용감한 병사라도 독단적으로 진격하지 않고, 겁 많은 병사라도 독단적으로 후퇴하지 않는다"고 했다.

부호는 사고의 구상화다. 과거에는 편리한 의사소통 수단이 부족했기 때문에 시각은 깃발을 사용하고, 청각은 징과 북을 사용했다. 병사들은 장군이 지시하는 부호에 따라 공격과 수비, 진격과 후퇴를 진행했으며, 전술과 대형을 변환했다. 첨단과학이 발달한 오늘날의 의사소통 수단을 과거와 동일선상에 놓고 말할 수는 없지만, 단거리 경주만 보아도 아직도 전통적인 방식을 적용하고 있음을 알 수 있다. 예를 들어 구기 경기장에서는 아직도 감독이 코를 만지거나 가슴을 두들기거나 손뼉을 치는 등등의 재미있는 모습을 볼 수 있다. 농구의 포인트 가드, 야구의 포수는 모두 사인을 전달하는 사람이다.

대항의 각도에서 본다면 쌍방은 모두 상대방의 암호를 해독하여 자신이 해야 할 행동의 근거를 찾으려고 한다. 2017년, 미국 메이저리그 정규리그에서 휴스턴 애스트로스는 LA다저스를 꺾고 월드시리즈 우승을 했다. 그러나 그 후에 애스트로스 팀의 사인 홈치기 문제가 들통 났다. 그들은 야구장 관람석에서 포수의 암호를 녹화해 이를 휴게실에 있는 감독과 코치들에게 전달해 해독을 한 후 팀 선수들이 이에 따라 대처하도록 한 것이다. 이 사건은 큰 반향을 불러일으켰으며, 애스트로스 팀은 큰 징계를 받았다. 오늘날의 스포츠 경기에서는 이런 행동이 용인되지 않고 모두 규칙을 준수해야 한다고 여기기 때문이다. 그러나 전장에서의 게임 규칙은 다르다. 승리를 위해서라면 쌍방이 수단과 방법을 가리지 않는다. 그러므로 이런 행동은 규정 위반이라고 하지 않고, 암호 해독이라고 한다. 제2차 세계대전 당시 미국과 일본 간에 벌어졌던 미드웨이 전쟁에서 미국이 승리를 할 수 있었던 관건은 일본의 'AF'라는 암호를 해독하여 일본의 미드웨이 섬 총공격 작전을 포착하고 사전에 준비했기 때문이다.

부호 체계의 기능은 작전 시스템이다. 작전 시스템이라면 반드시 작전의 각도에서 보아야 하며, 적에게 암호가 해독되지 않도록 철저한 준비를 해야 한다. 그러므로 구기 경기장이나 비즈니스 세계에 비록 많은 규칙이 있고 타인의 부호 시스템을 침범할 수 없도록 제한하지만, 곳곳에서 첩보전의 그림자를 볼 수 있다. 휴스턴 애스트로스의 예는 빙산의 일각일 뿐이다. 이번에 징계를 받았다고 해서 유사한 행동이 멈춰지지는 않을 것이다. "진리가 한 치 높아지면 마귀는 한 척이 더 높아진다"는 말처럼 방법만 더 진화될 뿐이다. 그러므로 제한해야 한다는 각도에서만 생각할 것이 아니라 개개인이 자신의 부호 체계를 진화시켜 정석과 변칙이 함께 발전하도록 하며, 진실과 위장을 모두 사용하여 상대방이 암호를 해독할 수 없도록 하는 것이 비교적 실제적이다. 이것은 또한 손자가 수없이 강조한 '운영의 묘는 각자의 손에 달려 있다'는 개념에 부합하는 것이다.

—

인재, 제대로 된 인재인가?

조직에서 가장 중요한 자산은 바로 인재다. 그러므로 스티브 잡스는 A급 인재 기용을 고수해왔다. B급 인재를 기용하면 결국 C급 인재까지 끌어들이기 때문에 회사는 끝장이라고 생각했던 것이다.

인재의 통합

인재는 다양한 특징을 갖는다. 한 조직에서도 다양한 유형의 인재들이 필요하다. 농구팀에도 반드시 포워드, 가드, 센터포워드 등 다양한 인재가 있어야만 어떤 선수는 지휘를 하고 어떤 선수는 리바운드를 하며 어떤 선수는 골을 넣을 수 있다. 시카고 불스의 왕조는 마이클 조던, 스카티 피펜 및 악동 데니스 로드맨 등으로 구성된 아이언 트라이앵글을 통해 이루어졌다.

인재는 서로 다르기 때문에 함께 사업을 완수할 때에는 대통합이 필요하다. 이 점은 NBA의 필 잭슨 감독이 아주 잘해냈다. 그는 말했다. "젊고 포부가 있는 선수들을 하나로 뭉친 챔피언 팀으로 변화시키는 것, 이런 기술은 기계적인 과정이 아니라 신비한 '마술'이라고 할 수 있다." 그가 '마술'이라고 지칭한 것은 결코 자기를 위해 한 일이 아니지만 결국 스스로의 꿈을 이루게 만들어주었기 때문이다. 필 잭슨 감독은 우선 농구 선수들이 자신을 이해하도록 도와주었다. 선수들은 자신을 이해하면서 역지사지를 배울 수 있었고, 이로써 타인을 이해할 수 있었으며, 헌신적인 협력을 시작할 수 있었다. 헌신적인 협력은 조직을 응집시키는 힘이요, 조직에 승리를 가져다주고 최후에 자아 성취를 이루어주는 핵심이다.

통합의 관건은 지도자에게 있다. 그러므로 지도자의 시야, 배포, 능력은 모두 반드시 타인을 굴복시킬 만해야 한다. 이것을 인간적인 매력이라고 한다. 스티브 잡스가 바로 그 좋은 예다.

스티브 잡스의 관리는 가혹한 면이 있어 비현실적으로 느껴질 정도였다. 잡스는 직원들이 스스로 상상할 수 있는 이상의 일을 하라고 요구했지만 모두 그의 잔소리에 순종했으며 그의 말대로 시도하려고 분투했다. 왜 그랬을까? 그 이유는, 그에게는 이상이 있었고, 이 원대한 목표 달성을 위해 모든 사람을 하나로 응집해 항상 "우리가 하는 일은 세계를 변화시키는 일"이란 말을 입에 달고 살았기 때문이다. 그는 펩시콜라의 CEO 존 스컬리를 애플의 CEO로 영입할 때에도 "설탕물이나 팔면서 남은 인생을 보내고 싶습니까? 아니면 나와 함께 세상을 바꿔보고 싶습니까?"라는 단도직입적인 질문으로 그의 마음을 움직였다고 한다.

스티브 잡스는 "해적이 될 수 있다면 왜 해군이 될 생각은 하지 않는가?"라는 말을 남겼다. 이 말은 직원들에게 더 큰 세상을 보여주었고, 인생은 희망으로 가득 찬 곳임을 깨닫고 더 큰 가능성을 향해 분투하게 했다. 이것이야말로 지도자의 흡인력이자, 우수하고 열등한 관리를 가르는 가장 중요한 관건이다.

인재의 훈련

인재를 찾았고, 조직도 완성했다면 훈련을 해야 한다. 훈련 영역은 전문적 기술과 심리적 소양으로 나뉘는데, 손자는 전문 훈련을 반드시 제대로 받아야 한다고 주장했다. "군대는 누가 더 강한가? 병사들은 누가 더 훈련을 잘 받았는가?"는 피아의 실력을 비교하는 항목이다. 병사들은 전쟁의 주력이지만, 기술을 제대로 훈련받지 못한 상태에서는 장군의 명령을 실현할 수 없다. 성숙한 심리적 소양은 전장의 압박을 똑똑히 마주하면서도, 이에 굴복하지 않고 동요하지 않겠다는 중대한 결심을 해낼 수 있다.

잘 훈련받은 군대의 특징

전장에서 잘 훈련받은 군대는 완급 조절이 질서정연하고, 동태와 정태가 조화를 이룬다. 손자는 〈군쟁편〉에서 이런 군대의 모습을 언급했다. "신속할 때에는 바람과 같이 빠르고, 느릴 때에는 숲과 같이 삼엄히 준비한다. 공격할 때에는 불길같이 철저히 하고, 움직이지 않을 때에는 산과 같이 굳게 버틴다. 숨을 때에는 어둠 속에 잠긴 듯하다가도, 움직일 때에는 벼락 치듯 적에게 손쓸 기회를 주지 않아야 한다."

바람이란 군대의 작전 수행 시 오는 모습도 없고 가는 흔적도 모를 신속함을 강조한 것이다. 숲이란 준비 상태를 말한다. 숲의 나무들이 질서 정연하게 빽빽이 서 있는 것처럼, 기강이 삼엄하여 적이 침범할 꿈도 꿀 수 없는 기세를 말한다. 불이란 그 신속한 살상력으로 철저하게 섬멸해버리는 무시무시한 분위기를 말한다. 산이란 공략할 수 없도록 굳건히 서서 꿋꿋이 버티며 무엇을 할지 알기에 자신감으로 충전된 상태를 말한다. 어둠이란 깊숙이 숨겨져 예측이 불가능하고 먹구름에 잔뜩 긴 하늘처럼 적에게 알지 못할 공포감을 만들어내는 것을 말한다. 벼락이란 귀를 덮기도 전에 신속한 속도로 벼락이 치는 일대 충격력으로서, 적에게 도망가고 싶어도 오금이 저려 도망갈 수 없는 무력감을 느끼게 한다. 이 6가지 군대의 전투 형태는 모두 훈련을 통해 체득하는 성과다.

훈련받지 못한 군대의 특징

훈련을 제대로 받지 못하면 전장에서 공격과 방어가 무질서하고 군기도, 투지도 없다. 장군과 병사 간에 마음과 덕이 떠나서 전쟁도 하기 전에 부전패한다. 손자는 〈지형편〉에서 장군의 실수로 인하여 초래되는 실패 6가지를 말하는데, 그중 4가지는 모두 평소 훈련 부족으로 인한 결과다.

'해이'란 장수들이 나약해 병사들을 똑바로 관리단속 하지 못하여 군 내부 기강이 해이한 것을 말한다. '함락'이란 장수들이 강하여 전쟁을 하고 싶으나 군사들의 훈련이 부족해 용기가 나지 않은 상태로 마지못해 출병했다가 패배하는 것을 말한다. '붕괴'란 계급이 낮은 장수가 계급이 높은 장수에게 불복하여 군대가 화해롭지 못하고, 전쟁을 해야 할 때 계급이 낮은 장수가 앙심을 품고 같이 망해버려 복수를 할 생각에 적을 만나 최선을 다하지 않은 채 함부로 싸우는 상황이다. 이런 군대는 반드시 붕괴된다. '문란'은 장수에게 위엄이 없고 문제 때마다 적합한 지도를 하지 않아 부하들이 깔보며 말을 듣지 않고, 나가서 싸울 때에는 독불장군처럼 좌충우돌하기 때문에 군기가 문란해지게 된다. 이 4가지 상황은 모두 훈련 부족에서 시작된 문제다. 장수와 병사에게 모두 문제가 있기 때문에 실패를 초래하는 원인이 된다.

적의 훈련 상태 판단하기

손자 역시 전장에서 관찰을 통해 적의 훈련 상황을 판단했다. "군영이 시끄러운 것은 장수가 무게가 없다는 것이다." 군영이 소동하고 불안하면 장군이 듬직하지 못하여 위신을 잃었다는 뜻이다. "깃발이 어지럽게 움직이는 것은 혼란스럽다는 것이다." 깃발이 이리저리 움직이는 것은 군대의 체계가 이미 혼란 상태에 빠졌음을 말한다.

"하급 장교들이 화를 내는 것은 넌더리가 났기 때문이다." 고급 장령들이 무능하면 모두 어느 장단에 춤을 춰야 할지 모르게 된다. 하급 장교들이 녹초가 되도록 이 일, 저 일에 투입되다 보면 명령을 내려도 복종하지 않고 오히려 화를 내게 된다. "수근수근대며 삼삼오오 이야기하는 것은 장수가 인심을 잃은 것이다." 병사들이 한데 모여 귓속말을 하며 장교를 비난하는 것은 지도자가 사병들의 마음을 잃었다는 뜻이다.

"상을 자주 주는 것은 지도자의 능력이 곤궁하다는 것이다." 지도자가 부하들의 마음을 얻지 못하고 부하들이 반항이라도 할까 봐 심히 두려워 계속 상을 주며 군심을 다독이려 하는 것은 지도자가 이미 쥐꼬리만 한 재간마저 바닥이 나서 관리할 방법이 없다는 것이다.

"벌을 자주 주는 것은 곤란한 상황에 부딪혔다는 것이다." 곤란한 상황에 부딪혔으나 병사들을 쓸 수 없고 명령에 움직이지 않으니 형벌로서 위신을 세우려는 것이다. 그러나 노자의 말을 빌려 이야기하자면 "백성이 죽음을 두려워하지 않는데 어찌 죽음으로 그들을 위협할 수 있겠는가?" 이 지경까지 된 것을 보면 아마도 문제가 적지 않을 것이다.

"먼저 폭력적인 방법을 쓴 다음에 또 병사들을 두려워하는 장수는 어리석은 장수의 으뜸이다." 가르침과 명령이 불분명하면 병사들도 훈련을 받으려 들지 않는다. 그러면 지도자도 방법이 없으니 포악한 방법으로 병사를 압제할 뿐이다. 병사들이 복종하지 않으면 지도자는 또다시 군심이 떠날까 봐 두려워하며 방법을 바꿔 병사들을 위로하기 시작한다. 이런 장군은 능력이 없는 장군이요, 지도라는 것을 잘 모르는 사람이다.

자원, 주머니는 두둑한가?

전쟁은 돈을 쌓아놓고 해야 하는 비싼 게임이다. 후방의 지원과 양식과 마초의 보급은 종종 승부의 관건이 된다. "삼군이 움직이기 전에 양식과 마초가 먼저 움직인다"는 말처럼, 조조가 관도에서 원소에게 대승을 거둘 수 있었던 이유는 바로 원소의 양식과 마초를 불살라버린 데서부터 시작했다. 유방이 항우를 이길 수 있었던 것도 후방에 소하가 버티고 있어 양식과 마초를 전방의 장수와 병사들에게 끊임없이 공급해주었기 때문이다.

손자는 말했다. "10만 명이 참가하는 전쟁을 하려면 하루에 천금을 써야만 대응이 가능하다. 너무 오랫동안 싸우면 무기도 부족하고, 사기는 저하되어 성을 공략할 때 힘이 많이 든다. 지구전은 국가 재정을 거덜 내고, 다른 국가가 이 틈을 타서 공격해올 것이다. 그러므로 가장 좋은 전략은 '속전속결'이다"라고 했다.

그다음으로 양식의 부담을 줄이기 위해서 손자는 위험을 적에게로 전이시켜야 한다고 주장한다. 그는 말했다. "양식을 적에게서 얻으면 군량은 풍족해진다." 어디로 가든지 가는 곳에서 먹는 문제를 해결하면 양식 부족으로 고민할 필요가 없고, 군수품 조달이 어렵다고 걱정할 필요가 없다. 이런 생각은 아주 좋은 생각이다. 그러나 타인에 의지해서 겨우 먹고사는 문제를 해결한다는 것은 더욱 신중히 생각해야 할 필요가 있다. 이런 전략에는 반드시 주위에 부대시설이 있어야 한다. 만일 적이 성을 굳게 지키고 텅 빈 들판만 남겨둔 데다가, 후방의 지원마저 없다면 결과가 얼마나 심각할지는 불 보듯 뻔하다.

계연(計然)[15]의 '전쟁 경제학'

양식과 마초의 보급이 그렇게 중요한 사안이라면 어떻게 비축하는 것이 좋을까? 《사기·화식열전貨殖列傳》에서는 계연이 자신의 사업적인 두뇌를 활용하여 월나라 왕 구천에게 나라를 순조롭게 수복하도록 도운 이야기가 나오는데, 참고할 만한 가치가 있다. 그의 주장은 이러하다.

1. 전쟁을 할 것을 알게 되면 양식과 마초를 사전에 준비해야 한다.
2. 백성들이 언제 어떤 물품이 필요한지 알아야 시장의 공수를 조정할 수 있다.
3. 매년 기후는 다르지만 순환하는 주기는 있으므로 가뭄이 날 때에는 선박을 비축해놓고, 홍수가 날 때에는 마차를 비축해놓아야만 불시의 필요에 대비할 수 있다.
4. 물가는 중간 가격을 대표값으로 삼는다. 곡식 가격이 너무 낮으면 농민들을 해치고, 물건 가격이 너무 높으면 상인들이 얻을 이익이 없다.
5. 대담하게 저가 매입을 하며, 고가 판매도 기꺼이 하라.
6. 사재기를 하지 마라.

계연의 방법대로 준비하니 10년이 지나자 국가는 부유해졌고, 구천은 돈을 가져다 병사들에게 상금으로 나누어주었다. 병사들은 격려를

---

15) 월나라 사람. 조상은 춘추 시기 진(晉)나라에서 도망친 공자(公子). 춘추 시대 유명한 정치가 범려의 스승

받고 모두 용감히 앞서 싸우니 결국 오나라에 패했던 원한을 갚을 수 있었고, 오나라를 멸망시켜 중원에 이름을 떨치고 중원 패주의 전당에 이름을 남기게 되었다.

계연은 월나라 왕 구천과 우리들에게 경제 수업을 해준 셈이다. 우리에게도 부를 축적하고 싶으면 비가 오기 전에 미리 창문을 수선하듯 사전 준비를 해야 하고, 공수의 평형을 알아야 하며, 물가가 너무 올라가면 반드시 화폐 가치가 떨어질 것이니 다른 사람이 버릴 때 내가 취하는 법을 배워야 함을 알려주었다. 국가의 경제 정책은 물건을 매점매석하여 중간에 이윤을 차지하는 것을 금지하고 유통은 원활하게 보장하며, 정부는 어떤 업계의 편만 들어주지 말고 각계각층의 사람들을 고루고루 살펴야 한다. 이와 같은 조치가 있으면 국가는 부유하며, 돈을 벌면 병사들에게 격려해줘서 승리하는 싸움의 기초를 세운다. 이것은 대량의 재화를 소비해야 하는 전쟁을 준비하는 가장 효과적인 방법이다.

손자는 전쟁의 대량 지출을 앞두고 경비 절감 방안을 제시했지만 재원 창출 방법에 대해서는 이야기하지 않았다. 그러나 손자를 나무랄 일은 아니다. 그는 군사를 데리고 전장을 다니는 장군으로서 전쟁 자체와 관련이 있는 요소에 대해서만 이야기했을 뿐이다. 전쟁 전의 준비는 반드시 계연 같은 경제학 인재가 함께 협력해야 한다. 마치 한신 역시 소하의 협력을 원했고, 그때 비로소 유방이 중원 제패의 꿈을 이루었던 것처럼 말이다.

'법도'는 인간성에서 시작

사람의 인격과 일하는 방법은 마술처럼 자신만의 특징이 있다. 법은 사람이 제정하는 것이기에 적용을 할지 안 할지의 여부를 결정하는 것이 더 중요하다. 사람마다 성공 법칙은 서로 다르기에 다른 사람의 성성공 경험을 100% 복제할 수 있는 사람은 없다. 〈전론논문典論論文〉에서는 "부모와 형제(연장자)에게 있는 장점이라도 자녀에게 그대로 유전되지 않는다"고 했다. 그러므로 절대로 남을 따라 표주박을 그리는 흉내만 내서는 안 된다. 그러면 정수를 배울 수 없고, 그저 수박 겉핥기가 될 뿐이다. 호랑이를 그리려다가 오히려 개와 비슷해지면 비웃음만 산다.

맹자는 말했다. "선한 마음만으로는 정치를 하기 어려우며, 좋은 법이 있다고 그것이 저절로 실행되지는 않는다." 선한 마음만 가지고서는 일을 잘할 수 없다. 하지만 법만 있고 따뜻한 인간성이 없다면 타인과 자신을 해치게 되며, 또한 이 법을 추진할 수 없다.

《손자병법》에서 배우는 삶의 지혜

손자는 '법'을 이야기하기 전에 먼저 '진리'를 이야기했다. 5가지 사항인 '진리, 하늘, 땅, 장수, 법도' 중 첫 번째 항목과 마지막 항목은 수미 상응을 이루는데 이는 손자가 법에 대해 거는 기대를 드러내준다. 항상 진리를 기초로 한다는 이 점은 우리에게 성찰의 시간을 제공한다.

7장

비 교

타인을 넘어서기 전 먼저 자신을 넘어설 것

대초원에서 영양이 아침부터 달리기 연습을 한다. 사자보다 빨리 달리지 못하면 자신은 사자의 만찬이 될 수밖에 없다는 것을 잘 알기 때문이다. 사자 역시 게으름을 피울 수 없다. 사자 역시 영양보다 빨리 달리지 못하면 굶어죽을 수밖에 없다는 것을 잘 알기 때문이다. 이것이 바로 대초원의 생존법칙이다.

전쟁의 참혹함은 점점 더 심해지는데, 손자는 "전장은 바로 '죽느냐 사느냐가 결정되는 곳'이므로 반드시 '멸망에서 구하여 생존케 하는 방도'를 구해야 한다"고 말했다. 즉, 생존할 수 있는 방법을 찾았던 것이다. 이런 잔혹한 현실 앞에서 상의나 토론을 할 여지도 없다. 반드시 능력이 우선되어야 하되, 상대방보다 더 강력한 수단이 있어야 한다.

누가 더 강한가? 이 질문은 비교를 해야만 알 수 있다. 손자는 "7가지 지표로써 쌍방을 비교하여 그 정황을 살핀다"고 말했다. 반드시 비교를 해야만 적의 실제 상황을 파악할 수 있다. 그렇다면 무엇을 비교해야 하는가? 손자는 7가지 지표로 비교한다고 했다.

7가지 지표로 승부를 알 수 있다

손자는 말했다. "군주는 누가 더 진리가 있는가? 장수는 누가 더 유능한가? 천시와 지리는 누가 더 많이 확보했는가? 법령은 누가 더 엄격하게 시행하는가? 군대는 누가 더 강한가? 병사들은 누가 더 훈련을 잘 받았는가? 상벌은 누가 더 명확한가? 나는 이것만 보아도 승부를 알 수 있다."

'진리', '능력', '확보', '시행', '강함', '훈련', '명확', 이 7가지 키워드를 통해 우리는 누가 우세하고 누가 승리할 수 있는지, 혹은 누가 열세하고 누가 패배할지 비교만 해보면 금방 알 수 있다. 그래서 손자는 "나는 이것만 보아도 승부를 알 수 있다"고 했다.

군주는 누가 더 진리가 있는가?

"군주는 누가 더 진리가 있는가?"는 언제나 첫 번째 비교 지표로 손꼽힌다. 왜냐하면 민심을 얻는 사람이 천하를 얻기 때문이다. 월나라 왕 구천은 촌민이 바친 술을 장강 강물에 쏟아버리고 병사들과 함께 술을 마시려고 했다. 이는 병사들과 희로애락을 함께하겠다는 표시였으므로 이에 감동한 전체 장병들이 힘을 다해 적과 싸워 오군을 대패시키는 낭보를 얻을 수 있었다.

기업은 직원의 마음도 얻어야 하지만, 고객의 인정도 받아야 한다. 물류기업의 선두주자인 아마존의 경영이념은 바로 고객 제일을 표방한다. '저가', '빠른 배송', '대량의 선택 기회', 이 3가지 항목은 고객의 영원한 요구사항이며, 회사는 이 이념을 중심으로 운영된다. 제프 베이조스는 단언했다. "10년 후에도 소비자들은 여전히 저가를 좋아할 겁니다." 10년 후에 어떤 소비자가 당신에게 "나는 아마존을 좋아해요. 하지만 물건을 좀 늦게 배송해줬으면 좋겠어요"라고 말하는 건 상상하기 힘들다. 제프 베이조스는 소비자의 욕구를 붙들었기 때문에 아마존은 창립 20년 만에 세계 1, 2위를 다투는 대기업으로 변모했다.

장수는 누가 더 유능한가?

능력이 있는 장군은 전장을 결정한다. 명나라 말년에는 엄한 군기와 독창적인 전술을 구사한 척계광 덕분에 기승을 부리던 왜구를 소탕하고, 백성들은 조용한 생활을 회복할 수 있었다. 대기업이 그렇듯이, 회사 운영 상태의 양호함과 부실함은 CEO에게 달려 있다. 스티브 잡스가 병이 났을 때 애플의 주가는 30달러에 불과했다. 그러나 병이 낫고 복직하자 주가는 90달러로 수직상승 했다는 사실이 좋은 예다.

천시와 지리는 누가 더 많이 확보했는가?

천시와 지리는 쌍방이 공통으로 이용할 수 있는 자산이며, 누가 먼저 우선적인 기회와 우선적인 위치를 선점하는가를 강조한 것이다.

공명은 산에서 나와 유비를 돕기로 했지만, 사마휘는 그가 주군은 얻었어도 시기는 잃었음을 지적했다. 조조와 손권이 이미 선제적인 기회를 선점하고 좋은 자리도 차지했기 때문이다. 공명 자신 역시 그 사실을 잘 알고 있었다.

〈융중대〉에서는 조조와 맞서 싸울 수 없고, 동오와도 동맹을 맺어야지 대적해서는 안 된다고 했다. 이런 불리한 상황에서 돌파구를 찾는 것은 현실적으로 난이도가 매우 높은 일이다. 그래서 공명은 지리적인 측면에서 해결책을 찾으려 했다. 그중 하나가 바로 형주였다. 그 포석이 정해지면서 전체 삼국 시대가 열렸다. 가장 격렬한 견제를 거쳐 얻은 곳이 바로 형주였다. 그러나 결국엔 관우의 부주의로 형주를 잃어버리는 바람에 유비는 오나라를 공격한 전쟁에서 대패했으며, 촉한은 그 후 그대로 주저앉아 재기하지 못했다. 공명은 전도유망한 인물이었으나, 결국 나라를 위해 몸과 마음이 부서지도록 충성만 하다가 유명을 달리했으니 그가 천시와 지리 때문에 졌다고 하지 않을 수 있을까?

법령은 누가 더 엄격하게 시행하는가?

법령을 철저하게 집행하는지의 여부는 지도자의 위신 문제이며, 또한 군기의 문제다. "아무리 용감한 병사라도 독단적으로 진격하지 않고, 겁 많은 병사라도 독단적으로 후퇴하지 않는다"라는 손자의 말처럼 군기가 잡혔을 때 모두 협동단결하여 함께 목표를 완성할 수 있다. 손자가 오나라 궁궐의 군사훈련에서 오나라 왕이 총애하는 비빈 2명의 목을 자른 일이나, 그의 숙부뻘인 사마양저가 군대 감독관인 장매를 죽인 일은 모두 법령을 반드시 철저히 집행해야 함을 강조하는 예라고 할 수 있다.

군대는 누가 더 강한가?

전력이 강해지려면 군대가 강해야 한다. 그래서 손자는 병사들의 신체는 "신중하게 보양하고 피로하지 말며, 기를 모으고 체력을 쌓아야 한다"면서, 적절히 보양하고 과도한 피로를 피해야만 강한 체력을 쌓아 적과 싸울 수 있다고 주장했다. 회사 직원은 회사의 자산이다. 심신이 건강해야 전투력이 생긴다. 회사 실적만 생각하고 직원의 건강은 생각하지 않는다면 황금 달걀을 얻기 위해 암탉의 배를 가르는 것이나 마찬가지다.

그다음으로 전체적인 전력에 주의해야 한다. 한 군대 안에 있는 병사들의 실력은 천차만별이어서, 행군 중에 같은 보조로 걸을 수 없는 위험을 초래할 수 있다. 회사 내 각 부서 간에 실력 차이가 많이 나서 파리 한 마리가 죽 전체를 망치는 경우가 생길 수 있다. 그러므로 약한 자는 도태시키고 강한 자를 남기거나, 혹은 온갖 방법을 동원해 관리를 강화해야만 회사의 구성원 모두가 전체적으로 보조를 맞춰 전진할 수 있다.

병사들은 누가 더 훈련을 잘 받았는가?

잘 훈련받은 병사들은 전문적인 능력 외에도 상호 협동 능력, 실전 능력, 전술의 융통성 있는 전환, 사기 충천, 고생과 고난을 마다하지 않는 행동 등의 특징을 갖는다. 기업의 직원에 대한 직무 요구사항으로서, 규정된 시간 내에 임무를 완성하고 부단히 변화하는 환경에 침착하게 응대할 수 있어야만 훈련을 잘 받았다고 말할 수 있다. 양질의 훈련을 받기 위해서는 '평상시를 전시처럼, 훈련을 경기처럼' 생각해야 한다.

2019년, NBA 골든 스테이트 워리어스의 케빈 듀란트가 부상으로 결장한 불리한 상황에서 도박사들은 일제히 워리어스 팀을 약체로 점쳤으나, 워리어스는 놀랍게도 휴스턴 로케츠 팀을 도태시키고 서부 컨퍼런스 결승전에 올랐다. 이것은 감독의 용병술 때문이었다. 평소에 각종 위기상황을 가정한 연습을 매우 중시했기 때문에 주요 선수가 부상을 당한 상황에서 후보 선수가 대신 출장해도 마찬가지로 완벽한 팀워크를 보여주었던 것이다.

상벌은 누가 더 명확한가?

'명확'은 매우 분명하고 공평하다는 뜻이다. 상벌은 사람에 따라서 달라지는 것이 아니라 법률 앞에서 일률적으로 평등하다. 상벌이 명확하면 전장에서도 병사는 명령을 듣게 되며, 회사에서도 직원들은 신뢰를 가지고 복종하게 된다.

《삼국연의三國志演義》 96회를 보면 공명이 가정에서 눈물을 흘리며 마속의 목을 자르는 내용이 나온다. 마속이 용서할 수 없는 잘못을 저질렀기 때문이다. 마속의 아버지는 공명과 친한 친구 사이라 임종 시에 공명에게 홀로된 아들을 부탁했다. 그러나 공명은 그 때문에 마속의 죄를 가볍게 봐주지 않고 공평하게 대했다. 그는 마음이 타들어가는 눈물을 흘리면서도 군중의 군기를 굳게 지키기로 했다. 집법을 하는 사람은 공정하고 청렴해야 한다. 호리라도 명명백백히 감찰해야 부하들도 어물쩍 넘어가는 일이 없다. 그렇게 하면 직원은 복종하게 되고, 노력하면 인정을 받고 더 열심히 노력하면 더 큰 인정을 받는다는 것을 알면 당연히 모두 최선을 다해 최고가 되려고 할 것이다.

질적 지표는 측정이 어렵다?

손자의 7가지 지표인 '진리', '능력', '확보', '시행', '강함', '훈련', '명확'은 모두 질적 지표이지, 양적 지표가 아니다. 손자는 무기의 우열이나 인원수의 많고 적음에 대해서는 이야기하지 않았다. 손자가 객관적인 양적 지표를 무시했던 것이 아니라 그는 심리적 소양이라는 질적 지표를 더욱 중요시했기 때문이다.

질적 지표는 내재적인 심리 소양을 중요시해 수량화가 불가능하기 때문에 객관적인 평가를 할 수 있을까, 공정한 평가를 할 수 있을까 걱정이 된 나머지 요즘 평가의 추세는 점점 더 양적 평가 지표로 옮겨가는 중이다. 그러나 이것은 오해이며, 일종의 위기다. 사실 질적 지표는 그렇게 붙잡기 어려운 것이 아니다. 게다가 더욱 중요한 것은 질적 지표를 통해서만 사물의 진정한 본질을 볼 수 있다는 것이다.

춘추 시기 진晉나라 문공은 제나라를 공격하고 싶었다. 그러나 확신을 얻기 위해 대신 범소를 제나라에 파견해 제나라의 허실을 염탐해보기로 결정했다. 범소는 주판을 가지고 그들의 인원, 군량과 마초, 마필을 계산한 것이 아니었다. 그는 제나라 내부의 예악제도에서부터 조사를 착수했다. 그가 제나라 왕이 거행한 환영연회에서 일부러 제나라 왕의 술잔으로 술을 마셔 제나라 왕에게 수치를 주자 제나라의 재상 안영은 얼른 제나라 왕의 잔 대신 자신의 잔을 바꿔치기 해버려 범소가 득의양양하지 못하도록 했다. 범소는 다시금 술기운을 빌려 악사에게 주나라 왕의 악곡을 연주하도록 했으나, 이 수 역시 악사에게 들통이 났다. 악사는 그 음악을 연주할 줄 모른다는 핑계로 궁지를 모면했다. 범소는 이 두 수 모두 통하지 않자 제나라 내부의 관리가 매우 건전하며 예악을 잃어버리지 않았음을 깨닫고,

얼른 돌아와 문공에게 제나라는 군신 간의 예의가 파괴되지 않아 함부로 경거망동할 수 없다는 보고를 올렸다. 이것이 바로 전형적인 질적 지표다.

현재 기업에서 질적 능력을 측정하는 것은 전혀 어려운 일이 아니다. 우선 상대방의 사업장을 방문해 둘러보면 그 회사의 규율, 임기응변 능력, 구심력 등등의 능력을 한눈에 볼 수 있다. 다만 모두들 사무실 책상을 벗어나 계획을 세운다는 것이 익숙하지 않을 뿐이다. 2,000여 년 전 손자의 개념은 오늘날에도 매우 현대적, 실용적이며 많은 영감을 준다.

—

비교는 상대적, 준비는 절대적

손자의 비교에는 특징이 있다. 비교의 법칙은 상대평가이지, 절대평가가 아니라는 것이다. 손자는 비교를 이야기하며 누가 강한가를 물었지, 누가 제일 강한가를 묻지는 않았다. 가장 강한지를 논하는 것은 절대성을 논하는 것이며, 시험에서 100점을 맞아야 한다. 그러나 100미터 달리기는 누가 신기록을 세웠는가를 비교하는 것이 아니라 누구보다 먼저 결승점에 도착했는지를 비교하는 것이다.

사자의 실력이 비록 강하지만, 영양보다 한발 느리다면 미안하게도 사자는 패자가 되어야 한다. 농구 경기에서 쌍방이 모두 약체라면 점수는 둘 다 낮은 편이다. 그러나 상대방보다 1점이라도 더 넣으면 그

팀이 승리팀이 된다. 그러므로 상대적인 비교 법칙은 이기고 지는 것만을 따진다. 이것이 바로 경쟁의 상대론이다. 거래시장에서 자신이 얼마나 대단한지 허세를 잡을 필요가 없다. 당신의 주가가 시장 전체의 주가 지수보다 높다는 것만 알려주면 된다. 그럼 당신이 승자라는 것은 명확한 일이니까.

비교는 상대적인 반면, 준비는 최대한 절대적으로 해야 한다. 상대방이 약하다고 해서 내가 방심할 수 있다는 뜻이 아니기 때문이다. 이런 생각은 발전적이지 못하다. 더욱이 상대가 지금 약하다고 해서 앞으로 계속 약해빠져 있으리란 보장이 있는가? 게다가 전장에서 적은 대개 기만전술을 애용하기 때문에 자신이 약자라는 가상을 만들어내 당신을 방심케 할 가능성이 다분하다. 그러므로 손자는 비록 비교 평가에서는 상대론을 강조했지만, 준비 과정에서는 매우 절대적인 준비를 요구했다. "병력을 이용해 적을 공격할 때 돌로 계란을 깨뜨리듯 할 수 있는 이유는 충실함으로써 적의 허점을 공격하기 때문이다"라고 했듯, 돌로 알을 깨뜨릴 수 있는 것은 충실하게 준비한 상태에서 적의 허점을 공격하기 때문이다. 이럴 때 절대적인 승산을 가져갈 수 있다.

—

비교의 폐단 조심하기

손자의 7가지 비교 지표는 전체성, 정신성과 상대성이라는 몇 가지 특징을 보여주며, 우리에게 비교의 방향을 제공해준다. 비교의 정확성을 확신하기 위해서는 반드시 자료의 진실성을 확실히 보장해야 한다. 그렇지 않을 경우 오판의 단서를 제공해 승리의 기회를 그르치게 된다.

초한이 서로 싸울 때 유방의 대장군 한신은 '겉으로는 잔도를 만드는 체하면서 몰래 한중에서 관중으로 가는 요충지인 진창을 통해 기습하는 방법'으로 유방이 한중에서 벗어나도록 도왔다. 또 '배수의 일전'으로 조나라를 격파하고, 사절의 편지로 연나라 투항을 설득하고, 번갯불에 콩 구워 먹을 전술로 제나라를 공격했다.

유방을 도와 중원의 절반을 정벌한 한신의 명성은 하늘의 태양처럼 빛났다. 이때 항우는 생사가 조석에 달려 대장 용차를 보내 한신과 결사의 일전을 벌이게 하려 했다. 이 중대 일전은 지극히 중요했다. 도리대로 하자면 쌍방은 반드시 젖 먹던 힘까지 다 쥐어짜 상대의 허실을 정탐해 사전에 공격과 방어 전략을 확정했어야 했다. 하지만 불가사의하게도 눈앞의 적수인 한신에 대한 용차의 인상은 과거 기억의 한 토막에만 머물러 있었다.

용차는 이렇게 말했다. "내가 평생 동안 한신의 위인됨을 알고 있었는데, 상대하기 쉬운 사람이다. 빨래집 어멈한테 얹혀살면서 성공을 위한 전략 하나 갖추지 않은 사람인 데다, 다른 사람 바짓가랑이 사이로 기어가는 모욕을 당하면서도 두 사람조차 상대할 용기가 없는 사람이었으니 내가 두려워할 가치가 조금도 없다."

용차는 한신이 이미 미운 오리 새끼에서 벗어나 백조가 된 사실을 완전히 무시하고 있었다. 한신은 이미 어린 시절의 그 동네 코찔찔이가 아닌데 말이다. 이런 케케묵은 정보는 심각한 오판을 초래하므로 그의 군대가 패배한 것은 절대 이상한 일이 아니다.

사람의 이성은 항상 과거의 경험에 영향을 받는다. 상대에게 심하게 데였던 사람은 적의 실력을 과대평가하기 쉽다. "자라 보고 놀란 가슴 솥뚜껑 보고 놀란다"라는 말처럼 말이다. 그와 반대로 항상 승리하는 군대 역시 자신의 실력을 과대평가하기 쉽다. 전진의 부견은 북방에서는 무적이었다. 식욕이 점점 좋아진 그는 동진의 비옥한 국토를 호시탐탐 엿봤다. 대신들은 그에게 동진은 군신이 화목하고 사기가 충천하며 장강이라는 천혜의 요새를 두고 있어 정벌이 그렇게 쉽지 않다고 충고했으나 승리에 취한 부견은 "나의 대부대가 강에 채찍을 하나씩만 던져도 강물의 흐름을 끊기에 충분하다"고 호언장담했다. 많은 사람의 반대를 귀담아듣지 않고 독불장군 노릇을 하던 그는 결국 비참한 최후를 맞았다.

우리는 자신이 중요하게 생각하는 부분만 보기 쉬운데, 심리학에서는 이것을 '시망막 효과'라고 한다. 이것은 비교의 큰 맹점이기도 하다. 임신을 하면 거리에 임산부만 보인다. 실연을 하면 갑자기 모든 유행가가 자신을 위해 쓴 것처럼 들린다.

위나라의 대장군 방연이 왜 손빈의 감조법에 속은 것일까? 그의 마음은 제나라 사람은 살기 위해 도망칠 궁리에만 골몰하고 있다는 생각에 사로잡혀 있었다. 손빈이 첫째 날 불을 지폈던 흔적 10만 개를 만들어놓고 둘째 날은 5만 개, 셋째 날은 2만 개만을 남겨놓아 제나라 군이 황급히 도망쳤다는 인상을 심어놓으니, 방연의 생각과 꼭 맞아떨어졌던 것이다. 이때 방연은 더 이상 정확한 사고를 할 수 없고, 손빈의 연기에 놀아날 수밖에 없었다. 손빈은 방연의 시망막을 접수하고 방연이 얌전히 말을 듣도록 만들었다.

—

비교 불가한 대상이라면 당신은 포기할 수 있을까?

비교는 출생과 동시에 우리를 그림자처럼 따라다닌다. 우리는 아직 철이 들지 않았을 무렵부터 이미 비교를 당하고 있었고, 죽을 때까지 이 비교의 주문을 벗어날 수 없다. 사람이 있는 곳에는 비교가 있게 마련이다. 비교를 벗어날 수 없다면 비교를 받아들여야 한다. 즉, 비교의 순간에 닥쳤을 때에는 반드시 정확히 인식하되 불필요한 부정적인 감정들은 피하도록 해야 한다. 우선 자신의 가장 좋은 점을 가지고 다른 사람과 비교하자.

아인슈타인은 이렇게 말했다. "이 세상의 모든 생명은 다 천재다. 그러나 나무를 기어오르는 재능을 가지고 물고기가 얼마나 재능이 있는지를 평가한다면 이 물고기는 평생 동안 자기가 얼마나 바보 같은 존재인지 믿어 의심치 않을 것이다." 그러므로 타인과 비교하기 전, 당신은 반드시 가장 아름다운 나 자신을 살아내도록 노력하여 자기의 매력을 극대화시켜야 한다.

그다음 비교는 현실 도전이다. 이는 잔인하긴 하지만 개인의 잠재력을 극대화할 수 있는 좋은 기회가 된다. 100미터 달리기 경기에서는 적이 더 강할수록 자신이 신기록을 작성할 가능성이 더 높아진다. 이것을 선의의 경쟁이라고 한다. 그런데 비교를 해야 할 때마다 이런 마음가짐 대신 자기보다 뛰어난 타인을 시기질투하며, 하루하루 시선을 경쟁자에게만 고정시키고 자신의 성장은 등한시한다면, 심지어 비교로 인해 자신감을 잃어버리고 질투, 초조와 공포감 때문에 자신을 넘어설 수 없는 심리적인 문제가 생긴다면 이는 얻는 것보다 잃는 것이 더 많은 서글픈 일이다.

나는 규염객[16]을 아주 좋아한다. 그는 본래 천하를 제패해 황제가 되고 싶었던 사람이다. 그러나 자기보다 국가 통치에 더 적합한 이세민이라는 사람을 우연히 만난 후에 곧바로 그 마음을 버려 자기 생각을 포기해버렸다. 또한 가산과 병법을 모두 이정에게 물려주어 이정에게 이세민을 잘 보필하도록 했다. 그리고 옷소매에 맑은 바람만 펄럭이며 어떤 영광도 차지하지 않았다.

그는 동남쪽의 부여국으로 옮겨 다시 자신만의 강산을 개척했다고 한다. 본래 그에게 결전을 벌일 기회가 없었던 것은 아니다. 하지만 그는 그 성공의 인물이 반드시 자신일 필요는 없다는 것을 알고 있었

---

16) 수나라와 당나라 때의 검객으로서 이정, 홍불녀와 함께 풍진삼협(風塵三俠)으로 불렸다.

다. 자기보다 더 강한 이세민과 맞붙으려면 10여 년의 시간을 낭비해야 했다. 천하의 백성들에게 이것은 일종의 재난이었기에 그는 깨끗하게 포기했다. 이런 기백은 비교의 가장 높은 단계에 속한다. 경쟁의 세계 속에서 본보기를 보이고 경탄을 불러일으켰으며, '비교'라는 더욱 깊이 사색할 공간을 남겨주었다.

《손자병법》에서 배우는 삶의 지혜

손자의 7가지 지표인 '진리', '능력', '확보', '시행', '강함', '훈련', '명확'은 모두 질적 지표이지, 양적 지표가 아니다. 손자가 객관적인 양적 지표를 무시했던 것이 아니라 그는 심리적 소양이라는 질적 지표를 더욱 중요시했기 때문이다. 실제로 질적 지표를 통해서만 사물의 진정한 본질을 볼 수 있다.

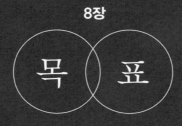

8장

목 표

목표는 밖이 아닌 내 마음속에

《연금술사》에는 "네가 목표를 정하면 온 우주는 네가 목표를 이루도
록 도와줄 거야"라는 명구절이 나온다. 자신의 목표를 확립한다면 자
신의 사고방식과 행동마저 방향이 생기고, 환경 전체도 자신의 선택
에 따라 달라진다.

　예를 들어 나무를 그리는 법을 배우고 싶다고 생각한다면 평범한
나무 한 그루가 굉장히 다양한 색깔과 자태를 지니고 있다는 사실을
발견하게 될 것이다. 자신이 사람과 사물을 대하는 생각의 세계를 변
화시키면 나를 바라보는 사람들의 눈빛 역시 곧바로 달라짐을 발견
할 것이다.

인생의 목표 발견하기

목표는 내가 원하는 것이다. 용감하게 발걸음을 내딛으면 열매를 얻을 수 있다. 공자는 "내가 사랑의 마음을 원한다면 이 사랑의 마음은 곧 내게 이른다"고 말했다. 이 말은 목표를 가질 때 얻게 되는 에너지를 알려주며, 인생에는 무한한 가능성이 있음을 증명해준다. 존재주의 철학자들은 "존재가 본질에 앞선다"라는 명제를 제기했는데, 곧 선천적인 한계에 제한받지 말고 자신의 자주성과 자유의 가치를 더 중요시해야 함을 강조한 말이다. 인생의 목표라는 화제에서 우리를 가장 흥분시키는 것은 이런 무한한 가능성에 대한 기대감이다.

자기 마음에서 찾아라

목표는 생명에서 뽑어지는 자신의 생명 안에 있지, 생명 밖에 있지 않다. 밖에서 다른 사람들이 바라보는 목표를 추구하며 사람들의 물결을 따르며 허영을 따르고, 자기 내면의 보물은 내버린 채 귀중히 여기지 않는 것, 이것은 수많은 사람들이 자기도 모르게 범하는 잘못이다.

천신만고를 겪고 끊임없이 밖에서 무엇인가를 찾으려 하면 그 어디서도 원하는 것을 찾을 수 없다. 자신의 마음속을 돌아보고 찾을 때 비로소 본래 자신이 원하던 인생의 목표가 자기 마음속에 있음을 발견하게 된다. 작가이자 문학번역가인 양장은 〈100세가 된 소감百歲感言〉에서 이렇게 이야기했다. "우리는 어릴 적 파란만장한 운명을 그렇게 갈

망했다. 그런데 이 나이가 되어보니 인생에서 가장 아름다운 풍경은 마음속의 담담함과 여유더라. 또 우리는 세상의 인정을 그렇게 바랐는데, 마지막 때가 되고 보니 인생은 자기 것이지, 다른 사람과는 아무 관계도 없더라." 100세를 산 인생 선배가 우리에게 주는 인생 충고는 천금보다 더 귀한 것이다.

당신은 진정한 자신이 될 수 있는가?

자기를 돌아봐야만 자기 인생의 목표를 찾을 수 있다. 문제는 진정한 자신이 될 수 있는지 아닌지의 문제다.

유명 토크쇼 〈엘런쇼〉의 사회자 엘런 드제너러스는 한 강연회에서 자신이 동성연애자임을 커밍아웃한 후 어렵사리 일궈놓은 자신의 사회적 명성을 다 잃어버렸고, 심지어 수년 동안 협력 파트너로 자신을 찾는 사람조차 없었다고 밝혔다. 그러나 자기 마음속에 오랫동안 숨겨두었던 수치심과 공포를 내려놓아야만 진정한 자신이 될 수 있고, 마음의 짐을 내려놓을 수 있음을 알았기에 결국 이런 선택을 했다고 말했다. 이로써 그는 더욱 매력적인 자신을 드러내 더 많은 젊은이들의 사랑을 받고 새로운 하늘 아래로 걸어가게 되었다고 한다.

왜 진정한 자신이 되지 못하는가? 정곡을 찌르자면, 지금 가진 것을 잃을까 봐 두렵기 때문이다. 친구를 잃을까 봐, 체면을 잃을까 봐, 자기의 일을 잃을까 봐……, 각종 두려움 때문이다. 그러나 엘런 드제너러스의 말처럼 진정한 자신이 되지 못하면 내면의 부끄러움과 공포를 짊어져야 한다.

위고의 작품《레미제라블》의 주인공 장발장은 범죄자에서 환골탈태하여 걸출한 기업가가 되었다. 그러나 항시 경찰로부터 그의 진짜 신분은 법원으로 환송되지 않고 지명 수배된 장발장이라는 의심을 받았다. 그렇게 법원으로부터 지명 수배되었던 장발장을 붙잡았다는 통지를 받고 경찰이 잘못을 인정하며 사과를 했을 때까지 말이다. 그러나 그 자신만은 알고 있었다. 법원에서 무고한 사람을 체포했다는 사실을.

그의 영혼은 자수를 할 것인지, 아니면 비밀을 죽는 날까지 마음속에 간직한 채 현재의 삶을 유지할지를 놓고 몸부림쳤다. 그것은 매우 어려운 선택이었다. 그가 자수를 하면 자신이 온갖 노력을 해서 이룩한 사업을 잃어버리고, 자신에게 의지해서 살아가고 있는 사람들도 의지할 데가 없어지기 때문이었다. 그러나 자수하지 않는다면 자기 대신 벌을 받을 그 무고한 노인에게 얼굴을 들 수 없었다. 그의 마음은 평생 평안을 회복할 수 없을 것이었다. 그는 자신에게 물었다. '나는 누구인가? 어떤 나가 진정한 나인가?' 결국 그는 거짓을 벗고 자수를 하기로 선택했다. 그는 그것이 바로 진정한 자기라는 것을 알았기 때문이다.

오직 자신을 진실하게 바라볼 때에만 마음속의 무거운 짐들을 벗어던질 수 있고, 또한 힘찬 발걸음을 내딛을 수 있고, 이로부터 진정한 의미의 인생이 시작될 수 있다. 쉽지는 않지만 반드시 걸어내야 하는 한걸음이다.

인생극장, 모든 장면이 다 의미 있다

자신을 마주하기 시작하면 맞는 길을 걸어가게 된다. 목표는 언젠가 나타나게 되어 있으며, 언젠가는 완수하게 될 것이다. 처음에는 모두 인생의 목표가 흐릿하게만 보인다. 바로 눈앞에 있는데도 저 하늘 끝에 있는 것처럼 보이기도 한다. 하지만 이것은 정상적인 현상이다. 목표를 수립하기까지는 일련의 과정이 필요하다. 나이가 들어가고 인생 경험이 늘어감에 따라 우리는 자신의 목표를 지속적으로 수정해간다. 그중 아주 운이 좋은 사람은 비교적 빨리 방향을 잡고 목표를 확립한다.

페이스북의 창립자 마크 저커버그는 19세 때 이미 기숙사에서 친구들과 함께 '사람과 사람 사이를 연결하는 네트워크'라는 인생의 목표를 정했으며, 공자는 15세에 성현의 도를 배우겠노라고 뜻을 세웠다. 모든 사람들이 그렇게 운이 좋은 것은 아니지만, 자기 마음의 소리를 따라가다 보면 언젠가는 자신이 원하는 것이 바로 현재 흘리는 땀방울에 숨어 있음을 깨닫게 된다.

스티브 잡스는 말했다. "당신은 현재의 이 삶의 순간들이 어떻게 꿰어지는지 미리 깨달을 수 없다. 미래에서 다시 오늘을 되돌아볼 때에만 삶의 순간순간들이 어떻게 꿰어져 어떤 의미를 갖는지 알 수 있을 뿐이다." 인생은 한 편의 영화 같다. 끝 장면을 보아야만 앞에서 말한 장면들이 도대체 무슨 의미를 갖는지 비로소 알 수 있기 때문이다. 그러므로 목표가 아직 불명확하다는 것은 자신의 인생관이 아직 확립되지 않았다는 뜻이다. 초조해할 필요 없다. 설령 초조하더라도 소용이 없다. 마음의 소리를 듣고, 맞는 방향으로 걸어가고, 포기하지 않는다면 반드시 언젠가는 찾게 될 것이다.

인생의 목표 실현하기

목표를 확립했다면 온 힘을 다해 목표를 향해 달려가야 한다. 왕국유는 《인간사화人間詞話》에서 이렇게 말했다. "옛날이나 지금이나, 성대한 업적을 이루고 대학문을 이룬 사람들은 반드시 3가지 경지를 거쳤다. '어젯밤에 불어댄 서풍 때문에 푸른 나무도 시들어버렸지만 나는 홀로 높은 누각에 올라 하늘가까지 난 길을 끝까지 하염없이 바라보는 것', 이것이 첫 번째 경지다. '옷과 허리띠가 점점 헐렁해져도 후회하지 않고, 이 목표를 위해 심신이 초췌해져도 이를 가치 있게 여기는 것', 이것이 두 번째 경지다. '세상에서 백 번, 천 번 찾아 헤매지만 갑자기 고개를 돌아보니 그 목표는 난간의 등불 쪽에 있음을 발견하는 것', 이것이 세 번째 경지다."

첫 번째 경지의 강조점은 '홀로'다. 환경이 아무리 열악해도 나는 나의 길을 갈 것이고, 나는 나의 인생을 개척하겠다는 의지를 보여준다. 두 번째 경지는 인생의 목표를 추구하는 과정에서 수많은 도전과 난관들을 맞닥뜨리겠지만 나는 결단코 후회하지 않는다는 의지다. 왜냐하면 이것은 나의 선택이기 때문이라는 결연함을 보여준다. 세 번째 경지는 인생의 목표를 완성했지만 그것은 자연스럽게, 예상치 못했던 방법으로 이루어진 것이기에 미리 알 수 없다는 뜻이다.

집중의 힘

손자는 "목표를 계획하고 이것을 완벽히 받아들여 행동으로 이루어 내라"고 했다. 모든 계획은 목표를 달성하기 위해 세우는 것이며, 모든 행동은 이 목표를 조금이라도 벗어나서는 안 된다. 전심전력을 다해 집중해야 한다.

《장자·지북유知北遊》에는 이런 이야기가 나온다. 초나라 대사마의 댁에는 검을 만드는 장인이 한 명 있었다. 나이는 80세 고령이었지만 검을 제조할 때만큼은 조금의 실수도 허용하지 않았다. 대사마가 그에게 물었다. "기술이 이렇게 좋은데 무슨 비결이 있습니까?" 그러자 장인이 대답했다. "저한테 방법이 하나 있습니다. 저는 20살 때부터 검을 만들기 좋아했는데 그 후로는 다른 어떤 것에도 끌리지 않았습니다. 검을 제조하는 것과 관계가 없는 것에 대해서는 절대 관심을 두지 않았습니다. 제가 이렇게 집중할 수 있는 이유는 다른 것에 관심을 가지려 하지 않기 때문입니다. 거기서 이런 힘이 나오게 됩니다." 장인은 이어서 이야기했다. "만일 다른 것에 관심을 가지지 않으려고 하는 그 마음 씀씀이까지 아예 필요 없게 된다면 더 무궁무진한 능력을 얻게 될 것입니다."

장자는 이 이야기를 통해 집중의 중요성을 강조하고 있다. 마치 돋보기로 빛을 모으면 불을 일으킬 수 있는 것처럼 만일 집중하는 마음을 습관으로 길러낼 수 있으며, 어떤 노력이나 생각의 간섭 없이도 무의식적으로 집중할 수 있다면 최고의 경지에 이르게 될 것이고 이로 인해 생겨나는 힘은 더욱 놀라울 것이다. 우리는 좋은 습관을 길러야 한다. 처음에는 일깨워주며 채찍질하지만 습관이 된 후에는 몸과 마음이 자연스럽게 하나가 되어 생각조차 필요 없는 경지에 들어갈 수 있다.

욕망과 감정이 나를 휘두르지 못하게 하라

집중하면 이렇게 큰 힘을 발휘할 수 있는데, 우리는 왜 집중하지 못하는 걸까? 생명은 강인하면서도 아주 연약하다. 생명은 태어날 때부터 위로 향하려는 힘과 아래로 향하려는 힘, 2가지 힘에 의해 이리저리 이끌린다.

프랑스의 철학자 블레즈 파스칼은 인간을 아주 정확하게 진단했다. "인간은 갈대에 불과하다. 대자연에서 가장 연약하지만 생각할 수 있는 갈대다." 목표를 이루어가는 과정에서 인간은 외부의 유혹과 방해를 받을 뿐 아니라 자신의 욕망과 감정에 자주 휘둘린다. 이럴 때 당신은 반드시 굳은 결심을 하고 이것을 부인해야만 목표를 찾는 길에서 결과물을 얻을 수 있다.

손자는 〈지형편〉에서 "진격할 때에는 개인적인 명예를 구하지 말고, 후퇴할 때에는 죄를 회피하지 않으며, 오직 병사들을 보호하는 것을 목표로 삼아 군주의 이익에 부합되는 일을 해야 한다. 이런 장군은 나라의 보배다"라고 한 적이 있다. 개인적인 명예를 구하고 죄를 회피하는 것은 개인적인 욕심 때문에 생겨나는 일이다. 국가를 보호하는 중대한 임무를 완수할 때 이런 개인적인 욕심은 철저히 버려야 한다. 그래야 전심전력을 다해 임무를 완수할 수 있다.

감정은 인간을 방해하는 최대의 방해꾼이다. 손자는, 군주와 장군은 전장에서 가장 중요한 정책 결정자로서 반드시 감정을 절제하는 법을 배워야 한다고 여겼다. 손자는 말했다. "군주는 자신의 분노 때문에 군대를 일으켜서는 안 되고, 장군은 화가 난다고 전투를 해서는 안 된다. 이익에 부합할 때만 군대를 움직이고, 이익에 부합하지 않으면 즉각 전쟁을 중지해야 한다. 왜냐하면 노여움은 다시 기쁨으로 바뀔 수 있고 성냄은 다시 즐거움으로 바뀔 수 있지만, 나라가 망하면 다시 회복시킬 수 없고 사람이 죽으면 다시 부활할 수 없기 때문이다. 그러므로 훌륭한 군주는 전쟁에 신중하며, 유능한 장군은 전쟁을 경계한다. 이것이 바로 나라를 안정시키고 군대를 온전히 보전하는 길이다."

임금과 장군은 모두 개인적인 감정 때문에 전쟁을 일으켜서는 안 된다. 목적과 이익에 부합할 때에만 전쟁을 할 수 있고, 그렇지 않다면 전쟁을 당장 멈춰야 한다는 점을 뼛속 깊이 새겨야 한다. 화는 시간이 지나면 다시 풀릴 수 있지만, 나라는 한번 멸망하면 영원히 역사의 뒤안길로 사라지는 것이다. 사람이 전쟁으로 죽으면 다시 부활할 수 없기 때문이다. 훌륭한 군주와 유능한 장군은 전쟁에 신중하며 경계해야 하는 것이 나라를 안정시키는 정석이다!

소동파는 〈유후론留侯論〉에서 "진정한 호걸 기개를 가진 천하의 용자는 돌발 상황에서도 당황하지 않고 침착하며, 아무런 이유 없이 타인에게 모욕을 당할 때에도 분노하지 않고 담담하다"고 말했다. 진정으로 용기 있는 사람은 갑작스러운 일 앞에서 놀라지 않는다. 아무런 이유 없이 그를 괴롭혀도 화내지 않는다. 유방이 천하를 얻도록 장량이 유방을 도와준 핵심 내용이 바로 유방이 화가 나 어쩔 줄 몰라 할 때 수차례 그에게 감정을 절제하도록 깨우쳐준 것이다. 역사적으로 유방은 전형적인 '약세 승리자'인데 승리의 공은 장량에게 돌려야 한다. 반면 장량의 인내심은 다리 위에서 노인의 테스트를 통과하면서 얻은 것이다. "먼저 감정을 처리하고 그다음에 일을 처리하라." 이것은 큰 사명을 감당하려는 모든 이들이 반드시 구비해야 할 필수 덕목이다.

주식의 신 워런 버핏은 주식에서 이윤을 남기는 사람은 인간의 욕심과 두려움을 극복해야 한다고 말했다. 다른 사람들이 욕심을 부릴 때 두려워하고, 다른 사람들이 두려워할 때 욕심을 내야 한다고 말이다. 분명 말은 쉽지만 실천은 어려운 조언이다.

실제 실천을 하려고 보면 다른 사람들이 욕심을 낼 때 나는 두려워하기는커녕 오히려 다른 사람보다 더 탐욕스러워지며, 다른 사람들이 두려워할 때 나는 감히 욕심을 내기는커녕 오히려 다른 사람보다 더 걱정되어 안절부절못하는 모습을 발견할 것이다. 이것이 바로 왜 그렇게 많은 사람들이 주식 시장에서 날개가 꺾여 돌아오는지에 대한 주된 원인이다.

가장 먼 곳까지 가라

목표는 한 사람이 자신의 인생에서 짜내는 아름다운 꿈이요, 이 세상과의 약속이다. 목표가 있는 사람은 더 이상 광활한 우주의 티끌만도 못한 존재가 아니다. 인간은 목표가 있기 때문에 위대해지며, 목표가 있기 때문에 존재의 의미를 찾게 되고 충실한 삶을 살 수 있으며, 무한한 가능성을 만들어가게 된다. 대항해가 제임스 쿡 선장은 말했다. "나의 야망은 나를 이끌어 나보다 먼저 왔던 사람들보다 더 먼 곳으로 인도할 뿐 아니라 내가 온 힘을 다해 인류가 나아갈 수 있는 가장 먼 곳까지 이르도록 인도한다."

《손자병법》에서 배우는 삶의 지혜

목표는 내가 원하는 것이다. 목표는 생명에서 뿜어지는 정수이며, 자신의 생명 안에 있지, 생명 밖에 있지 않다. 밖에서 다른 사람들이 바라보는 목표를 추구하며 사람들의 물결을 따르며 허영을 따르고, 자기 내면의 보물은 내버린 채 귀중히 여기지 않는 것, 수많은 사람들이 자기도 모르게 이런 잘못을 범한다.

9장

승리 8법

어떤 문제도 해결할 수 있는 방법

성공 경로도에서 '실행, 어떻게 싸울 것인가?', '속임수, 어떻게 적을 약화시킬 것인가?'는 실전 단계에 들어섰으며, 손자는 〈형편〉, 〈세편〉, 〈허실편〉을 중점 삼아 뒷부분의 기타 편장까지 꿰뚫되, 주로 이기는 전략에 대해 이야기한다. 〈형편〉, 〈세편〉, 〈허실편〉, 이 세 편은 《손자병법》 13편의 클라이막스로 읽다 보면 흥분으로 혈관이 팽창할 정도다. 이 부분은 8개의 소단원으로 나눠 설명하려고 하는데, 편의상 '승리 8법'이라고 부르기로 하자.

승리 8법은 '허실'이라는 개념을 중심으로 전개된다. 당나라 태종도 "손자의 13편의 병서에서 이야기하는 것은 용병의 허실에 관한 내용이다. 전쟁을 일으킬 때 적과 나의 허실을 잘 알아야 한다. 그러면 이기지 못하는 전쟁이 없다"고 말하며, 전쟁에서 승부의 관건은 허실에 있다고 지적했다. '허실'을 통해 '나의 실과 적의 허'를 창조하면 전쟁에서 못 이길 수가 없다.

'허실을 알아내는 방법'은 세 부분으로 나눌 수 있다. 첫째는 '사전 정보 파악하기'다. 즉, 5가지 정보원를 통해 적의 상황을 전면적으로 파악하고 적을 투명인간 취급해버려 적이 조금도 숨을 수 없도록 만드는 것이다. 둘째는 '적 노출시키기'다. 실전 상황에는 반드시 적이 본래 모습을 드러내도록 해 나는 숨고 적은 노출시켜야 적이 더 많이 준비하고 힘이 분산되는 상황이 연출된다. 셋째는 '전장의 허실 파악하기'다. 전장에서는 너와 내가 속고 속이는 허허실실에 눈이 어질어질해진다. 여기서 나는 '허실의 16방식'을 분류해 전장의 허실 변화의 안개를 뚫어내고, '충실함을 피하고 허술한 곳을 공격하는' 방법을 소개할 것이다.

'나의 충실함'을 만드는 방법 역시 3편으로 나누어 설명하는데 첫째는 '형세 만들기'다. 실전 상황에서 손자는 "항상 불패의 형세에 서서 적이 패배할 상황을 놓치지 않는다"라는 승리의 형세를 창조하여 적이 감히 저항하지 못하게 해야 한다고 강조한다. 그다음은 '기세 만들기'다. 그는 높은 산에서 둥근 돌을 굴려버리는 기세로 적이 감히 저항하지 못하게 한다. 셋째는 '무형'으로서 "사람들은 모두 내가 승리할 때의 모습은 알고 있지만, 내가 어떤 방법으로 승리의 모습을 만들어냈는지는 모른다"라는 말처럼 전장의 주도권을 잡아 적이 어떻게 저항해야 할지 모르게 한다.

'적의 허함'을 만드는 방법도 3편으로 나누어 설명을 하는데, 첫째는 '이해관계'다. 즉, 이익을 향하고 해를 피하는 인지상정의 원리에 따라 적에게 변수를 제공하고 적이 나의 지휘봉에 따라 전진하도록 만드는 것이다. 그다음은 '형세 보여주기'로서, 속임수로 적을 속여 '여러 가지 방책으로 적을 오인하게 만들고' 적의 잘못된 판단을 초래하는 것이다.

전장은 살벌하고 험한 곳이다. 천군만마가 죽고 죽이며, 영웅들은 지혜를 겨룬다. 그러나 손자는 마치 천신이 강림할 때 뭇 신들은 두려워 물러나고 감히 쳐다보지도 못하듯 이렇게 간단하고 세련되게, 이 어려운 내용을 쉽고 자신만만하게 다루고 있다. 그가 그럴 수 있는 이유는 바로 '승리 8법'을 장악하고 있기 때문이다. 그래서 그는 "내가 바로 적의 운명의 주재자다"라는 대담한 말을 내뱉으며 자기 맘대로 전략을 짜고 가는 곳마다 승리를 거두었다.

손자의 '승리 8법'은 어떤 문제도 해결할 수 있으며, 어떤 적이라도 다 격파할 수 있다고 보장한다. 그 확신에 찬 말투는 흡사 석가모니가 중생 성불할 수 있다고 확신하며, 공자가 모든 사람이 예외 없이 요순처럼 될 수 있다고 말한 것과 같다. 이 점이 우리에게 확신에 찬 자신감을 심어주는데, 만일 문제 앞에서 그래도 나는 못 하겠다고 발뺌한다면 이것은 자포자기의 변명에 불과하다.

1.
장군의 생각과 품격이
전장의 승패를 가름한다

흑묘중대는 1970년대 타이완의 산물이며, 이 부대의 중요한 임무는 적의 상황을 정찰하는 것이었다. 타이완 정부 역사에 감격적인 한 장을 써내려가기 위해 그들은 최첨단 U-2 전투기를 몰고 고양이처럼 한밤중에 출격하여 지구상의 아무도 가보지 못한 곳인 7만 피트의 상공을 비행하며, 고독하고 조용하게 푸른 우주 공간 사이를 전진했다. 그들은 개인적인 감정을 극복하며 국가가 필요로 하는 사진을 정확하고 이성적으로 찍기 위해 구사일생 중에 사명을 완성했다. 이 27명의 흑묘중대 대원들에게 있어 출격은 매번 생사를 알 수 없는 이별이나 마찬가지였으며, 이런 고통과 치열함은 그들을 진정한 용사로 단련시켰다. 그들의 마음에는 오직 국가만 존재할 뿐 개인이나 가족, 생사도 없었다. 그들은 전쟁과 평화의 분열 틈을 조금도 주저하지 않고 자신의 생명으로 메꾸었다. 명예는 그들의 유일한 꿈이었으며, 그들의 몸은 비록 왜소했지만 정신은 거대하여 잔혹한 역사 속에서 자신의 생명으로 거룩한 꽃을 피워내 대대손손 전해질 아름다운 향기를 뿜어냈다.

2,000년 전에 손자는 〈용간편用間篇〉에서 정보 작업에 대한 중요성을 서술했다. 흑묘중대의 모습을 통해 우리는 〈용간편〉의 '5가지 정보원'을 더욱 분명하게 이해하고 공감할 수 있으며, 정보가 얼마나 큰 가치를 갖는 것인지도 더욱 넓은 각도에서 이해할 수 있다.

—

사전 정보 파악은 성패의 관건

경기장에는 아주 역설적인 현상이 하나 있다. 피아 쌍방이 모두 상대방에게 자신의 생각을 들키고 싶지 않지만 자신의 각종 생각은 상대방의 생각을 이해한 기초 위에 얻어진다는 것이다. 바둑 고수의 한 수, 한 수는 모두 머릿속에서 얼마나 많은 수를 두어본 후에 나온 것인지 모른다. 이렇게 상대방의 대응방식을 추측할 수 있는 이유는 그가 상대방의 작전을 이해하기 때문이다.

경기장에서의 정보 탐색이 각 팀이 필수적으로 진행해야 하는 작업이라면, 전장에서의 탐색전은 더 말할 필요가 없다. 손자는 "나를 알고 상대방을 알면 100번을 싸워도 위태롭지 않다"(〈모공편〉)고 했다.

자신을 알고 적수를 알면 매번 전투에서 위험할 수가 없다. 그러므로 사전에 적의 상태를 파악하는 것은 성패의 관건이다. 손자는 "훌륭한 군주, 지혜롭고 유능한 장수가 군대를 출병하면 적을 이길 수 있는 이유는 성공이 여러 가지 여론 속에서 나오며, 적의 상황을 사전에 파악하기 때문이다"(《용간편》)라고 말했다. 걸출한 지도자가 출격하면 승리할 수 있는 이유는 각종 여론보다 앞서 성공을 향해 발걸음을 내딛기 때문이며, 이것이 바로 적의 상황을 사전에 파악하는 활동이다.

적의 상황에 대한 사전 파악이 이렇게 중요하다면 어떤 대가를 지불해서라도 알아내야만 한다. 돈을 절약하기 위해 적의 상황을 알고 싶지 않다는 사람은 아마 없을 것이다. 손자는 이런 사람들을 참을 수 없어하기 때문에 감정을 그대로 드러내며 말했다. "서로 수년간 대치했어도 전쟁은 하루 만에 승부가 결판난다. 작위와 연봉, 백금만을 귀중하게 여기다가 적에 대한 정보를 놓치는 사람은 사랑 없음의 극치다." 손자는 '사랑 없음의 극치'라는 말을 통해 이런 이들의 마음가짐을 참을 수 없어했다. 그는 이렇게 말한 것만으로도 부족해 이어서 혹평했다. 이런 사람은 "국민의 장군이 아니고, 군주의 보좌관이 아니며, 전쟁의 승부를 주관할 수 있는 사람이 아니다."

세 번이나 연달아 '아니다'라는 말을 써서 이런 사람은 장군이 될 자격이 없고, 군주의 보좌관이 될 자격이 없고, 전쟁의 승부를 주재하는 사람이 될 수 없다고 했다. 이 세 번의 '아니다'는 이런 사람들이 가진 능력조차 완벽히 부정하는 말이요, 너는 장군을 할 자격이 눈곱만큼도 없다는 뜻을 내포하고 있다. 〈용간편〉은 이렇게 강렬한 언어와 격정적인 어조로 시작하는데, 이것을 보면 손자가 적에 대한 사전 정보 파악을 중요시하는 정도가 마음속 감정이 담긴 언어들을 쏟아붓지 않으면 다 표현되지 못할 정도로 지극함을 알 수 있다. 행간을 읽으면 그의 얼굴에 쓰인 다급함과 불안함을 그대로 보는 듯하다.

이성적인 장군 노릇하기

급박함과 불안은 사전 정보 파악을 할 때 태도에서 드러나기는 하지만, 비이성적인 행동은 절대 허용 불가하다. 손자는 "사전 정보 파악이란 귀신에게 물어봐서도 안 되며, 어떤 일을 통해 상상해서도 안 되고, 어떤 표준을 참고해 검증해보려고 해서도 안 된다. 반드시 적의 상황을 아는 사람에게서 얻어야 한다"고 말했다. 손자는 또다시 '안 된다'는 말을 세 번 연속 사용하여 사전 정보 파악의 방법에 대한 엄격한 요구사항을 이야기하고 있다. 안 되는 것은 100번 물어도 안 되는 것이다. 여기에는 타협의 여지가 없다. '3불不'은 귀신의 말을 믿어서도 안 되고, 유추를 해서도 안 되며, 유형의 표준으로 무형의 심리를 측정해내려고 해서도 안 되는 것이며, 반드시 사람의 이성을 사용해 정확한 적의 정보를 얻어내야 한다.

사전 정보 파악의 태도에 대해 알려주는 손자의 이 '3불不1요要'는 2,000년 전에 매우 귀중한 내용이었다. 사람들의 지식이 아직 발달하지 않았던 시대에 손자는 이성적으로 장군의 임무를 수행함으로써 사전 정보 파악에 불리한 요소들을 제거했다. 오늘날의 각도에서 보았을 때도 귀가 먼 사람의 귀마저 크게 울릴 정도로 깊은 성찰을 하게 하는 글이다.

귀신의 말은 그 시대에 의사결정의 방법으로 자주 사용되던 근거였지만 손자는 이 방법에 반대했다. 정나라의 형법서를 큰 솥에 주조하여 명문을 모든 사람들이 볼 수 있도록 함으로써 최초의 성문법 체계를 건립한 정나라의 집정관 자산의 생각도 손자의 생각과 일치했다.

《좌전》을 보면 소공 18년, 송, 위, 진陳, 정 등의 나라에는 연이어 화재가 발생했다. 그러자 정나라의 신하 비조는 "이는 하늘의 뜻입니다. 우리는 반드시 신이 도와주기를 구해야 합니다. 여러분은 제 말을 믿으셔야 합니다. 그렇지 않으면 정나라에는 계속 화재가 발생할 겁니다"라고 주장했다. 자산이 그의 말에 대꾸하지 않자 다른 대신이 말했다. "이 일은 신중하게 결정해야 합니다. 만일 비조의 말을 듣지 않았다가 나라가 망하면 어떻게 되겠습니까?" 사방에서 이런 압력이 그를 짓눌렀지만, 자산에게 원칙적으로 안 되는 것은 절대로 안 되는 것이었다. 그는 "하늘의 도리란 높고 먼 것인데, 비조가 어떻게 알고 있다는 겁니까? 반면 사람이 해야 할 도리는 이미 너무나 명확하게 눈앞에 보이고 있습니다. 모두 아셔야 합니다. 하루 종일 귀신을 찾는 사람들이 100가지 일을 말하면 가끔은 맞을 수도 있겠지만, 그게 또 어떻다는 겁니까? 계속 믿을 만한 가치가 있다는 뜻입니까?"

손자와 자산은 이성적인 판단을 고수했다. 그들은 불안, 초조 심리가 사람을 궁지로 몰아가 발휘되는 힘이란 믿기 어려운 것이 분명한데, 어떻게 마음에 걸림도 없이 전국 백성들의 목숨을 그런 힘에 걸어버릴 수 있는지를 묻는다. 현대에도 '사람에게 묻지 않고 귀신에게 묻는' 미신적인 풍습이 성행하고 있다. 2,000년 전 손자의 견해는 아직도 사람들의 탄복을 자아내고 있다.

유추는 경험의 복제다. 어제의 승리가 오늘의 성공을 보장할 수 없다. 토끼 한 마리가 나무 둥치로 돌진해 죽는 것을 경험한 한 농부는 내일도, 모레도 나무 둥치로 돌격해 부딪혀 죽는 토끼가 있을 것이라고 믿었다. 듣기에는 우스꽝스러운 이야기이지만, 이것이 바로 수많은 사람들이 깨닫지 못하는 맹점이다. 예를 들어 대기업이 쇠퇴하는 이유 중 하나는 자신의 성공 법칙을 끊임없이 복제하기만 하면 된다고 믿고 시대의 발전과, 사람과 사물의 부단한 변화를 무시하기 때문이다. 오늘 오색찬란하게 피었던 꽃들이 내일은 누렇게 변색될 줄 누가 알까?

일부 애널리스트들은 지난날의 데이터를 그대로 이용해 미래를 예측하길 좋아한다. 오늘의 추세는 반드시 과거의 추세를 복제해야만 만들어지는 것처럼 생각하는 그들의 모습에 울 수도, 웃을 수도 없다. 시간과 공간이 달라진 것 외에 경쟁장에서 쌍방은 최정예의 경기력과 지력을 총동원해 상대의 수를 연구한다. 내가 과거에 사용했던 수에 적이 바보처럼 호락호락 넘어갈 거라고 생각하는가?

도수度數란 장단, 경중, 대소를 측정하는 준칙으로서 계량화 도구를 말한다. 하지만 사람은 살아 있는 존재다. 신장과 체중은 계량화하고 밥 몇 공기를 먹는지는 계량화할 수 있지만, 생각과 감정은 계량화가 매우 어렵다. 과거 조나라 국왕은 "염파 장군이 늙었으니 밥이나 제대로 먹을 수 있을까?"라는 기준으로 염파 장군이 중임을 담당할 수 있는지 테스트하는 지표를 삼으려 했다. 그러나 염파의 경험, 능력 및 의지력은 이런 방식으로 측정할 수 없었다. 밥 먹는 것으로 사람을 얻으려고 하다가 결국 염파를 잃고 말았으니 부적절한 테스트 방법이었던 것이다.

현대 각종 업계의 평가와 감사는 계량화된 지표를 중요시하지만 진정한 실력은 테스트하지 못할 뿐 아니라 사람의 창조력, 상상력을 식물인간으로 만들어버렸다. 이런 방법은 2,000년 전 손자가 이미 침 뱉으며 버린 방법인데, 현대에 와서는 많은 사람들에게 보배로 여겨지고 있으니 일반적인 상식을 벗어난 일이다.

5가지 정보원, 숨을 곳이 없다

어떤 태도로 임무를 완수할 것인지 정했으면 '사전 정보 파악' 활동에 돌입한다. 적의 상황을 파악하는 일은 원근의 거리로 분류할 수 있다. 적이 원거리에 있을 경우 정보원을 이용하고, 가까운 거리에 있을 때에는 관찰을 한다. 관찰은 전장에서 자주 사용되는 방법이며, 손자는 〈행군편〉에서 32종의 적 분별법을 제시하여 적의 진영 배치, 행동을 관찰함으로써 그 배후의 생각들을 분석하며 행동 결정에 참고할 수 있는 의거를 삼도록 했다. 이것은 장군이 현장에서 내리는 판단이다. 그러나 정보원을 기용하는 것은 적진으로 침입해 더욱 심도 있고, 더욱 전면적으로 적의 자료를 정탐 수집하는 것으로서 오랜 시간과 더 세밀한 운영 설계가 필요하다.

손자는 정보원을 5가지로 분류하고 있다. "정보원에는 5가지가 있다. 인간因間, 내간內間, 반간反間, 사간死間, 생간生間이 그것이다. 5가지 정보원을 모두 일으키면서도 우리의 동태를 적이 알지 못하게 하는 것을 '신기한 활동'이라고 부르며, 이는 군주의 보배가 된다. 인간은 그 지방의 주민을 정보원으로 이용하는 것이다. 내간은 그 나라의 관리를 이용하는 것이다. 반간은 그 적국의 정보원을 이용하는 것이다. 사간은 외부에 드러나게 허위사실을 조작해서 우리나라에 들어온 정보원이 이를 알도록 해 적에게 거짓정보를 흘리는 것이다. 생간은 적국에서 살아 돌아와 알리는 것을 말한다."

인간(因間): 지역사회 정보원

'인간'이란 지역사회의 정보원으로서 적국의 현지인을 정보원으로 이용하는 것이다. 현지인은 현지의 환경, 풍토와 풍속 등에 대해 가장 잘 알고 있다. 평소 우리의 이해 정도는 탁상공론에 불과해 자주 사소한 부분, 핵심이 되는 부분을 놓치기 쉽다. 하지만 마귀는 사소한 곳에 숨어 있다는 링컨의 말처럼, 지역사회 주민의 인도를 받는다면 곧 눈이 밝아지고 지뢰를 밟지 않게 된다. 또한 지역사회 주민의 협조가 있을 때 영향력 있는 지역의 유지를 알 수 있으며, 심지어 지역사회 주민의 발판을 통해 인맥을 쌓아나갈 수도 있다.

해외로 여행을 갈 때 만일 현지 친구가 가이드를 해준다면 해외여행 안내서에서는 볼 수 없었던 멋진 장소나 먹어볼 수 없는 맛집, 심지어 더 깊이 있는 문화를 체험하고 이해할 수 있다. 이를 비즈니스 세계에 응용해본다면, 사업가가 만일 현지 주민의 추천을 받는다면 어떤 지방에 어떤 업종이 필요한지, 현지인은 어떤 제품을 좋아하는지, 어떤 것이 부족한지, 어떤 금기가 있는지를 쉽게 알 수 있으며, 심지어 미래의 개발 계획에 대해서도 '사전 조사'가 가능하다.

내간(內間): 적국 지도층 정보원

내간이란 적국의 관리를 정보원으로 이용하는 것이다. 두목의 말처럼 내간으로 이용 가능한 사람들에는 대략 7가지 유형이 있다. 현명하고 능력이 있으나 직위를 잃은 사람, 과거 지은 죄 때문에 처벌을 받은 사람, 권력자의 총애를 받고 있으나 재물에 대한 탐욕이 있는 사람, 자신의 직위에 불만을 가지고 있는 사람, 장기간 자기 뜻대로 되는 일이 없어 마음이 답답한 사람, 자신의 재능을 펼치기 위해 나라에 변고가 일어나기를 바라는 사람, 마음을 정하지 않고 이랬다저랬다 하며 양다리를 걸친 사람, 이 7가지 유형의 사람은 내간으로 이용하기에 가장 좋은 후보들이다.

이 7가지 유형 중에서 실제 정보전에서는 권력자의 총애를 받고 있으나 재물에 대한 탐욕이 많은 사람이 내간으로 이용되는 경우가 매우 많다. 왜냐하면 그들은 정책 결정자의 측근에 있어 정책 결정자에게 바로 영향을 끼치기 쉽기 때문이다. 진평이 백등에서 포위된 유방을 구한 것도 바로 모돈선우의 부인을 매수해 베갯머리 대화로 전장의 임무를 수행했기 때문이다. 진秦나라 장수 백기 역시 조나라 승상 곽개를 매수해 조괄이 염파를 대신하게 했기에 비로소 장평전쟁에서 승리를 얻을 수 있었다. 월나라 왕 구천은 오나라 왕 부차의 총아인 태재비를 뇌물로 매수해 오자서를 모함하고 사형을 받도록 했다. 월나라 왕은 태재비의 협조를 통해 오나라 왕을 조금씩 마비시켜갔기 때문에 순조롭게 국가 수복에 성공할 수 있었다.

반간(反間): 이중 정보원

반간이란 적군의 정보원을 내가 이용하는 것을 말한다. 초나라와 한나라가 다투던 때 유방은 항우와 종리매, 아부 범증의 끈끈한 관계를 이간시키기 위해 우선 진평에게 황금 4만 근을 주고 항우의 수하를 매수해 사방으로 다니며 종리매가 범증과 결탁해 항우에 대항하려 한다는 소문을 퍼뜨리도록 했다. 항우는 본래 의심이 많은 성격이기 때문에 이 소문을 완전히 믿지는 않았지만 마음속이 영 찜찜했다. 이어서 진평은 치명적인 일격을 가했다. 항우의 사자를 이용해 '반간계'라는 연기를 펼친 것이다.

처음에 진평은 항우의 사자를 최고 등급의 손님으로 대접해 최고급 술과 요리를 내왔다. 술자리에서 그는 사자에게 짐짓 아부 범증은 요즘 어떻게 지내는지 근황을 물었다. 그런데 항우의 사자가 자신을 아부의 사자가 아니라 항우를 대표하는 사자라고 하자 진평은 짐짓 경악을 금치 못하면서 황급히 고급 술과 요리를 취소하고, 손님 접대 역시 볼품없는 일반 코스 요리로 바꾸어버렸다. 항우의 사자는 갑작스럽게 바뀐 접대 태도에 매우 불쾌해하며 돌아갔고, 이 사실을 항우에게 빠짐없이 고했다. 이 보고를 받은 항우는 전에 들었던 소문을 연상하며 곧바로 범증과 관계가 소원해졌다.

범증은 대세가 이미 기운 것을 깨닫고 고향으로 돌아가겠다며 사직을 요청했지만 불행하게도 귀경하는 길에 병에 걸려 유명을 달리하고 말았다. 그 후 항우가 아무리 고군분투해도 상황은 갈수록 악화되었고, 결국 해하전투에서 패배해 자결하고 말았다. 유방, 진평은 반간계를 사용하여 열세였던 국면을 전환했던 것이다.

또 다른 예로 삼국 시대에 발생했던 사건을 들 수 있다. 조조는 주유의 옛 친구인 장간을 동오에 보내 주유의 투항을 설득하도록 했다. 주유는 일부러 장간과 한 침대에서 잠을 자면서 모르는 척 서류 하나를 탁자에 놓아두어 장간이 훔쳐가도록 했다. 이 서류는 주유가 채모, 장윤이라는 조조의 수군 도독 2명에게 쓴 가짜 편지로서, 내용은 두 사람에게 날을 택해 조조를 살해하고 동오로 투항하라는 글이었다.

장간은 계략인 줄 모르고 조조의 진영으로 기쁘게 돌아와 조조에게 편지를 바쳤다. 화가 머리끝까지 난 조조는 더 이상 생각할 겨를도 없이 곧바로 자기 진영에서 가장 우수한 수군 도독 두 사람에게 처형을 선고했다. 두 사람을 처형시킨 후에야 적의 계략에 당했다는 생각이 들었지만 후회막급일 뿐이었다. 2명의 최고급 수군 인재의 부재는 곧 이어진 적벽전에서 결정적인 패배 요인으로 작용했다.

사간(死間): 죽게 버려지는 정보원

사간은 가짜 소식을 적에게 흘리는 사람이다. 가짜 소식이기 때문에 분명히 적에게 큰 피해를 입힐 것이며, 그래서 적의 분노를 사 죽임을 당할 가능성이 매우 높기 때문에 사간이라고 부른다. 그러나 사간은 종종 자신이 전하는 소식이 가짜 소식인지 모르기도 한다. 사간에게 왜 진상을 알려서는 안 되는 것일까? 비밀 보장이라는 측면도 있지만, 주로 사간이 강력하게 의사표현을 하도록 하기 위해서다. 사간이 진짜라고 믿어야만 상대방도 진실로 믿을 수 있고, 사간이 잔혹한 고문을 받을 때 참다못해 사실을 깡그리 고백하는 일을 막기 위해서다. 사실 이런 정보원은 가장 비장하고 가장 안타까운 역할을 해야 한다.

초한이 서로 싸울 때 유방은 모사 역이기를 제나라에 보내 항복을 설득하도록 했다. 역이기는 제나라에 도착한 후 제나라 왕 전광에게 위협과 회유를 하며 유방이 진秦나라에서 투항한 3명의 진왕을 평정하고 어떤 승리를 거두었는지 침을 튀기며 선전했고, 위나라 왕 표, 조나라 왕 헐과 진여, 하설 등의 마지막과 연나라가 투항한 선례를 들어가며 천하의 형세를 상세하게 분석했다. 뿐만 아니라 전광에게 유방은 분명히 항우를 무찌르고 최후의 승리를 거둘 것이며, 먼저 투항하는 사람은 자기 나라를 보존하겠지만 투항하지 않는 나라는 멸망할 운명이 될 뿐이라고 하니, 으름장에 깜짝 놀란 전광은 결국 투항하기로 했다. 그러나 전광 역시 역이기에게 만일 그의 말이 사실이 아닐 경우 반드시 그를 삶아 죽여 복수를 하고 말겠다고 했다. 역이기는 절대 실언하지 않겠노라 거듭 다짐했다. 이런 약조가 있으니 두 사람은 날마다 술잔을 기울이고 환담하며 전쟁일랑 깡그리 잊어버리고 있었다. 그러나 유방은 앞에서는 악수를 하지만 뒤에서는 칼을 준비하는 성격으로, 결코 그렇게 한가하게 시간을 보낼 위인이 아니었다. 같은 시간, 그는 한신을 제나라로 보내 제나라를 철저히 짓밟도록 했다.

이쯤 되고 보니 한신도 매우 의아했다. 과연 유방의 뱃속에는 뭐가 들어 있을까? 역이기가 이미 제나라에서 투항을 설득한 상태였기에 그는 본래 공격을 하고 싶지 않았다. 그러자 군사 괴통이 한신을 추궁했다. "유방이 당신을 보내 제나라를 공격하라고 한 후 지금까지 명령을 번복하지 않았는데, 왜 마음대로 제나라 공격을 멈추려 합니까?" 한신은 어쩔 수 없이 계속 전진을 해야 했고 제나라 군대는 참패를 당했다. 전광은 자신이 감쪽같이 속았다는 생각에 크게 분노하며 역이기를 정말로 삶아 죽여버렸다. 불쌍한 역이기! 죽는 순간까지도 그는 자신이 어떻게 죽을지 꿈에도 몰랐을 것이다.

유방은 역이기를 사간으로 이용했다. 유방이 그를 이용했는지 여부는 이야기한 적이 없으며, 모두 추측만 할 뿐이지만 사건의 발단부터 결말까지 살펴보면 역이기가 한 일이 바로 사간의 역할이었다. 이 각본의 작가 겸 감독은 바로 유방이었으며, 역이기와 한신은 단지 그를 도와 이 각본의 캐릭터를 완성한 연기자였을 뿐이다.

생간(生間): 생환하는 정보원

생간은 파견하여 적의 정보를 수집한 후 살아 돌아와 이 정보를 보고하는 정보원이다. 현대적 관점에서 볼 때 각국 사이에서 이루어지는 방문단, 학술토론회, 교류회, 답사 및 연수 등은 모두 일종의 생간이라고 할 수 있다.

생간은 능력이 있어야만 정확하고 심도 있는 자료를 입수할 수 있다. 그렇지 않으면 피아 쌍방이 허허실실을 겨루는 상황에서 기만을 당할 가능성이 매우 높다. 잘못된 정보를 가지고 돌아오면 사용이 불가능할 뿐만 아니라 장군의 오판을 초래하므로 전쟁에서 패배하게 된다.

한고조 유방은 흉노를 정복하고 싶어 수차례 정탐꾼을 보내 정탐을 했다. 흉노는 일부러 장사와 군마들을 전부 숨겨놓았기 때문에 유방이 사람들을 아무리 많이 보내 정탐을 해도 보고 내용은 다 똑같았다. 흉노족은 너무 허약해 쳐들어가도 아무 문제 없다는 의견이었다. 유방은 마지막으로 유경을 보내 최종 점검을 해보기로 했다. 그런데 유경의 보고는 앞의 정탐꾼들과는 완전히 달랐다. 그는 "양국이 교전하면 반드시 자신의 강점을 가지고 적군을 위협하는 것이 정상입니다. 그런데 제가 흉노에 가보니 전부 병약한 가축과 늙고 병든 패잔병들만 가득했습니다. 이건 분명히 적이 일부러 약점을 노출시켜 우리를 함정에 끌어들이려는 속임수입니다. 저는 흉노와 전쟁을 하면 안 된다고 생각합니다." 그러나 유방은 이미 자기 생각이 다 서 있던 터라 반대 의견이 귀에 들어올 리 없었다. 오히려 유경이 남의 편의 기만 살려주고 자기편의 자존심은 사정없이 깎아내리고 있다며 크게 화를 냈고, 그래도 분이 풀리지 않아 그를 가두어버리고 말았다. 그 후 유방은 직접 대군을 이끌고 호기롭게 흉노 정벌전쟁을 떠났다. 그러나 유경의 말처럼 그는 흉노의 계략에 빠져 백등성에 포위되었다가 진평의 기발한 계략 덕택에 간신히 구사일생했다. 유방이 돌아오자마자 한 첫 번째 일은 유경을 석방시켜 그에게 사과를 한 것이었다. 또 관작을 봉하고 봉급을 더 올려주었다.

손자는 "5가지 정보원을 모두 일으키면서도 우리의 동태를 적이 알지 못하게 하는 것을 '신기한 활동'이라고 부르며, 이는 군주의 보배가 된다"고 말했는데," 5가지 정보원은 5개의 동심원과 같다. 그들은 신출귀몰하며 적을 투명인간 취급해 어디에도 피할 곳이 없게 만든다. 마치 손오공이 여래불의 손바닥을 도망칠 수 없었던 것 같은 일종의 질식감, 무력감을 느끼게 만든다. 그러므로 5가지 첩보원의 가치는 정보 수집이라는 측면에서만 볼 것이 아니다. 더욱 중요한 것은 전쟁의 발전 과정에서 일으키는 연쇄 효과이므로 손자는 이런 신기한 활동이 군주에게 승리를 가져다주는 중요한 보물이라고 말한다.

정보원을 이용할 수 있는 조건

정보원은 어깨에 막중한 임무를 짊어진다. 그러므로 반드시 매우 걸출한 인재여야만 기용할 수 있다. 손자는 "오직 훌륭한 군주와 현명한 장수만이 뛰어난 지략으로 정보원을 이용할 수 있으며, 반드시 큰 공을 이룩할 것이다"라고 했다. 손자는 상나라 왕조가 하나라 왕조를 전복시킬 수 있었던 원인은 바로 이윤처럼 걸출한 인사가 하나라 왕조에서 정보원 노릇을 했기 때문이며, 주나라 왕조가 일어날 수 있었던 것은 강태공이 상나라 왕조에서 정보원 노릇을 해주었기 때문이라고 생각했다. 정보원은 반드시 걸출해야만 하므로 정보원을 이용하고 지휘하는 사람은 더 말할 나위도 없다.

손자는 "성인과 지혜로운 자가 아니면 정보원을 이용할 수 없고, 사랑과 정의감이 없어도 정보원을 이용할 수 없다. 미세한 현상을 보고 진실을 캐내는 능력이 없으면 정보원의 효과를 볼 수 없다"고 말한다. 손자는 다시 한 번 3개의 부정사를 사용하여 이는 자신이 진심으로 중요시하는 개념임을 강조한다. 손자는 정보원을 이용하는 사람이 성인이나 지혜로운 자의 내적 덕목을 갖추지 못한다면 제대로 이용할 수 없다고 말한다. 또한 사랑과 정의로 가득한 마음이 없다면 정보원이 말을 듣지 않으며, 미세한 단서만으로 문제의 본질을 포착할 능력이 없다면 아무리 정보를 주어도 정확한 사실을 얻어낼 수 없다고 주장한다.

성인과 지혜로운 자에게서 강조하는 것은 거시적 시각과 지혜다. 풍부한 견문과 지식을 갖추었으며, 정세와 구도의 발전 상황을 볼 수 있어 정확한 방향으로 인도할 수 있기 때문에 정보원이 승복할 수 있는 사람을 말한다. 사랑과 정의란 뜨거운 사랑과 공정하고 객관적이며, 따듯한 마음이 있을 때 정보원의 마음이 녹아져 그를 위해 사력을 다하게 됨을 가리킨다. 미묘함이란 호리라도 똑똑히 관찰하여 미세한 단서로 문제의 본질을 포착할 수 있으며, 허와 실이 혼재된 정보 중에서 사용 가능한 자료를 분별할 수 있다는 뜻이다.

개인적인 조건 외에 정보원을 이용할 때에는 다음의 3가지를 반드시 주의해야 한다. 손자는 말했다. "전체 군대 중에서 정보원만큼 친밀한 대우가 필요한 업무가 없고, 정보원보다 더 큰 상을 받는 업무가 없으며, 정보원보다 더 비밀스러운 업무가 없다." 감정적으로 반드시 가장 친밀해야 하며, 대우는 반드시 최상이어야 한다. 또한 절대 비밀 유지가 필요하다. 손자는 또 '없다'라는 부정사를 연속 3회 사용하면서 반드시 지키지 않으면 안 될 정보원 3계명을 강조하고 있다. 이렇게 할 때에만 정보원 업무를 가장 효과적으로 수행할 수 있다.

사람과 사람 간의 관계는 상대적이다. 맹자는 제나라 선왕에게 이렇게 말했다. "임금이 신하를 수족처럼 친밀하게 여기면 신하도 임금에게 오장까지 뒤집어 보일 정도로 친밀하게 여깁니다. 임금이 신하를 개나 말 정도로 여기면 신하도 임금을 지나가는 사람 정도로 여깁니다. 임금이 신하를 흙덩이나 지푸라기 정도로 천대하면 신하도 임금을 원수처럼 여깁니다."

"가는 정이 있어야 오는 정도 있다"는 말처럼 임금이 신하를 자신의 손발처럼 여기면 신하는 자신의 뜨거운 심장까지 임금에게 헌신하게 된다. 임금이 신하를 개나 말 정도로 이용하려고 하면 신하는 임금을 길 가는 사람으로 여긴다. 임금이 신하를 진흙이나 풀로 여기고 짓밟으려고 하면 신하는 임금을 원수로 보게 된다. 손자는 사람과 사람이 함께 지낼 때 필요한 도리에 대해 잘 알고 있었으며, 또한 걸출한 정보원은 반드시 가족처럼 대해야만 신뢰를 얻을 수 있음도 아주 잘 알고 있었다. 높은 대우와 풍부한 혜택은 정보원이 고민하는 보장 문제를 해결해주는 것인 동시에, 정보원의 능력에 대한 인정이다. 분명한 점은 여기에 돈을 아껴서는 안 된다는 것이다.

지렁이로는 피라미나 잡을 수 있지, 고래는 낚을 수 없다. 기밀은 전장에서 사용하는 자물쇠다. 자물쇠가 잠겨 있지 않으면 적에게 하나도 남김없이 들키고, 전쟁도 할 필요가 없게 된다. 소식이 한번 퍼지면 전부 말짱 도루묵이 된다. 그러므로 기밀은 절대 몸값을 깎아서는 안 된다. 손자가 "정보원의 기밀업무가 아직 시작되기 전에 이미 유출되었을 경우 그 정보원과 내막을 알고 있는 사람은 모두 사형에 처한다"고 말한 것을 보아도 그 엄격함을 알 수 있다.

앞에 1이 없다면 뒤의 0은 무의미하다

손자의 전쟁 원칙은 "먼저 이겨놓고 전쟁을 한다"는 데에 있다. 먼저 이겨놓으려면 사전 정보 파악이 필요하다. 적의 상황을 사전에 파악하는 것은 모든 행동의 기초가 된다. 적 역시 같은 방법으로 우리를 정탐하고 있기 때문이다. 그러므로 손자는 서로 속고 속이며 가짜 정보가 난무하므로 정확한 정보를 얻기 위해 물 샐 틈 없는 정보망을 깔아놔야 한다고 말한다.

특별히 〈용간편〉을 집필해 사전 정보 파악에 대해 이야기했는데, 사전 정보 파악의 중요성에서부터 시작해 사전 정보 파악의 정확한 태도, 5가지 정보원의 이용, 정보원을 활용하기 위한 필수 조건까지 사전 정보 파악의 모든 부분을 완벽하게 논술했다. 어떤 실수도 일어나지 않기를 간절히 바랐기 때문이다. 빅데이터가 대세가 된 오늘날, 손자의 개념은 아직도 매우 현대적이며 조금도 구시대적인 느낌이 들지 않는다. 특히 인간의 이성, 수양과 사람을 대할 때 반드시 필요한 도량과 기개 등에 대해 시종일관 매의 눈빛을 번뜩이고 있다.

손자는 〈용간편〉을 제일 마지막에 배치해 제1편인 〈계편〉과 전후 호응이 되도록 논술의 내용을 매우 세심하게 구성했다. 앞의 12편은 제1편인 〈계편〉의 인도하에서 작전 임무를 완수하며, 전쟁의 승리 비결을 모두에게 하나씩 보여주었다. 독자들은 제일 마지막 편을 읽지 않고도 이미 병법 전서로서 완벽하며 손색이 없다고 생각할 것이다.

그러나 마지막 편을 읽은 독자들은 비로소 깨닫게 된다. '우리가 무언가 빼놓지 않았을까?' 알고 보니 계획부터 실전 전개까지 모두 적을 파악하는 것이 전제가 되어 있어야 한다. 이 단계가 없다면 앞에서 실시한 모든 작전과 계획은 맹인이 눈먼 말을 몰고 가는 것이요, 모래밭에 고층 빌딩을 세우는 것이나 마찬가지다. 아무리 멋있는 건물을 지어도 언제든지 붕괴할 위험은 도사리고 있다.

현대인들은 건강의 중요성을 이야기할 때 숫자 1을 건강에 비유하며, 다른 성공은 모두 0이나 마찬가지라고 말하길 좋아한다. 만일 건강이라는 1이 앞에 없다면 뒤에 있는 모든 0들은 의미를 상실한다. 손자의 〈용간편〉이 바로 건강의 1을 책임지며, 다른 12편은 모든 전쟁의 승리와 관계있는 0을 표시한다. 이런 조합이 될 때에만 완전무결한 전투 교과서가 완성된다.

《손자병법》에서 배우는 삶의 지혜

손자의 전쟁 원칙은 "먼저 이겨놓고 전쟁을 한다"는 데에 있다. 먼저 이겨놓으려면 사전 정보 파악이 필요하다. 적의 상황을 사전에 파악하는 것은 모든 행동의 기초가 된다. 적 역시 같은 방법으로 우리를 정탐하고 있기 때문이다.

2.
적 노출시키기:
수단과 방법을 가리지 마라

일본의 유명 감독 구로사와 아키라가 연출한《나생문》은 한 사무라이
와 아내가 여행을 하다가 강도를 만나 사무라이의 아내가 강간을 당
하고 사무라이는 죽임을 당하는 이야기다. 영화는 법관이 하는 신문
을 통해 사건의 진상을 밝히는데, 이미 죽은 사무라이(무당이 접신하여
듣는 목소리), 강도, 사무라이의 아내, 세 사람의 자백은 모두 사실과
부합하지 않는다. 사무라이는 자신의 명예를 위해, 사무라이의 아내
는 자신의 정절을 위해, 강도는 자신의 용맹함을 과시하기 위해 모두
각자의 시나리오를 각색하여 자신의 모습에 만족한다. 유일한 목격자
인 어부 역시 사무라이의 단검을 훔쳤기 때문에 실상을 말하지 못하
므로 전체 사건은 미궁으로 빠지고 진실을 파헤칠 길이 없게 된다.

이론적으로는, 형태가 있는 것은 진실을 파헤칠 길이 있다. 군사 전략가 손빈은 "이름을 부를 수 있는 사물이라면 진실을 밝히지 못할 것이 없다"고 말했다. 이 뜻은 이름이 있는 모든 사물은 진실을 밝힐 방법이 있다는 뜻이다. 그러나 인간성의 약점이 진정한 실체를 자꾸 가리기 때문에《나생문》같은 상황을 초래하게 된다. 전장에서는 제2의《나생문》을 절대 허락하지 않는다. 적이 아무리 교묘한 함정을 파놓고 나를 속이고, 오도하려 한다 해도 나는 반드시 수단과 방법을 가리지 않고 장애물을 걷어내고 적의 실체를 드러내야 한다.

적이 실체를 드러내기만 한다면 조조가 말한 "모습이 드러나면 반드시 패한다"는 말처럼 우리는 더 많은 힘으로 분산된 소수의 힘을 패퇴시킬 기회를 창조할 수 있다. 손자는 "적은 노출되고, 나는 노출되지 않으면 나는 전심전력할 수 있고, 적은 분산된다. 내가 하나로 힘을 모으는 대신 적의 힘은 1/10로 흩어지게 된다면 나는 10배 더 강한 힘으로 하나를 공격하는 것이나 마찬가지다"라고 말했다. 적이 실체를 노출시키고 나는 노출되지 않는다면 적은 나의 상황이 미지수인 까닭에 반드시 병력을 분산시켜 방어를 해야 한다. 이로 인해 준비는 더 많이 해야하는 반면, 힘은 분산되는 상황을 초래한다. 반면 나는 적의 실제 상황을 잘 알고 있기 때문에 화력을 집중해 각개 격파가 가능하다.

그렇다면 어떻게 적을 노출시킬까? 손자는 4가지 방법을 알려준다. "자세한 분석을 통해 적의 작전과 계획의 우열과 득실을 판단한다. 적을 건드려봄으로써 적의 움직임의 규칙을 알 수 있다. 상황을 만들어 적이 실체를 드러내도록 유도함으로써 적이 생사의 조건 중 어디에 속했는지 확인한다. 겨루어보기를 통해 적의 병력의 장단점을 알아본다."(〈허실편〉)

적에 대한 분석 판단: 적의 마음 헤아려보기

"자세한 분석을 통해 적의 작전과 계획의 우열과 득실을 판단한다"는 적이 할 만한 생각들을 분석, 판단한다는 것으로 이때는 외재하는 유형적인 조건 외에 마음속에 숨겨져 있는 무형의 조건들까지 노출시켜야 한다. 내면의 생각은 객관적인 조건들을 가지고 이해하기가 매우 어렵기에, 이때는 '나라면 어떻게 할까?'라는 방법을 적용해본다. 모든 영웅호걸들은 다 생각이 비슷하다는 말처럼 내가 어떻게 할지 이해가 된다면 상대방도 그렇게 할 것임을 알 수 있다.

주유와 공명은 적벽전에서 동맹관계면서도 경쟁관계를 유지했다. 적벽전을 어떻게 치룰까에 대해《삼국연의》는 주유와 공명이 모두 약속이나 한 듯이 화공을 생각했다는 스토리를 전개하지만,《삼국지 평화三國志平話》에서는 결코 그렇지 않다. 적벽의 결전 전, 주유는 부장들에게 적을 파할 대책으로 어떤 방법을 생각하는지 각자 손바닥에 쓰도록 명했는데 모든 부장들이 약속이나 한 듯 '화火'를 썼다고 하니 정말로 영웅의 생각은 꽤 비슷하다는 느낌을 준다. 그러나 오직 제갈량만은 모든 이와 다르게 '화' 대신 '풍風'을 썼다고 한다.

만일 주유와 공명만 '화'를 쓰고 다른 사람은 이런 전략을 몰랐다면 영웅의 생각은 무언의 일치가 있다는 말이 맞는 셈이 되지만, 개나 소나 다 화공을 해야 한다고 주장했다면 그건 그냥 필부의 견해에 불과할 뿐이다. 손자도 "누구라도 다 알 수 있는 지식수준에서 예견하는 승리는 최상의 승리가 될 수 없다"고 이야기했는데, 《삼국연의》는 주유와 공명 두 사람만 손바닥에 '화'라는 글자를 쓰도록 하면서 두 영웅의 견해가 무언의 일치를 이루도록 한 반면, 《삼국지 평화》에서는 일부러 모든 사람들이 '화'를 쓰는 가운데 공명만 '풍'을 쓰게 함으로써 공명은 다른 사람들이 볼 수 없는 것을 보는 특수한 능력자로 부각시키고 있다.

손빈과 방연의 결투 또한 역사의 멋진 드라마였지만 항상 방연이 조금 손색이 있었다. 가장 큰 패착은, 손빈은 방연이 어떤 생각을 하는지 예측했던 반면, 방연은 손빈의 마음을 꿰뚫어 보지 못했다는 데에 있었다.

계릉의 일전에서 손빈은 '위나라를 포위해 조나라를 구하는 전술'을 통해 방연을 대패시켰다. 그러나 위나라는 국력이 강했기 때문에 얼마 지나지 않아 또다시 병력을 동원해 한나라를 공격했다. 한나라가 제나라에 구원을 요청하자 손빈은 이번에는 지연작전을 구사했다. 즉, 먼저 한나라에 구원병을 보내겠다고 승낙하면서 한나라를 달랬지만 바로 출병하지는 않고 한나라가 한동안 저지전을 벌이면서 위나라의 전력을 소비시키도록 만들었다. 그 후에 조나라를 구했던 전략을 본떠 '적이 반드시 구원병을 보낼 곳을 공격하는 전술'로 위나라의 수도를 공격했다. 이에 방연도 방심할 수 없어 조국을 방어하기 위해 10만 대군을 신속히 이끌고 위나라로 돌아왔다. 이때 손빈은 조미료를 치기로 했다.

용맹하고 강한 군사력을 자랑하는 위나라 군대는 제나라 군을 속으로 무시하고 있었다. 손빈은 위나라 군이 제나라 군은 죽기를 두려워하며 자기 목숨을 건지는 데 급급한 겁쟁이라고 여기고 있다는 사실을 잘 알고 있었다. 그래서 이런 심리를 역으로 이용해 '상황이 자신에게 유리해지도록 유도'했다. 불 피웠던 자리를 줄이는 방법인 '감조법'을 통해 방연을 속인 것이다.

그는 병사들에게 첫째 날에는 밥을 해 먹은 화덕 자리 10만 개를 만들고, 둘째 날에는 5만 개로 줄였다가 셋째 날에는 2만 개만 남기도록 명했다. 이 흔적을 발견한 방연은 마음속으로 쾌재를 불렀다. 이것은 자신이 알고 있던 선험적 지식을 강화해주는 현상이었다. 제나라 병사들은 듣던 대로 정말로 죽기를 무서워하고 사는 데 급급하여 절반 이상의 병력이 벌써 줄행랑을 쳐버렸다고 생각했던 것이다.

방연은 계략임을 예측하지 못하고 대부대 병력을 놓아둔 채 단출한 마차와 정예 기병대만을 데리고 밤낮으로 제나라 군대를 추격했다. 손빈이 계산해보니 방연은 해 질 무렵 마릉에 도착할 예정이었다. 그는 매복을 준비해놓았다가 일격에 위나라 군대를 격파해버렸다. 방연은 속은 것을 깨닫고 얼굴을 들 수 없었다. 그는 너무 수치스러운 나머지 자결했는데, 그래도 죽기 전에 멋진 멘트 하나 남기는 것만큼은 잊지 않았다. "내가 결국 이 애송이의 명성 날려주는 일만 하다니!" 이 말은 항우가 죽기 전에 남겼던 "이건 하늘이 나를 망하게 만든 것이지, 내가 전쟁을 잘못한 죄가 아니야!"라는 말과 닮은 구석이 많다. 한 시대를 주름잡았던 효웅이 최후에 웃지 못한 이유는 대부분 자신에게 어떤 문제가 있는지를 전혀 몰랐기 때문이다.

나의 마음으로 적의 마음을 헤아려보는 것은 장군의 육감적인 판단이다. 육감적인 판단은 경험이 누적되며 인생에 대한 통찰이 있을 때 위력을 발휘한다. 적의 심리활동에 대한 예상은 내적 성찰에 힘을 기울인 사람만이 할 수 있다. 마음만을 믿는다는 것은 못 미더울 것 같지만 때로는 가장 정확한 책략이 되기도 한다. 손자가 적을 노출시킬 수 있는 가장 우선적인 방법으로 꼽은 것도 무리는 아니다.

적 건드려보기, 돌을 던져 길을 묻다

손자는 말했다. "적을 건드려봄으로써 적의 움직임의 규칙을 알 수 있다." 이 계략은 바로 '돌을 던져 길 물어보기'다. 적의 실체를 드러내고 싶다면 제일 좋은 방법은 적이 움직이도록 하는 것이다. 움직임은 정지보다 더 많은 자료를 제공한다. 심리 상담에서도 바로 이 방법을 사용한다. 카운슬링을 받는 환자가 입을 열도록 하는 것이다. 말을 하려고만 한다면 문제는 쉽게 찾을 수 있다. 문제를 찾으면 답은 금세 나오게 된다. 등산을 할 때 가지고 가는 등산지팡이는 몸의 평형을 잡아 주는 기능 외에, 풀숲을 쳐서 뱀을 위협해 뱀이 모습을 드러내도록 하는 역할도 한다.

동한 말년의 모사 서서는 자신이 충성을 바칠 주인을 찾았다. 유비가 품격이 고상한 현인이라는 이야기를 듣고서 유비의 보좌관이 되고 싶은 생각이 굴뚝같았지만, 그가 정말 세간에 전해지던 그런 인격자인지 확신할 수 없었기 때문에 직접 만나 시험을 해보기로 했다. 어느 날 유비가 자신의 애마를 이리저리 살펴보고 있는데 서서가 앞으로 다가와 유비에게 공손하게 물었다. "제가 말의 상을 보는 법을 배운 적이 있습니다. 이 말을 한번 살펴봐드려도 될까요?" 유비는 흔쾌히 허락했다.

서서는 말을 한 바퀴 둘러보더니 말했다. "이 말을 살펴보니 천리마는 맞지만 탄 사람을 다치게 할 말이로군요. 제가 건의를 하나 드려도 될까요? 우선 이 말을 선생님께서 가장 싫어하는 사람에게 선물하시고 그 사람이 부상을 당하면 다시 이 말을 돌려받아 타십시오. 그럼 아무 문제도 없을 겁니다." 유비는 그 말을 듣고서 언짢아하며 말했다. "나는 선생께서 내게 나라를 다스리고 천하를 태평케 할 큰 도리를 알려주실 줄 알았습니다. 그런데 나한테 다른 사람을 해칠 방법이나 알려주시다니요. 그런 건의는 제가 받아들일 수 없습니다!"

서서는 그 말을 듣자마자 재빨리 사과하며 사실은 유비의 위인됨을 시험해보고 싶었을 뿐이었으니 너무 나무라지 말아달라고 청했다. 유비는 크게 개의치 않으며 조속히 서서의 보좌를 받길 원한다고 피력했다. 아쉽게도 서서는 조조의 계략에 휘말려 고향으로 돌아가게 되어 유비를 보좌할 수 없었다. 하지만 유비의 인품에 크게 탄복한 서서가 와룡선생 제갈량을 추천함으로써 삼국이 정립하는 구도가 이루어지게 되었다.

정치가는 새로운 정책을 내놓기 전에, 만에 하나라도 실수가 없도록 여론의 방향을 타진할 만한 언행을 먼저 던져본 후 시민들의 반응을 보고 방향 수정을 하게 된다. 회사에 신입사원이 입사하면 수습기간을 거치는 것도 이 기간 동안 함께 지내면서 그를 더 깊이 있게 이해하고자 하기 때문이다.

비즈니스 역시 마찬가지다. 신상품이 아직 소비자의 인정을 받기 전에는 대량 생산을 해서는 안 된다. 쇼핑몰 간의 경쟁에도 돌을 던져 반응을 살피는 방법을 사용하는데 대부분 경쟁사들의 반응을 살피고 테스트를 통해 우선 1차 전략을 확정한다. 하지만 우수한 기업의 경우 소비자의 반응에 중점을 둔다.

제프 베이조스는 "우리에게 돈을 주는 것은 소비자이지, 경쟁사가 아니다. 그러므로 당연히 고객을 첫 번째로 놓아야 한다. 우리의 고려 사항은 오직 고객이 수용할 수 있는지 여부다"라고 말했다. 정치가가 만일 날마다 경쟁 상대의 반응에만 신경 쓰고 시민들의 요구에는 관심이 없다면 아무리 경쟁 상대를 이긴다 하더라도 민심은 잃어버릴 것이다. 결국 어떤 노력에도 아무것도 남지 않을 것이다.

상황 만들기: 적이 실체를 드러내도록 유도한다

손자는 말했다. "상황을 만들어 적이 실체를 드러내도록 유도함으로써 적이 생사의 조건 중 어디에 속했지 확인한다." '상황 만들기'란 일부러 상황을 보여줌으로써 적이 실체를 드러내도록 유도해 적의 현재 상황을 알아보는 것이다.

전국 시대, 제나라 맹상군은 제나라 왕에게 승상의 직위를 해고당하고 하루아침에 정치 무대에서 퇴출당했다. 그의 문하의 식객인 풍훤은 자신의 주군 대신 이 열세를 만회하기 위해 우선 진秦나라로 달려가 세 치의 썩지 않을 혀로 맹상군의 능력과 가치를 열렬히 선전하며 진나라 양왕이 그를 기용해줄 것을 소망했다. 그는 다시 제나라로 돌아와 왕을 알현하고 만일 맹상군이 진나라에게 기용된다면 제나라에 얼마나 심각한 손실을 입히게 될지를 열거하며 제나라 왕이 재고할 것을 강력하게 피력했다. 결국 제나라 왕은 풍훤의 의견을 받아들여 맹상군을 다시 재상으로 불러들였다.

풍훤은 아직 확정되지 않은 사실을 교묘하게 이용해 제나라 왕을 테스트해보고, 그에게 있어 맹상군이 없어서는 안 될 상황임을 드러냈다. 이 문제는 제나라 왕의 아킬레스건이었다. 풍훤의 이 계략은 제나라 왕의 실체를 드러냈으며 죽음의 문턱까지 갔던 맹상군을 다시 살려냈다.

왕융칭은 자타가 공인하는 경영의 신이다. 그의 성공 비결은 일일이 다 열거할 수 없으니 하나만 살펴보자. 한번은 운전기사 한 명이 곧 퇴직을 앞두고 있었다. 왕융칭은 그에게 물었다. "퇴직 후에 뭘 하실 계획입니까?" 운전기사가 대답했다. "운전밖에 할 줄 아는 게 없으니 택시나 몰겠죠!" 왕융칭은 한숨을 쉬며 말했다. "평생 내 차를 몰아줬는데 퇴직한 후에도 계속 차를 몰겠다니, 너무 고단한 것 아닌가요! 타이완 플라스틱 회사의 청소용품 사업을 맡겨드릴 테니 한번 경영해보시죠." 그리하여 이 직원의 인생이 변하고 품위 있게 남은 반생애를 보내도록 도와주었다.

사장이 직원에게 관심을 가지고 있다가 그의 사정에 대해 조곤조곤 물어보는 것 역시 기업가가 '상황'을 만드는 방법이다. 평소에 자주 대화를 하게 되면 직원의 생활환경을 알 수 있고 적재적소에 도움을 제공해줄 수 있다.

—

겨루어보기: 직접 현장 체험하기

손자는 말했다. "겨루어보기를 통해 적의 병력의 장단점을 알아봐야 한다." 후끈한 연습경기를 한판 하면서 적수의 실력에 대해 평가할 수 있다. 이에는 조직 편제, 지도자의 리더십, 병사의 훈련 정도 등이 포함되며 나(아군)에 대한 인식 정도도 포함된다.

유비는 관우가 죽임을 당한 원한을 갚고 싶어 했기에 군사를 이끌고 오나라 정벌에 나섰다. 맞대항에 나선 동오의 대장군은 육손이었다. 그는 우선 5,000명의 선발대를 보내 공격을 시도하다가 대패하고 돌아왔다. 모든 장수들은 이렇게 장수와 병사들을 축낼 필요가 있는지 의문을 던졌지만 육손은 말했다. "이번 공격이 있었기 때문에 유비의 상황과 작전 방법을 알 수 있었다. 나는 이미 적을 무찌를 방법을 생각해두었다." 결국 육손은 화공을 이용했고, 과연 촉군은 대패했다.

구기 선수는 가장 결정적인 시합 전에 크고 작은 다양한 경기에 참여함으로써 싸울 수 있는 능력을 배양하며, 또한 상대방의 실력도 함께 테스트해볼 수 있다. 수험생은 정식 시험 전에 계속 모의고사에 참여함으로써 나와 경쟁 상대 간의 격차를 테스트해볼 수 있다.

한번은 영화 〈타이타닉〉을 보는데 짧은 장면이 많은 것을 생각하게 해주었다. 남자 주인공이 수갑을 찬 채 선실에 갇혀 있었다. 조금만 있으면 물이 가득 차 익사할 위험에 처해 있을 찰나에 마침내 여자 주인공이 구조를 하러 찾아왔다. 그러나 열쇠를 찾을 수 없자 어쩔 수 없이 소방용 도끼를 들고 수갑을 잘라내려 했다. 이 위급한 상황에서도 남자 주인공은 여전히 침착하게 이성적으로 여자 주인공에게 먼저 도끼 사용을 시험해볼 것을 권한다. 힘과 정확도가 충분한지 확인한 후 그제야 마음의 준비를 하고 수갑을 단번에 끊어내도록 한 것이다. 급박하지만 절차와 순서를 잊지 않았던 이 테스트는 나에게 감동을 주었다.

'분석과 판단'은 나의 마음으로 적의 마음 헤아려보기를 통해 인간성이라는 공통분모를 기초로 자신을 이해하면 타인도 이해할 수 있다는 점을 알려준다. 이를 통해 우리는 한 가지 깨달음을 얻게 된다.

평소에 자기 내면을 관찰하기 위해 많은 시간과 노력을 들여야 한다는 것이다. 날마다 시선이 밖으로만 가 있는 사람은 타인의 시선에만 신경 쓰다가 자신을 잃어버리게 된다.

'적 건드려보기'의 돌을 던져 길을 묻는 방법은 동태에서 정태보다 더 많은 정보를 얻을 수 있으므로 수단과 방법을 동원해 최대한 적이 움직이도록 만들어야 함을 알려준다. '상황 만들기'에서는 최선을 다해 적의 현재 상황을 파악하고 적수가 처한 상황을 확인해야 함을 알려준다. 여기에는 적수가 현재 소재하는 곳의 장단점 및 적수가 현재 당면하고 있는 문제들이 포함된다.

마지막 '겨루어보기'는 추측이 아니라 진짜 상황 파악을 하기 위해서는 직접 현장을 찾아 실전평가를 치러봐야만 함을 알려준다. 인생의 교훈은 실제 도전을 통해서만 얻을 수 있다. 이것이 '겨루어보기' 정신의 정수다.

《손자병법》에서 배우는 삶의 지혜

나의 마음으로 적의 마음을 헤아려보는 것은 장군의 육감적인 판단이다. 육감적인 판단은 경험이 누적되며 인생에 대한 통찰이 있을 때 위력을 발휘한다. 마음만을 믿는다는 것은 못 미더울 것 같지만 때로는 가장 정확한 책략이 되기도 한다. 손자가 적을 노출시킬 수 있는 가장 우선적인 방법으로 꼽은 것도 무리는 아니다.

3.
허실: 승리의 비법은
상대의 허술한 곳을 공격하는 것

대초원에서 표범 한 마리가 영양을 잡아 먹으려고 준비하고 있다. 그러나 표범은 전혀 조급하지 않다. 나무 그늘 뒤편에 숨어 있다가 영양이 풀을 잔뜩 뜯어먹고 움직이기 힘들 때를 기다리고 있기 때문이다. 본래 이때를 노려 사냥을 해도 승산은 매우 높다. 그러나 표범은 이렇게 영양을 잡을 수 있는 기회에도 만족하지 않았다. 표범은 조금 더 기다려 영양이 풀을 다 뜯어먹고 배설을 할 때를 공격시간으로 잡았다. 이때야말로 영양이 진퇴양난의 함정에 빠지는 시간이기 때문이다. 달려야 한다면 아마도 배가 불편할 것이다. 그러나 달리지 않는다면 표범의 만찬거리로 잡아 잡숴, 하고 기다리는 꼴이니 달리건 달리지 않건 모두 표범의 마수를 벗어날 수 없다. 표범은 가장 완벽한 기회를 기다린 것이다.

표범의 방법은 바로 '충실한 곳을 피해 허술한 곳을 공격하는 것'이다. 전장에서 적이 나를 공격하는 방법도 마찬가지이며, 절대로 표범에 뒤지지 않는다. 반드시 절호의 기회를 기다려 공격을 감행해야 한다. 그러므로 손자는 말했다. "군대의 모습은 마치 물과 같다. 물의 모습은 높은 곳으로 가지 않고 오히려 낮은 곳으로 흐른다. 군대의 모습도 충실한 곳을 피해 허술한 곳을 공격한다."

허실이란 무엇인가?

충실한 곳을 피해 허술한 곳을 공격한다, 이것은 가장 쉽게 목적을 달성하게 하며 치러야 할 대가가 가장 적은 전장의 기본 법칙이다. 그러나 자유자재로 운용하려면 반드시 먼저 허실의 개념에 대해 알고 있어야 한다.

당나라 태종은 대장군 이정에게 이렇게 말한 적이 있다. "내가 보니 《손자병법》 13편은 '허실'이란 두 글자를 벗어나지 않소. 장수들이 군대를 움직일 때 허실의 형세를 이해하고 있기만 하면 반드시 승리할 것입니다. 지금 우리 장수들은 모두 '충실한 곳을 피해 허술한 곳을 공격해야 한다'고 말하지만, 전장에 나가서는 무엇이 허이고 무엇이 실인지 모르기 때문에 항상 적에게 끌려다니고 있소. 대장군께서 허실의 요령에 대해 좀 가르쳐주시면 어떻겠소?" 그러자 이정이 대답했다. "허실을 이해하려면 정석과 변칙이 함께하는 전술을 배워야만 합니다. 만일 전장에서 변칙이 정석이 되고, 정석이 변칙이 되는 상황을 잘 모른다면 허가 실일 수도 있고, 실이 허일 수도 있는 상황을 어떻게 분별하겠습니까?"

당나라 태종은 충실한 곳을 피하고 허술한 곳을 공격하는 전술을 알려면 먼저 허실을 알아야 한다고 했으며, 이정은 이어서 허실을 알려면 정석과 변칙의 전술을 알아야 한다고 말했다. 논리적으로 맞는 이야기다. 허실은 본래 2개의 간단한 개념이다. 허란 약점이며, 실이란 강점이다. 본래 허는 약하게 보이고, 실은 강하게 보이지만 사람이 위장을 하면 꼭 그렇지 않을 수 있다. 그래서 이정은 전장에서 적이 어떻게 정석과 변칙을 함께 운용하는지 그 방식을 알아야 진정한 허실을 분별할 수 있다고 말한 것이다. 이 허상을 꿰뚫어 볼 줄 알아야만 진상을 볼 수 있으며, 충실한 곳을 피하고 허술한 곳을 공격하는 전술을 실행할 수 있다. 그렇지 못하다면 잘못된 판단을 하게 된다.

만일 영양도 사람과 마찬가지로 배불리 포식을 했다거나, 배설을 해야 한다는 허상을 만들 수 있다면 표범의 눈에 보이는 영양의 행동을 진짜라고 받아들이기 어렵다. 그렇다면 표범의 충실한 곳을 피하고 허술한 곳을 공격하는 전술은 정확성을 잃고 실패하게 된다. 그러므로 '충실한 곳을 피하고 허술한 곳을 공격하는 전술을 실시하려면 반드시 전장에서의 안개를 꿰뚫어 볼 수 있어야 한다. 전장의 허실이라는 안개를 꿰뚫어 보는 눈은 무엇인가? 이 눈을 가지려면 반드시 전장에서 변화하는 허실을 이해할 수 있어야 한다.

마치 《주역》에서 말하는 '태극은 양의兩儀를 낳고 양의는 사상四象을 낳는다'는 원리와 같다. 허실 역시 4가지 관계로 조합된다. 즉, '실을 실하게 보이기, 실을 허하게 보이기, 허를 허하게 보이기, 허를 실하게 보이기'의 조합이다. 앞에 나오는 허, 실은 본래의 모습이며, 뒤에 나오는 실하게 보이기, 허하게 보이기는 인위적인 조작이다.

'실을 실하게 보이기'는 본질은 실이며, 보이는 것 역시 실이라는 뜻이다. '실을 허하게 보이기'는 본질은 실이지만, 허처럼 드러낸다는 것이다. '허를 허하게 보이기'의 본질은 허이며, 보이는 것 역시 허라는 뜻이다. '허를 실하게 보이기'는 본질은 허이지만, 실처럼 드러낸다는 것이다. 이 4가지 현상은 사실 대자연에서 쉽게 찾아볼 수 있으며 동물, 식물 역시 허실을 적극적으로 응용할 수 있다.

'실을 실하게 보이기'와 '허를 허하게 보이기'는 현상과 본질이 일치한다. "달무리가 이는 날에는 바람이 세게 불며, 주춧돌이 젖는 날에는 비가 온다", "서리를 밟으면 머지않아 단단한 얼음도 밟게 된다"는 말처럼 현상을 보면 본질을 바로 알 수 있으며, 에둘러 갈 필요가 없는 상황이다.

'실을 허하게 보이기'와 '허를 실하게 보이기'는 둘 다 겉과 속이 다른 양상이다. 하지만 이 표리부동은 2가지 양상으로 나뉜다. 하나는 겉으로 보기에는 다른 것 같지만 실제로는 일치하는 양상이다. 예를 들어 흔히 달의 밝고 어두움과 차고 이지러짐을 가지고 인생의 화복을 비유하는데 우리가 보는 달은 이지러진 모습으로 나타나지만 본질적으로 달은 달라진 적이 없다. 다만 우리가 외적인 모습에 미혹되었을 뿐이다. 어떤 사람은 꼭 이지러진 달처럼 '어리숙한' 모습을 하고 있다. 외적으로는 그다지 눈에 띄지 않지만 만물의 진상을 그대로 알아내며 만물을 겸허하게 받아들일 수 있고, 더욱 큰 가능성을 포용할 수 있는 사람이라면 조금도 어리숙하지 않다.

또 다른 하나는 정말로 겉과 속이 다른 상황이다. 즉, 흉내 내기나 위장을 말한다. 대자연의 만물은 약자든 강자든, 모두 흉내 내기를 할 줄 안다. 약자는 생명을 잃을까 두려워 흉내 내기로 자신을 보호하는 반면, 강자는 자기가 원하는 것을 순조롭게 얻기 위해 흉내 내기를 통해 사냥감의 경계심을 해제시킨다.

대자연의 허허실실이 오색찬란한 세계를 창조했듯, 이 원리를 전장에 적용하면 이런 허허실실의 모습은 더욱 풍부해진다. 왜냐하면 사람은 생각하는 동물이기에 본래 허실이 변환하는 세계를 더욱 기묘하고 재미있게 만들 줄 알며, 만화경 같은 변화로 눈을 어지럽게 할 수 있기 때문이다.

___

16가지 허실의 조합

대자연의 이런 조합에 전장의 '나와 적'이라는 2가지 요소를 혼합시키면 2의 4제곱, 즉 16종의 조합이 생기는데 이것이 바로 전체 전장에서 출현할 수 있는 허실의 모습이며, 우리가 말한 그 허실의 안개를 걷어내면 바로 이 16가지가 보인다.

이 16가지 변환 중 8가지는 내가 결정하며, 남은 8가지는 상대방이 결정한다. 고수들의 마음과 이론은 같기 때문에 '나의 마음으로 타인의 마음을 헤아리라'는 원칙을 이용하면 적의 생각도 추리할 수 있다. 내가 결정할 수 있는 8가지 상황을 충분히 이해하기만 한다면 나머지 적이 주체가 되어 벌이는 8가지 상황 역시 정확하게 이해할 수 있다. 즉, 내가 전략을 결정하는 '내가 실하여 나를 실하게 보이기, 내가 실하지만 나를 허하게 보이기, 내가 허하여 나를 허하게 보이기, 내가 허하지만 나를 실하게 보이기'와 '적이 실하고 나도 실하게 보이기, 적은 실하고 나는 허하게 보이기, 적이 허하고 나도 허하게 보이기, 적이 허하고 나는 실하게 보이기'만 이해하면 된다는 뜻이다.

그렇다면 나머지 8가지 상황인 '적이 실하여 적을 실하게 보이기, 적이 실하지만 적을 허하게 보이기, 적이 허하여 적을 허하게 보이기, 적이 허하지만 적을 실하게 보이기'와 '내가 실하고 적도 실하게 보이기, 내가 실하고 적은 허하게 보이기, 내가 허하고 적도 허하게 보이기, 내가 허하고 적은 실하게 보이기'는 역지사지로 추리하면 된다. 이제부터 '내가 주체가 될 수 있는' 8가지 형태에 대해 살펴보자.

내가 실하여 나를 실하게 보이기

'내가 실력이 있기에 적수와의 대결에서 내 실력과 실탄을 남김없이 보여주고 싶다.' 이것은 경쟁의 기본적인 모습이자 가장 믿을 만한 방식이다. 이 말은 곧 실력 제일을 강조한 것이다. 수많은 사람들이 단기 완성이나 노하우 등에만 집착하고 힘들여 기본기를 닦을 생각은 하지 않는다. 어떤 수를 쓰면 무사통과가 가능하고 만사가 순조로울 것이라고 여기며, 경기장에서는 실력이 우선한다는 사실을 애써 외면한다. 시험장, 직장에서는 아무리 기술이 좋다 하더라도 실력이 없다면 소용이 없다. 마치 농구에서 속공 레이업슛을 시도해 상대방의 블로킹을 속였다 하더라도 골이 들어가지 않으면 아무 소용이 없는 것과 마찬가지다.

내가 실하지만 나를 허하게 보이기

'나에게 실력이 있지만 적에게 나의 실력을 알게 하고 싶지 않다.' 이런 방법은 정면 맞대결을 피하고 적의 경계심을 낮추기 위해 실시된다. 자공은 제나라가 노나라를 공격한 일 때문에 오나라에 달려가 오나라 왕에게 노나라를 구해주십사 간청했다. 그러나 오나라 왕은 자신이 제나라를 공격하면 노나라를 구할 수 있다 쳐도, 월나라 왕 구천이 이 틈을 노리고 침입해올 것이 걱정되었다. 그래서 먼저 월나라를 처치한 다음에 다시 제나라를 공격하고 싶었다.

자공은 시간을 끌면 문제만 많이 생길 것 같아 얼른 오나라 왕에게 말했다. "제가 어떤 방법이든 찾아 구천이 협조를 하도록 만들겠습니다. 절대 후환이 생기지 않도록 말입니다." 그러자 오나라 왕이 허락했다. 자공은 월나라에 가서 다짜고짜 월나라 왕 구천에게 3가지 경고를 날렸다. 그는 "보복할 마음이 없는데도 적 앞에서 자신에게 보복할 마음이 있는 것처럼 구는 것은 가장 바보 같은 행동입니다. 반대로 보복할 마음이 있는데 이것을 숨길 줄 모르고 적이 내 계획을 다 알아차리게 한다면 이것은 가장 위험한 행동입니다. 마지막으로 보복할 마음이 있지만 계획대로 실행하지 않으면 그것이 바로 기밀을 누설하고, 적에게 준비를 하라고 일찌감치 경고하는 것입니다. 그렇다면 위험은 조석에 달리게 됩니다. 월나라 왕께서는 큰일을 하고 싶어 하셨지만 이미 이 3가지 잘못을 하셨고, 오나라 왕에게 미움을 받아 매우 위급한 상황이 되었습니다." 이 말에 월나라 왕 구천이 깜짝 놀라 자공의 건의대로 오나라에 귀순해 이 재난을 면할 수 있었다.

내가 허하여 나를 허하게 보이기

내가 허하다면 본래 전쟁을 해서는 안 된다. 그러나 급변하는 상황으로 말미암아 때로는 돌발 상황이 발생하고, 무리를 해서라도 반드시 응전을 해야 할 때가 생기게 마련이다. 이런 때에는 자신의 실력을 보여줄 수 없는 형식적인 전투가 되기 때문에 허하게 보일 수밖에 없다. 그러나 비록 허로써 응전을 한다고 해도 소극적으로 아무것도 하지 않는 것이 아니라 더욱 적극적으로 대처해야 한다. 즉, 최선을 다해 가능한 조건을 찾아 자신을 엄호하고, 적이 나의 허를 실로 오인해 감히 나를 공격하지 못하도록 해야 한다. 공명의 '공성계'가 바로 이런 예다.

사마의는 공격을 하러 왔지만, 성안에 병사들은 한 명도 없고 겨우 2,000여 명의 백성만 남아 있어 허하기가 딱해서 못 봐줄 정도였다. 이때는 보여줄 만한 능력들이 완전히 씨가 마른 상태이기 때문에 공명은 아예 끝까지 허의 본색으로 밀어붙이기로 결심했다. 그는 성문을 활짝 열어놓고 늙고 약한 사람들, 어린이와 부녀들을 동원해 성문 앞길을 쓸게 했다. 게다가 그는 기왕 시작한 일, 한번 철저히 해보기로 했다. 거문고 하나를 성벽 위에 놓고 스스로 멋지게 거문고를 뜯으며 한가로이 취미생활을 즐기는 모습을 연출한 것이다. 공명이 감히 이렇게 할 수 있었던 것은 무슨 일을 하든 항상 신중에 신중을 기하는 사마의의 위인됨을 알았기 때문이다. 조금이라도 위험할 것 같은 곳에는 함부로 발을 들여놓지 않는 사마의의 성품을 기초로 엄호를 펼친 것이었다. 이 수는 주효했다. 뛰는 사마의 위에 나는 제갈량이었기에 사마의는 허와 실, 참과 거짓을 가려낼 수 없었다. 안전을 보장하기 위해 결국 그는 후퇴를 선택했다. 이것은 심리전이었다. 성공의 조건은 바로 진짜 배짱으로 적군을 위협할 수 있어야 한다는 것이다.

내가 허하지만 나를 실하게 보이기

내가 비록 허하지만 실하다는 허상을 만들어내는 것, 이것이 바로 '36계' 중 '나무에 꽃 피우기' 전략이다. '나무에 꽃 피우기'의 본래 뜻은 나무에 꽃이 피지 않았거나 꽃이 필 수 없는데 온갖 꽃이 찬란하게 핀 것처럼 위장한다는 뜻이다. 이때는 인위적인 힘을 이용해 나무에 꽃들을 가득 올려놓아야 한다. 전장에서는 '기세 만들기'를 통해 자기 세력을 더욱 강하게 보이게 하며 상대방을 유혹하거나 위협할 수 있다. 이 전략의 목적은 상대방이 두려움 또는 부정확한 예측으로 인해 진격했다가도 어려움을 깨닫고 퇴각하도록 만들려는 데에 있다.

막 개업한 음식점이 있었는데, 장사가 잘되지 않았다. 사장은 배달원에게 오토바이를 타고 음식점의 이름이 적힌 빈 배달가방을 들고 시내 곳곳을 누비며 장사가 아주 잘되는 듯한 인상을 만들도록 했다. 이 방법은 과연 효과 만점이었다. 장사가 점점 잘되기 시작한 것이다.

다른 한 가지 방법은 다양한 조합을 통해 내가 비록 허하지만 실하게 보이는 것이다. 제나라의 대장군 전기는 제나라 왕과 경마 시합을 했다. 본래 전기의 말은 제나라 왕의 말과 막상막하여서 실력 차이가 거의 없었다. 그러나 전기 장군의 말과 제나라 왕의 말 그룹 중에서 제일 빠른 말 4필끼리 경기하고, 실력이 중간으로 좋은 4필과 가장 열세인 4필끼리 실력 순에 따라 경기를 시켜보니 제나라 왕 쪽이 조금 더 우세했다. 그래서 경기 결과는 3:0으로 제나라 왕이 매번 승리를 거두었다. 그러나 만일 전기의 선두 4필과 제나라 왕의 중간 4필이 겨루고, 전기의 중간 4필은 제나라 왕의 열세인 4필과 겨루면 전기가 모두 이길 수 있기 때문에 손빈은 전기에게 이런 경기 전략을 설계해주었다. 비록 전기는 실력이 열세인 4필의 말로 제나라 왕의 선두 4필과 겨루어야 했지만 결과적인 전적은 2:1이 되었으므로 전기가 승리할 수 있었다.

적이 실하고 나도 실하게 보이기

'적이 실력으로 나를 공격하면 나도 실력으로 응전한다.' 이것은 실력 대결이기에 기세도 함께 겨루어지게 된다. 기세로 상대방을 제압해야 하기 때문에 절대 약해 보이면 안 된다. 《사기·염파인상여열전》을 보면 진秦나라가 조나라를 공격할 때 조나라 왕은 염파와 악승 두 사람에게 어떻게 응대해야 하는지를 물었다. 두 사람은 모두 "길이 멀고 좁고 험하여 나라를 구하기가 어렵습니다"라고 했다. 전쟁에 반대한 것이다. 그러나 조사에게 물으니 "길은 멀고 좁고 험합니다. 예를 들어 두 쥐가 땅굴에서 싸우는 것 같으니 장군이 용맹한 쪽이 이깁니다"라고 말했다. 조사의 말은 거리가 멀고 길이 좁은 이 조건은 쌍방이 마찬가지이지만, 마치 2마리의 쥐가 좁은 길에서 마주친 것처럼 용감한 쪽은 이기게 된다는 뜻이었다. 조왕은 이 말이 일리가 있다고 생각해 조사를 장군으로 삼아 군대를 보냈다. 그 결과 조사는 우수한 전투 지휘 능력으로 진나라 군을 대파했다.

적은 실하지만 나는 허하게 보이기

적이 실하지만 나는 허로 응대하는 경우 나는 강한 척할 필요가 없다. 손자는 "적보다 수적으로 열세면 도망하고, 적보다 전력이 못하면 수단과 방법을 찾아 전쟁을 피한다"라고 했다. 자기 강산이 아직 남아 있다면 먹고살 걱정은 없는 것 아닌가? 또 "전쟁을 잘하는 사람은 승리를 하지 못하는 상황에 처할 수는 있지만, 적이 분명히 승리하는 길을 가도록 가만히 내버려두지는 않는다. 그러므로 '승리를 예견할 수는 있지만 승리의 시간을 억지로 재촉할 수는 없다'라는 말이 있는 것이다."

전장에서 상대는 상대만의 전략이 있으며, 나는 나만의 장기가 있다. 특히 상대도 만일 나와 똑같은 고수라면 그를 존중할 줄 알아야 한다. 이런 존중을 했더라면 월나라 왕 구천이 10년 동안 인구를 늘리고 물자를 모으며, 가르치고 훈련할 필요가 없었을 것이다. 기다린다는 행동은 전장의 기세를 적극적으로 몰아가는 데에는 아무런 손해가 되지 않는다. 그저 목표 달성 시간을 뒤로 조금 늦출 뿐이다.

그다음으로 나를 허하게 보이겠다는 것은 나는 방어만 하겠다는 뜻이 아니다. 나의 허는 사실 더 적극적으로 적을 유혹하는 방법이다. 예를 들어 '36계'의 '호랑이가 산을 떠나게 만들기' 전략은 적이 근거지를 떠나 세력이 약화되고, 내가 공격할 수 있는 상황이 되도록 만드는 것이다. 또 '36계'의 마지막 전략인 '줄행랑이 상책'은 좋은 전략으로 불린다. 바로 '자기 강산이 남아 있으면 먹고살 걱정이 없다'는 뜻 외에도 적절한 이동과 배치, 상대방 유혹이라는 방법을 통해 적의 허실을 변화시키고, 공격의 기회를 창조할 수 있기 때문이다.

적이 허하고 나도 허하게 보이기

적은 비록 약하고 나는 일격에 원하는 것을 얻을 수 있지만 싸우지 않을 수 있다면 싸우지 말아야 한다. 반드시 대판 전쟁을 벌여야만 하는 것은 아니며, 이것이 바로 허하게 응대하는 것이다. 한신은 조나라를 격파한 다음 연나라를 공격하려고 했다. 하지만 조나라 군사 이좌거는 그렇게 힘을 뺄 필요가 없다고 생각했다. 그는 한신의 전공을 일일이 열거한 편지 한 통을 적어서 보내면 연나라는 반드시 소문만 듣고도 오금이 저려 병사 하나 희생할 필요 없이 함락될 것이라고 건의했다. 게다가 지금 한신의 병마 역시 매우 피폐하니 전쟁을 하더라도 좋을 리 없다는 말도 덧붙였다. 한신이 그의 건의를 받아들였더니 과연 연나라는 전쟁도 해보지 않은 채 그대로 투항했다.

적이 허하고 나는 실하게 보이기

적이 허하면 내가 사양할 필요가 없다. 손자는 "적군보다 10배의 병력이면 포위하고, 5배의 병력이면 공격하며, 2배의 병력이면 적을 분리시킨 후 차례로 공격하고, 대적할 만한 병력이면 싸워야 한다"고 말했다. 나의 실력이 상대방의 10배, 5배, 2배, 심지어 막상막하일 경우 모두 전쟁을 해야만 한다. 마치 투자자가 시장이 불경기일 때 반드시 들어가 저가로 매입을 해야 하는 것처럼 말이다. 이것을 '위기일 때 시장 진입하기'라고 한다.

—

16가지 허실의 공식은 끊임없이 변환한다

전장은 언제든지 수시로 바뀐다. 각 형태 역시 사람, 일, 시간, 땅, 사물의 변화에 따라 변화하기에 한 가지만 고집할 필요가 없다. 예를 들어 야구 경기 9회 말에 마지막 타자가 안타를 치기만 하면 게임이 끝날 수 있는데, 하필 바로 이때 제일 강한 타자가 나온다면 어떻게 할까? 정상적인 상황에서 투수는 포볼을 던지고 다음 타자를 상대하는 전략을 선택한다. 이것이 바로 '적은 실하지만 나는 허하게 보이기' 공식을 적용한 것이다. 하지만 만일 이때 상대방이 만루 상황이라면 포볼을 줄 수 없다. 그렇다면 당신은 직구로 대결을 하겠는가, 아니면 다른 방식을 선택하겠는가? 이때는 '적도 실하고 나도 실하게 보이기' 전략으로 바꿔야 한다. 그러므로 복잡다단한 전장의 상황에 따라 16가지 전략도 끊임없이 변환하게 된다.

어떤 전략을 사용하든지 간에 모두 '충실한 곳을 피하고 허술한 곳을 공격하는' 기회를 창조하기 위함이다. '적은 실하지만 나는 허하게 보이기'가 '충실한 곳을 피하고 허술한 곳을 공격하는' 방법이라면, 직구로 대결하는 '적도 실하고 나도 실하게 보이기' 역시 '충실한 곳을 피하고 허술한 곳을 공격하는' 방법이다. 직구 대결은 힘만 있고 지혜는 없는 것이 아니라 최대한 상대방의 약점을 찾아 공격한다는 뜻이다.

한번 생각해보자. 이런 긴장되는 상황에서 사실 쌍방은 모두 질 수 없다는 압박을 받고 있다. 타자가 안타만 치면 역전할 수 있다고 하지만, 반대로 타자가 삼진 아웃이 되면 승리를 고스란히 상대에게 안겨주는 꼴이 된다. 그러므로 더 힘찬 기세로 윽박질러 상대방의 기를 눌러버린다면 승리를 할 가능성이 더 높아진다. 그리고 사람들은 모두 약점이 있게 마련이다. 아무리 강타자이고 직구 대결이라 하더라도 최선을 다해 그의 약점을 공략한다면 제대로 치지 못하게 할 수 있다. 이런 생각은 모두 '충실한 곳을 피하고 허술한 곳을 공격한다'는 원칙에 따른 사고방식이다.

아무리 열악한 조건에서도 '16가지 허실 공식'을 적용하고, '충실한 곳을 피하고 허술한 곳을 공격한다'는 원칙을 마음에 새기면 모두에게 승리를 할 수 있는 기회가 찾아오게 된다.

孫子兵法

《손자병법》에서 배우는 삶의 지혜

상대방의 위장복을 벗겨야 그의 진정한 실력을 알 수 있다. 대자연의 만물은 약자든 강자든, 모두 흉내 내기를 할 줄 안다. 약자는 생명을 잃을까 두려워 흉내 내기로 자신을 보호하는 반면, 강자는 자기가 원하는 것을 순조롭게 얻기 위해 흉내 내기를 통해 사냥감의 경계심을 해제시킨다.

4.
군형 만들기:
최강의 군형은 유일무이

투계 훈련의 고수인 기성자가 주나라 선왕이 쓸 투계를 훈련시켰다.
10일이 지나자 선왕이 물었다. "투계는 훈련이 다 끝났는가?" 기성자
가 대답했다. "아직 안 되겠습니다. 이 닭은 별다른 능력도 없으면서
잘난 체하기만 하고 자기 생각대로만 좌충우돌하려고 합니다." 10일
이 지나 선왕이 다시 묻자 기성자는 대답했다. "아직 안 되겠습니다.
이 닭은 다른 닭 우는 소리를 듣거나, 혹은 다른 닭의 그림자만 봐도
가만히 있지 못하고 충동적으로 일어나 상대랑 싸울 생각만 합니다."
다시 10일이 지나 선왕이 물었지만 기성자의 대답은 변함이 없었다.
"아직 안 되겠습니다. 이 닭은 사방을 둘러보며 반응이 너무 빨라 기
세로 사람을 압박하려고 합니다." 다시 10일이 지나 선왕이 찾아오자

기성자가 대답했다. "이제 되었습니다. 다른 닭 울음소리에도 반응하지 않는 것이 마치 나무로 만든 닭 같습니다. 내적인 수련이 이미 끝났기 때문에 다른 닭이 이 닭을 보더라도 감히 싸우지도 못하고 꼬리를 내리고 도망칠 겁니다."《달생達生》

목계처럼 완전히 몰입한 눈빛은 상대방의 등골을 오싹하게 만들어 싸우지도 않고 도망치고 바로 항복하게 만든다. 이것이 바로 군형의 최고 경지이며, 이런 모습은 천백번의 조련 이후에야 얻을 수 있는 것이다.

—

군형 만들기 고수의 비밀

손자는 군대의 모습에 대해 이야기하며 적이 전쟁을 걸지 않고도 도망갈 수 있는 군대의 모습을 창조하길 원했다. "승리하는 군대는 24 량짜리 추鎰로 1량의 1/24인 추銖를 상대하는 것과 같다. 패배하는 군대는 수銖로 일鎰을 상대하는 것과 같다. 승자의 군대는 천 길 높이의 높은 산에 모여 있던 물을 한 번에 터뜨리는 것과 같다. 이것을 군형이라고 한다."[17]《형편》

손자는 가장 좋은 승리의 군형은 마치 '일'과 '수'로 비교하는 것과 같다고 했다. 일과 수는 중량의 단위로서 둘의 비율은 576:1이나 된다. 이것이 바로 계란으로 바위를 치는 절대적인 우세를 말한다. 손자

17) 수수 100알(粒)을 1수(銖), 24수(銖)는 1량(兩), 24량은 1일(鎰)이라고 한다.

는 "필승의 군형이 보장되면 마치 천 길 높이의 높은 산에 쌓여 있던 물을 한 번에 터뜨려 쏟아붓는 것처럼 압도적인 충격과 기세를 형성한다"고 말했다. 그는 매우 생생하며 생동감 있는 언어로 승리하는 군형의 특징을 설명했다.

전장에서 군형은 주로 피아 쌍방의 공수 진영과 전장의 지형에 대한 조합, 이 2가지 면에서 나타난다.

공수 면에서 손자는 "방어를 잘하는 사람은 아홉 길 땅속으로 숨는 것 같고, 공격을 잘하는 사람은 구천에서 움직이는 것 같다. 고로 자신을 보호하면서 모든 전쟁에서 승리할 수 있다"고 말했다. 방어에 능한 사람은 은밀하게 움직이는 능력이 뛰어나다. 그러므로 땅속에 숨어 있는 것처럼 찾기가 어렵다. 공격에 능한 사람은 기세를 만들어 적이 소문만 듣고도 간담이 서늘하게 만들기를 천군이 하늘에서부터 내려오듯 한다. 공수에서 이런 정도에 이를 수 있다면 자신을 보호하면서 백전백승할 수 있다.

그다음으로 전장에서의 군형은 장수의 전술과 객관적인 환경의 조합을 말한다. 손자는 다음과 같이 말했다. "병법에는 5가지 원칙이 있다. 첫째는 지형의 크기와 특성이요, 둘째는 준비해야 할 무기와 양식, 곡초의 수량, 셋째는 군사의 수량이다. 넷째는 이것들이 딱 맞게 조화되어 전투력을 갖추면, 다섯째는 승리하게 된다. 지형의 크기와 특성은 지형 자체로 결정되고, 물자의 수량은 지형의 크기와 특성으로 결정된다. 군사의 수량은 물자의 많고 적음으로 결정되며, 군대의 완벽한 조화는 군사의 수량으로 결정된다. 군대가 완벽한 조화로 전투력을 갖출 때 승리하게 된다." 전장에서의 군형은 반드시 먼저 지형의 크기, 특성을 이해해야만 그 후에 얼마나 많은 무기와 양식, 곡초를 준비하며 얼마나 많은 인원을 투입해야 하는지를 알 수 있다. 주·객관적인 조건이 모두 딱 맞게 조화가 되면 가장 큰 힘을 발휘할 수 있다. 손자는 이런 완벽한 조화를 '칭稱'이라고 했다. '칭'은 딱 좋은 상태로, 이런 경지에 다다르면 승리할 수 있다.

전장에서의 군형은 공수든, 혹은 지형과의 조합이든 모두 2가지 형태로 나타난다. 즉, '유형'과 '무형'으로 나타나게 된다. 당나라 때 시인 두목은 이렇게 주석을 달았다. "무형은 정이 은밀하며, 유형은 정이 드러나는 것이다." 무형은 비교적 은밀하여 적이 추측할 수 없는 것이며, 유형은 겉으로 드러나기 때문에 쉽게 식별된다. 그러나 이것은 그저 기본적인 개념일 뿐 전장에서 일어나는 군형의 천변만화 중 유형의 군형은 적이 상대를 속이려는 속임수이기 쉽다. 그러므로 비록 유형이지만 실제로는 없는 허상일 수 있으며, 무형 역시 적이 고의로 만들어놓은 허구의 진이기 쉬우므로 비록 무형이라도 실제로는 존재하는 실상일 수 있다. 게다가 유형과 무형은 함께 사용될 수 있다. 마치 한 폭의 그림에서 여백과 피사체 간에 생기는 허실이 서로를 돋보이게 해주어 미감이 생기듯, 더욱 많은 변화의 창조는 전장의 군형을 포착할 수 없는 마술처럼 만들어준다.

완벽한 군형은 압도적인 승산이 있는 군형으로서, 유형과 무형의 운용을 통해 전장에서의 적극적인 공격과 방어 및 전장의 지형과 충분히 조화된 전술로 드러난다. 손자는 군형 만들기의 고수였다. 이런 완벽한 승리를 보장할 군형에 도달하기 위해 반드시 투계 훈련의 고수인 기성자처럼 수련의 과정을 거쳐야 한다. 손자는 3가지 조건을 제시했는데 이는 바로 먼저 이기기, 예상하여 이기기와 쉽게 이기기를 말한다. 먼저 이기기는 실력으로써 승리를 획득하는 것이며, 예상하여 이기기는 적이 생각지 못한 길을 가서 이긴다는 것이며, 쉽게 이기기는 가장 힘을 안 들이고 이긴다는 것이다. 이것이 승리하는 군형을 수련하는 주요 비결이다.

—

먼저 이기기: 실력으로 승리를 확보하라

전쟁은 돌이킬 수 없는 것이다. 손자는 말했다. "노여움은 다시 기쁨으로 바뀔 수 있고 성남은 다시 즐거움으로 바뀔 수 있지만, 나라가 망하면 다시 회복시킬 수 없고 사람이 죽으면 다시 부활할 수 없다." 전쟁에서는 본전을 까먹어도 되는 실패란 없으며, 도박하듯 놀러 와도 안 된다. 반드시 자신에게 실력이 있고, 승리를 할 수 있다는 확신이 있을 때에만 출병할 수 있다. 그러므로 손자는 단호하게 말한다. "전쟁을 잘하는 사람은 항상 불패의 형세에 서서 적이 패배할 상황을 놓치지 않는다. 고로 승리하는 군대는 먼저 승리를 확신한 후에 전쟁을 시작한다. 반면 패배하는 군대는 먼저 전쟁을 일으킨 후에 승리를 하려고 노력한다."

먼저 이기기 위해서는 다음의 2가지 조건이 구비되어야 한다. 하나는 '불패', 또 하나는 '적이 패배할 상황 놓치지 않기'다. 무엇이 '불패'일까? 주식의 신 바베트는 이렇게 말한 적이 있다. "투자의 첫 번째 법칙은 돈을 잃지 않는 것이다. 두 번째 법칙은 첫 번째 법칙을 잊지 않는 것이다." 투자를 할 때에는 돈을 잃으면 안 된다는 점을 항상 기억해야 한다. 돈을 잃지 않는 것이 바로 패배하지 않는 것이다. 하지만 어떻게 해야 돈을 잃지 않을 수 있을까? 그의 '가치투자법'은 사람들에게 칭찬을 받고 있다. 즉, 주식을 살 때에는 회사의 가치에 따라 투자를 하라는 것이다. 주가가 그 회사의 가치를 넘어섰을 때에는 매수해야 하며, 그 반대일 경우에는 매입해야 한다. 그러나 많은 사람들이 이 이론에 따라 주식을 관리하면서도 돈을 벌지 못하고 있다. 그 이유는, 사람은 감정의 지배를 받아 이성적인 행동도 서슴없이 한다는 사실을 잊어버리기 때문이다.

주식시장에서 철저하게 패한 과학자 뉴턴이 이렇게 한탄했다는 우스갯소리가 전해져 온다. "나는 우주의 질서는 이해할 수 있지만, 비이성적인 사람의 사고는 이해할 수 없다." 주식시장에서 주가는 종종 실제 가치에 딱 맞지 않고, 가치보다 높거나 가치보다 낮아진다. 그러므로 본래 가치보다 싸게 샀다고 생각할 때에도 가치는 계속 하락하고 있을 수 있고, 가치보다 높게 팔았다고 생각할 때에도 주식은 여전히 상승하고 있을 수 있다. 이것이 바로 투자의 맹점이다. 주식의 신 바베트는 왜 이런 맹점의 영향을 받지 않을까? 바로 그의 배후에는 부족한 부분을 끊임없이 메꿔줄 수 있는 풍부한 자금원이 있기 때문이다. 그러므로 주가가 계속 하락할 때에도 계속 살 수 있는 것이다. 이것은 모두가 주의하지 못한 부분이며, 수많은 개미 투자자들이 할 수 없는 부분이다. 가령 한 농구팀이 챔피언이 되려면 키맨뿐만 아니라 벤치 선수까지 훌륭해야 하는 것과 비슷하다. 권투선수라면 강펀치를 몇 대쯤 맞아도 버틸 수 있어야 진정한 선수가 될 수 있다. 정상 상황뿐 아니라 돌발 상황까지 대응할 수 있어야 '불패'라고 말할 수 있다.

'불패'가 '승리'와 같은 말은 아니다. 적의 실력이 나와 비슷하다면 지금 나의 최고 컨디션이란 바로 적과 비기는 것일 수 있다. 비록 패배하지는 않았지만 승리를 한 것도 아니다. 그렇다면 어떻게 해야 내가 먼저 이길 수 있을까? 손자는 "불패를 한다는 전제조건하에서 적이 패배할 상황을 놓치지 말아야 한다"고 말했다. 즉, 적에게 공격을 할 수 있는 신호가 나타나기를 기다렸다가 그때 공격한다는 뜻이다.

손자는 "과거에 전쟁을 잘하는 사람들을 보면 먼저 적이 나를 이기지 못할 조건을 만들어놓은 후 내가 적을 이길 수 있는 기회가 오기만을 기다린다"고 말했다. 여기서 '기다림'은 매우 중요하다. 기다림이란 시기가 성숙하지 않았기 때문에 필연적으로 거쳐야 하는 과정이며, 기다림이란 운전을 하다가 빨간불을 만났을 때와 같은 것이다. 반드시 멈추어야 한다. 월나라 왕 구천은 왜 20년 세월을 와신상담해야 했을까? 그의 적수 오나라 왕이 계속 빨간불을 켜고 있어 그에게 가속

페달을 밟을 기회를 주지 않았기 때문이다.

파란불이 켜지면 그때 인정사정 보지 말고 가속페달을 밟아야 한다. 이것이 바로 '적이 패배할 상황을 놓치지 않는다'는 말의 뜻이다. 월나라 왕 구천이 10년 동안 인구를 늘리고 물자를 모으며, 가르치고 훈련하는 동안 마침내 월나라 왕에게 파란불이 켜졌다. 범려는 말했다. "천년에 한 번 만날까 말까 한 기회를 붙잡는 것은 마치 불이 난 것처럼 긴급한 일입니다. 죽어라 도망치는 사람 같아야지, 세월아 네월아 해서는 안 됩니다. 이렇게 긴급한 일임을 확신했다면 넘어지고 엎어져도 아쉬워할 필요가 없습니다." '불패' 더하기 '적이 패배할 상황 놓치지 않기'의 공식을 지키면 먼저 이기기는 당연히 확보된다.

예상하여 이기기: 독창적인 승리

손자는 말했다. "만일 자기가 예상한 승리의 방법이 다른 사람과 똑같다면 그건 대단한 것이 아니다. 전쟁에서 승리했어도 다른 사람들도 다 내가 승리할 방법을 훤히 꿰고 있다면 그는 최고의 인재가 아니다. 그러므로 가을철에 자라나는 작은 새의 깃털을 들 만한 힘이 있다고 해서 당신을 천하장사라고 할 수 없고, 해와 달을 볼 수 있다고 해서 당신을 천리안이라고 할 수 없으며, 우레 소리를 들었다고 해서 당신을 천 리까지 들을 수 있는 사람이라고 할 수 없는 것이다."

우리가 항상 말하는 80:20 법칙(파레토 법칙)이란 일반적으로 80%

의 사람은 패배자이며, 나머지 20%의 사람들에 의해 80%의 재화가 창조된다는 것이다. 사람들이 보지 못하는 것을 보는 사람은 역시 소수에 불과하기 때문이다. 만일 기성관념에 좌지우지되어 용감하게 자신으로 살아가지 않는다면 우리가 할 수 있는 일이란 다른 사람 뒤꽁무니를 따라다니는 일밖에 없다. 인생의 끝 날까지 80%의 패배자로 남을 것도 자명하다.

1994년, 제프 베이조스는 인터넷에서 매년 인터넷 사용 인구가 2,300%의 속도로 성장하고 있다는 글을 보게 되었다. 이 데이터를 접한 베이조스의 눈에서는 빛이 이글거렸다. 마치 미래의 인터넷 청사진을 본 듯, 그는 조금도 망설이지 않고 바로 부총재의 직을 사임하고, 집 안 차고에서 아마존 회사를 창립했다.

베이조스의 성공에 많은 사람들이 부러워하며 물었다고 한다. "그는 어떻게 예상했을까? 어떻게 실행했을까? 왜 나는 보지 못했을까? 왜 하지 못했을까?" 베이조스는 인터뷰에서 자신에게는 몇 가지 업무 원칙이 있다고 말했다. 나는 독자들에게 타인이 보지 못하는 것들을 보는 사람들, 그들의 배후에는 어떤 엔진이 있는지 알려주고 싶다.

우선 자신이 후회할 일은 절대 하지 않는다. 베이조스는 말했다. "만일 인터넷 혁명이 곧 도래할 것을 알았는데도 이 인터넷의 큰 파도를 놓쳐버렸다면 나는 분명히 후회막급일 겁니다." 이것은 베이조스가 소설가 가즈오 이시구로의 소설 《남아 있는 날들》에서 얻은 영감인데, 베이조스는 이를 '유감 최소화'라고 불렀다. '유감 최소화'란 어떤 일을 결정할 때 우선 자신에게 80세에 이 일을 하지 않아서 후회할 것인지 물어보고, 만일 후회할 것이라고 대답한다면 망설이지 말고 곧바로 실행한다는 것이다. 이런 인생의 태도는 자신의 미래를 더욱 집중하여 사색하며, 시대의 변화를 더욱 민감하게 받아들이고, 자신이 생각한 것 이상을 더욱 용감하게 실천할 수 있도록 만들어준다. 그러므로 그는 인터넷 시대의 도래를 발견했을 때 조금도 주저하지 않고 이 시대의 조류 속으로 그대로 다이빙해 들어갔다.

둘째, 그는 자신을 싸울 대상으로 여겼다. 자신을 싸울 대상으로 여기는 사람은 현재의 자신에 영원히 만족할 수 없다. 그는 말했다. "하나의 기업으로서 우리는 문화의 선구자가 되므로 심지어 자신의 사업까지 무너뜨릴 수 있다." 타인이 보지 못하는 것을 보는 사람은 먼저 독창성이 있어야 한다. 용감하게 다른 사람과 다른 길을 갈 수 있으며, 전 세계에는 탐색해야 할 미발견 영역이 무궁무진하다고 믿는다. 또한 용감하게 자기와 다른 자기를 추구하며 자신의 무한한 가능성을 확신한다. 그러므로 스스로 한계선을 긋지 않는다. 제프 베이조스가 바로 이렇게 생각한 사람이다.

셋째, 장기적인 안목이 있다. 베이조스는 말했다. "인류의 기술은 점점 더 정밀하게 발전하고, 심지어 어떤 영역에서는 자신을 해치는 일까지 서슴지 않고 하고 있다. 우리는 자신의 미래를 바라볼 수 있는 장기적인 안목이 점점 더 필요해지고 있다." 만 세대를 도모하지 않으면 한 세대도 경영할 수 없고, 짧은 안목으로는 미래를 볼 수 없다. 한

부동산 업자가 나에게 한 말이 매우 인상적이다. "어떤 제품을 구매할 때 내가 얻을 수 있는 이익을 당장 계산할 수 있는 그런 제품은 살 만한 가치가 없는 제품입니다." 이 말은 심오한 의미를 담고 있다. 우리는 날마다 계산하고 있지만 눈앞의 작은 이익만 계산할 뿐 더 넓은 미래로는 눈길을 돌리지 못하고 있다. 그러므로 항상 작은 이익 때문에 큰 이익을 놓치고 만다.

마지막으로 인간의 본성에 부합해야 한다. 베이조스는 말했다. "10년 후에도 소비자는 저가를 좋아할 겁니다." 기업이 서비스하는 대상은 바로 사람이다. 인간의 본성에 부합하는 기업은 불패의 비결을 찾을 수 있다. 인간의 본성을 이해하는 장군은 필승의 전술을 수립할 수 있다. 손자는 "아홉 지형의 변화 및 공수 진퇴의 이해와 득실은 사람의 본성에 부합해야 하며, 이는 장군이 성실하게 연구하고 고찰하지 않으면 안 될 부분이다"라고 했다. 모든 성공의 비결은 반드시 인간의 본성을 기초로 하기 때문에 인간 본성의 욕구를 깊이 이해하면 그곳에서 넓고 큰 길을 발견할 수 있다. 그러나 안타깝게도 대다수의 사람들은 이것을 보지 못한다.

자신이 후회할 일은 하지 말자. 깨달았다면 당장 행동에 옮기자. 자신을 싸울 상대로 바라보라. 그러면 자신의 한계를 끊임없이 극복하게 된다. 장기적인 안목을 가져라. 그러면 더 큰 가능성이 보이기 시작한다. 인간의 본성에 부합하도록 하라. 그러면 사람의 마음을 사로잡을 수 있다. 이런 생각들은 나 자신의 사고의 길을 가로막고 있는 큰 장애물들을 옮겨줄 수 있기 때문에 다른 사람들과는 전혀 다른 길을 갈 수 있다. 아마존 왕국은 이렇게 건립된 것이다.

—

쉽게 이기기: 선견지명으로 이기기

손자는 말했다. "예부터 말하는 전쟁을 잘하는 사람이란 쉽게 이길 수 있는 지점에서 이기는 것을 말한다." 이 말은 쉽게 이기는 장군은 쉽게 승리할 수 있는 곳에서 자주 승리를 일구는 것을 뜻한다. 어떤 상태에서 가장 쉽게 승리할 수 있을까? 노자는 말했다. "안정된 상태는 쉽게 유지할 수 있다. 아직 미세한 징조가 나타나지 않은 일은 쉽게 해결책을 찾아 해결할 수 있다. 연약한 물건은 쉽게 부서진다. 작은 물건은 쉽게 분열된다."

편작은 채나라 환공의 병을 진찰하면서 이렇게 말했다. "공의 병은 지금 피부의 작은 모공 안에 숨어 있습니다. 지금 처리하지 않으면 더욱 심각해질 겁니다." 그러나 환공은 이 말에 신경 쓰지 않고 오히려 편작이 아직 나지도 않은 병을 고쳤다고 잘난 척하려 든다며 비웃었다. 10일이 지나자 편작은 또다시 환공에게 말했다. "공의 병은 이미 근육 아래까지 미쳤습니다. 지금 치료하지 않으면 더 심각해질 겁니다." 환공은 여전히 아랑곳하지 않고 화를 냈다. 또 10일이 지나서 편작은 또 환공에게 말했다. "공의 병은 이미 위장과 창자에까지 미쳤습니다. 지금 치료하지 않으면 계속 더 심각해질 겁니다." 환공은 아직도 자기 성격을 버리지 못하고 편작을 본 척 만 척했다.

다시 10일이 지나자 편작은 어김없이 다시 나타났다. 그는 환공을 보고는 한마디도 하지 않고 고개를 떨구더니 사라져버렸다. 그 모습이 너무 이상했기에 환공은 갑자기 초조해지기 시작했다. 그는 얼른 사람을 보내 편작이 왜 그런 것인지 물었다. 편작은 이렇게 대답했다. "예전에 병이 아직 피부에 미쳐 있을 때에는 열 찜질로 마사지만 하면 나을 수 있었습니다. 병이 근육 아래까지 파고들었을 때에는 침과 뜸을 놓으면 되었습니다. 병이 창자와 위에 미쳤을 때에는 약을 달여 먹으면 되었습니다. 이런 것들은 죄다 제가 고칠 수 있는 병이었습니다. 그런데 지금 병은 이미 골수까지 파고들어갔고, 이건 하늘의 뜻을 따라야 하는 영역입니다. 저는 아무런 손도 쓸 수가 없습니다. 그래서 환공에게 아무런 건의도 못 드린 것입니다." 5일이 지나자 환공은 몸의 통증과 불편함을 느끼기 시작했다. 얼른 편작을 찾았지만 편작은 이미 진秦나라로 도망쳐버린 후였다. 환공은 결국 병을 치료하지 못하고 죽고 말았다.

환공은 편작이 '나지도 않은 병'을 고치길 좋아한다고 비웃었지만, 이것이야말로 가장 중요한 도리다. 선견지명이 있는 사람만이 이렇게 할 수 있기 때문이다. 우리는 항상 역사적으로 수많은 어려운 일들을 해결한 위인들을 칭송하지만, "한 장군의 공훈 뒤에는 수많은 병졸의 비참한 죽음이 숨겨져 있다"는 말 같은 승리는 비참한 승리이며, 이런 승리의 대가는 너무나 혹독하다. 진정한 영웅이란 분명히 어떤 사건이 막 작은 징조만 보였을 때 손을 쓰는 사람이다.

사건이 막 싹트는 단계에서 문제를 해결할 수 있는 사람은 쉽게 승리할 수 있기 때문에 그를 아는 사람이 없다. 똑똑하다는 명예도, 칭찬을 할 만한 공로도 없다. 손자는 "전쟁을 잘하는 사람의 승리는 지혜롭다는 명예도, 용맹하다는 공도 없다"고 말했다. 춘추 시대에 '박애'와 '전쟁이 없는 평화'를 주장한 묵자가 바로 이런 전형적인 인물이다.

묵자는 초나라에서 구름사다리를 발명해 송나라를 공격하려 한다는 이야기를 듣고는 수고를 마다하지 않고 초나라로 달려가 이 일을 저지하며 인간의 도리에 근거하여 면전에서 초나라 왕과 공수반을 호되게 꾸짖었다. 또한 가죽 끈 하나로 구름사다리가 성을 공격할 때의 방어 전략을 시뮬레이션 해주며 초나라 왕과 공수반을 탄복케 했다. 결국엔 공손반이 자신을 죽이고 반대세력을 없애려는 궤계를 간파하고 초나라 왕이 송나라를 공격하려던 계획을 포기하도록 만들었다. 그러나 그가 임무를 완성하고 돌아가는 길에 송나라를 지나다가 마침 큰 비를 만났는데 성문지기는 그를 모른다는 이유로 성에 들여보내지 않았다. 후대 사람들은 이 일을 두고 탄식하며 "사람들은 신묘하게 다스리면 그 공을 모르고, 드러내게 다투면 알아준다"고 했다. 선제적인 기회를 이용해 문제를 처리하는 사람에 대해서는 그가 무슨 공로를 세웠는지 사람들이 알아주지 않는다. 오히려 사람들이 다 보도록 일부러 떠벌이며 문제를 해결하는 사람이 영웅이 된다.

편작은 사건의 발전과 변화 상황을 훤히 알고 있었기 때문에 예지와 선견이 가능했다. 하지만 비극의 발생까지 방지할 수 있었던 것은 아니기에 유감이 남는다. 묵자의 '쉽게 이기는 방법'은 공덕과 덕행 면에서 완벽하다. 그는 3가지 중요한 조건을 구비했기 때문이다. 우선 그는 시대상에 비통해하고, 백성의 질고를 불쌍히 여기는 마음이 있어 전쟁의 화를 없애기 위해 노력했다. 그다음 정확하고 투철한 견해로 이치를 치밀하게 분석했으며, 문제의 핵심을 파고들어 사람들이 마음으로 탄복하게 만들었다. 마지막으로 진정한 재능과 학식을 통해 상대방의 능력과 모략을 깨뜨릴 수 있었다. 이 3가지를 겸비해야만 '쉽게 이길 수 있는 지점에서 이기는 승리'라는 이상을 실현할 수 있다.

孫子兵法

《손자병법》에서 배우는 삶의 지혜

안에서 형성된 문제는 반드시 밖으로 드러나기 마련이다. 깊이 있는 내적 수양을 가진 사람만이 먼저 승리할 수 있는 실력이 있으며, 예상하여 승리할 수 있는 사유와 쉽게 승리할 수 있는 안목이 있을 때에야 적이 싸우지 않고 도망칠 수 있는 외형을 갖출 수 있다. 또한 자신을 보호하고 전승하는 상황 만들기라는 목적을 달성할 수 있다.

5.
기세 만들기:
역량이 뛰어난 사람은
남에게 강요하지 않는다

사마천의 탁월한 글재주에 힘입어 유방의 생애 전반부는 마치 신화소설처럼 변모했다. 그의 출생은 일반인과 달리 교룡이 유방 어머니의 몸 위에 올라타서 임신하게 되었다고 한다. 출생 후에는 높은 콧대와 용 같은 이마, 멋진 수염, 왼쪽 다리에 아로새겨진 72개 점 등의 신체적 특징이 있었으며, 자라나 성인이 되어서는 술과 미인을 좋아했지만 매번 술에 취했을 때 머리 위에 용 한 마리가 똬리를 틀었으며, 그가 가는 가게 모두 특별히 장사가 잘되어 나중에 가게 주인들이 그가 빚진 외상값도 받지 않았다고 한다. 정장을 할 때에는 역산까지 부역자들을 데리고 갈 때 부역자들이 중간에 도망쳐버리자 자신도 아예 가지 않고 다른 사람들마저 다 풀어주었다고 한다.

집으로 돌아가는 길에 흰 뱀이 길을 막자 유방은 검을 뽑아 그 뱀을 죽였는데, 이때 길 옆에서 할머니 한 분이 나타나 울면서 "적제가 백제를 죽였다"고 말하더니 바로 사라져버렸다고 한다. 이로써 유방은 자신의 남다른 운명에 더욱 자부심을 느꼈고, 추종자들 역시 더욱 그를 존경하고 두려워했다고 한다. 후에 진시황은 동남방에서 천자의 기운을 발견하고 자신의 제위에 악영향을 끼칠 것을 두려워한 나머지 직접 시골로 내려가 그 기운을 진압하려고 했다. 유방은 깊은 산골에 숨어 있었지만 여후는 매번 그를 쉽게 찾아냈다. 유방이 매우 이상하게 여기며 여후에게 어떻게 그렇게 쉽게 찾을 수 있는지 묻자 여후는 이렇게 말했다. "별로 이상할 게 없는데요. 당신이 있는 곳 위에는 보라색 기운을 띤 상서로운 구름이 떠 있어서 단번에 알 수 있어요."

나는 사마천이 이런 신화를 믿었다고는 생각하지 않는다. 이런 글은 한눈에 유방의 세몰이가 수법이라는 것을 알 수 있다. 예전에 백성들을 속이기 쉬울 때에는 이런 신화를 통해 세몰이를 하고 정치적인 이익을 얻었다. 그냥 보기에는 우습기도 하지만 확실히 효과가 있다. 21세기가 되었지만 신의 힘으로 세몰이를 하는 수법은 여전히 힘차게 발전하고 있으니 참으로 울지도, 웃지도 못할 노릇이다.

전쟁에서 승리를 하기 위해 신을 만드는 것은 손자가 반대했지만, 기세 만들기에는 찬성했다. '기세 만들기'란 무엇일까? 볼 수 있는, 혹은 볼 수 없는 자원을 사용 가능한 역량으로 전환시키는 것을 말한다. 그러므로 기세 만들기는 주관적인 능력과 객관적인 조건이 창조하는 능력을 통합하는 것이다. 예를 들어 돌 하나를 놓아두면 아무런 힘을 발휘할 수 없지만, 돌을 힘껏 던지면 여기서 힘이 생긴다. 이 힘이 바로 주관적인 행동을 더해 생겨난 힘이다.

손자의 기세 만들기 수법에는 2가지가 있다. 첫째는 정석과 변칙의 전술로서 공수의 최적의 기회를 창조하는 것이다. 둘째는 속도, 거리, 고도라는 특징을 운용해 더 큰 파괴력을 창조하는 것이다.

—

정석과 변칙: 싸움은 정석대로, 승리는 변칙으로

손자는 "삼군의 병력이 적의 공격을 받고 패배하지 않는 것은 정석과 변칙을 적절하게 운용하기 때문이다"(〈세편〉)라고 했다. '변칙'과 '정석'은 적의 도전을 받아도 결코 실패하지 않을 수 있는 비결이 된다. 왜 변칙과 정석의 혼합이 이렇게 큰 힘을 발휘할까? 변칙과 정석은 도대체 무엇인가?

손자는 "모든 전투는 정석으로 싸우고, 변칙으로 승리한다"고 말했다. 정공으로 대결하되 승리를 할 때에는 변칙을 사용한다. 정공은 기본적인 전술을 사용하는 것이다. 마치 농구의 공수대형이나 바둑의 정석과 같이, 배우고 싶다면 지름길은 없고 반드시 한 걸음씩 기초를 쌓아가야 한다. 그러나 변칙은 이런 기본 전술을 사용할 때 상대방이 알아차리지 못할 변화를 주는 것이다. 예를 들어 두 군대가 정면대결을 할 때 갑자기 측면에 한 부대의 군병과 무기를 증가시킨다든가, 혹은 분명히 철수를 하는 중이었는데 갑자기 반격하여 상대가 손쓸 시간이 없는 혼란을 만드는 것을 말한다. 이것이 바로 변칙 공격이다.

변칙에 능한 사람은 끝없이 변화할 수 있다

변칙이 승리의 기회를 만들어낸다면 변칙을 어떻게 응용할까? 손자는 말했다. "변칙에 능한 사람의 변화가 무궁무진한 것은 하늘과 땅과 같으며, 다함이 없는 것은 강과 시내와 같다. 끝났다가도 다시 시작되는 해와 달이 바로 그러하다. 죽었다가 다시 살아나는 사계절이 바로 그러하다. 음계는 5개에 불과하지만 5음계의 변화는 헤아릴 수 없이 많아 다 들을 수 없다. 색채는 5가지에 불과하지만 5색채의 변화는 헤아릴 수 없이 많아 다 볼 수 없다. 맛은 5가지에 불과하지만 5가지 맛의 변화는 헤아릴 수 없이 많아 다 맛볼 수 없다."

변칙에 능한 사람은 하늘과 땅같이 변화가 무궁무진하며, 강과 시내처럼 끊임없이 흘러간다. 해와 달처럼 끝없이 순환하며 사계절처럼 반복적으로 교대된다. 궁상각치우는 5가지 음계일 뿐이지만 헤아릴 수 없이 많은 악곡을 만들어내 다 들을 수 없다. 홍황청백흑은 5가지 색채일 뿐이지만 천변만화하는 수많은 그림을 그려내 미처 다 감상할 수 없다. 시고 달고 쓰고 맵고 짠 맛은 5가지일 뿐이지만 다양한 요리를 만들어내 미처 다 맛볼 수 없는 많은 요리를 만들어내는 것과 같다.

손자가 말한 변칙의 비결은 바로 '조합'의 개념이다. 조합을 배우면 간단한 몇 가지 요소를 가지고도 무궁무진한 사물을 창조할 수 있다.

만일 우리가 이런 사물로 다시 조합을 해낸다면 가능성은 얼마나 많아질까? 밀크티에 벌꿀을 더하면 허니밀크티가 되고, 밀크티에 타피오카 펄을 더하면 버블티가 된다. 원나라 시대의 시인 마치원은 〈천정사天淨沙〉에서 다음과 같은 새로운 스타일의 시를 노래했다.

"말라버린 등나무 휘감은 고목나무, 황혼의 까마귀,

작은 다리 아래 흐르는 시내, 그 곁의 인가,

고색창연한 옛 도로에 부는 서풍, 비루먹은 말 한 마리.

서쪽으로 지는 석양,

그 하늘 끝, 애가 끊어지는 한 사람."

11가지 사물을 함께 조합하여 과거에는 없던 이미지를 만들어낸 것이다. 만물을 해체하여 다시 새로운 조합을 만든다면 창조물은 더 풍성해질 것이다. 마치 파블로 피카소가 사람을 해체하고 다시 끼워 맞춰 입체파 추상화를 창조한 것처럼 말이다. 이렇게 창조한 세계는 '갠지스강의 모래알'일 뿐이 아닐 것이다. 어떤 사람이 했다는 "아이디어도 사라질 것이며, 젊은 시절의 재능도 늙으면 사라진다"는 말은 어쭙잖은 생각이다.

변칙과 정석은 어떻게 함께 운용되나?

변칙을 응용하는 방법을 배웠다면 변칙과 정석을 혼합해 사용하는 방법을 이야기해야 한다. 변칙과 정석은 어떻게 함께 운용될까? 손자는 "전쟁의 기세는 변칙과 정석, 2가지에 불과하지만 변칙과 정석의 변화는 무궁무진하니 누가 이를 헤아릴 수 있을까?"라고 했다. 전쟁의 형세를 단 한마디로 정리한다면 바로 정석과 변칙, 2가지라고 할 수 있다. 하지만 이 2가지가 결합되어 생기는 변화는 무궁무진하다. 정석과 변칙을 교대로 사용하면 하나의 둥근 고리처럼 시작과 끝이 어디인지 종잡을 수 없게 된다.

앞에서 말한 정공은 기본 전술이지만, 변칙 공격은 이런 기본 전술을 사용할 때 변화를 주되 상대방이 알아차리지 못하도록 하는 것이다. 이런 변칙과 정공은 정해진 것이 아니다. '변칙'을 일단 적수가 알아차리면 바로 '정공'으로 변화된다. 반면 '정공'일지라도 상대방이 알아차리지 못한다면 '변칙 공격'이라고 할 수 있다.

예를 들어 농구에서 속공 레이업슛을 시도할 때 일반적인 상황에서는 곧바로 레이업슛을 시도하면 된다. 이것이 바로 '정공'이다. 그러나 상대방은 뒤에서 블로킹을 하려고 하기 때문에 페인트 동작을 해서 상대방을 속인 후에 골을 넣는 것, 이것이 바로 '변칙 공격'이다. 그러나 이런 방법을 두 번 사용하게 되면 상대방은 페인트 동작이 뒤따를 것이라는 것을 알아차리기 때문에 조금 시간차를 두고 슛을 막게 된다. 만일 처음에 사용했던 변칙을 이미 상대방이 알아차린 것을 모르고 첫 번째와 똑같이 페인트 동작 후 슛을 하려고 하면 수비수의 생각과 딱 맞아떨어지기 때문에 성공할 수 없다. 왜냐하면 변칙은 이미 모두 알고 있는 정석이 되었기 때문이다. 이것이 바로 손자가 말한 '변칙과 정석이 함께 운용된다'는 뜻이다. 이 원리를 알게 되면 변화의 방법은 무궁무진해진다.

야시장에서 옷을 파는 도로변 노점상 2명이 있었다. 둘 다 같은 옷을 파는데 가격이 달랐다. 각자 호객을 했지만 가격이 다르기 때문에 고객들은 모두 싼 가격의 노점상으로 몰려들었다. 잠시 후 싼 가격의 노점상은 너도 나도 옷을 사는 바람에 옷이 하나도 남지 않았고, 고객들은 비싼 가격의 노점상 주인이 장사를 할 줄 모른다고 비웃었다. 그러나 사실 그 둘의 행동은 짜고 치는 고스톱이었다. 일부러 가격차를 만들어 고객을 속인 것이다. 이렇게 상호 협조, 상호 지원하는 방식을 '변칙과 정석이 함께 운용되는 방법'이라고 할 수 있다.

당나라 태종은 "변칙을 정석 삼아 적이 정공이라고 여기게 되면 나는 변칙을 가지고 적을 공격할 것이요, 정석을 변칙 삼아 적이 변칙이라고 여기게 되면 나는 정공을 가지고 적을 공격할 것이며, 한데 섞어 하나가 되게 해서 적이 예측할 수 없도록 하겠소"라고 말했다. 변칙을 정공처럼 사용하면 상대방은 정공이라고 여길 것이다. 그럼 변칙을 응용해 상대방을 공격할 수 있다. 반대로 정공을 사용하고 있지만 상대방의 눈에는 변칙인 것처럼 비춰질 수 있다면 나는 계속 정공을 이용해 그를 공격할 것이다. 정공과 변칙 공격을 함께 사용하면 적의 혼을 빼놓을 수 있다.

장사하는 사람들은 물건을 팔 때 사람들이 항상 작은 이익이라도 놓치지 않으려 하고 체면치레를 하려는 본성을 이용한다. 예를 들어 길에서 수박을 파는 노점상에서 아주 큰 글씨로 수박 1개에 2,000원이라고 써놓으면 멀리서 볼 때 수박이 진짜 싼 줄 알고 사러 온다. 그렇지만 가까이서 보면 품질이 아주 나쁜 수박 1~2개만 2,000원이고 나머지 수박의 가격은 놀라 자빠질 정도로 비싸다. 하지만 이미 수박 노점상까지 제 발로 찾아왔는데 비싸다고 안 산다면 다른 사람이 자신을 작은 돈에 연연하는 사람이라고 비웃을까 봐 체면을 생각해 약간의 수박이라도 사게 된다. 이것이 바로 "변칙을 정석 삼아 적이 정공이라고 여기게 되면 나는 변칙을 가지고 적을 공격할 것이요"라는 수법이다.

배구에서 공격 찬스를 가진 팀은 항상 전위의 공격수들이 함께 높이 점프해주는 모습을 볼 수 있다. 그들은 다 강 스파이크를 할 것 같은데, 결과적으로 공격은 다른 사람이 하게 된다. 이것이 바로 "변칙을 정석을 삼아 적이 정공이라고 여기게 되면 나는 변칙을 가지고 적을 공격할 것이요"라는 원리다. 그러나 만일 상대방의 전위가 페인트를 알아차리고 블로킹을 할 준비를 하지 않고 뛰지 않을 때 이번에는 정말로 우리 팀에서 첫 번째 점프한 선수가 순간적으로 스파이크 공격을 실시한다면 이것이 바로 "정석을 변칙 삼아 적이 변칙이라고 여기면 나는 정공을 운용해 적을 공격할 것이요"라는 원리다.

변칙과 정석의 혼합 운용에는 대단한 원리가 숨겨져 있다. 척계광이 "손자의 말은 선종의 선문답보다도 가르침이 더 뛰어나다"고 말한 것이 일리가 있다. 악비는 "먼저 진형을 갖춘 후 전쟁을 하는 것이 병법에서 일반적인 모습이나, 운영의 묘는 마음에 담겨져 있다"고 말했다. 정석으로 대결하는 것, 이것이 일반적인 모습이다. 그러나 정석과 변칙을 알고 정석과 변칙을 함께 운용하는 이런 기발한 응용은 장군의 마음속에 자리 잡고 있다. 만일 이정이 말한 대로 "정공을 완전히 배제하지 않고, 변칙도 완전히 배제하지 않기 때문에 적이 전혀 예상 못 합니다. 고로 정공을 써도 이기고, 변칙을 써도 이기게 됩니다"라는 수준까지 오르게 된다면 정석과 변칙의 운용은 완전히 무르익게 된다.

정석과 변칙의 혼합 운용은 승기를 잡는 데 매우 큰 역할을 한다. 하지만 한 가지 명심해야 할 것은 실력이야말로 변칙이나 정석의 힘을 지지해줄 수 있는 가장 큰 방패가 된다는 점이다. 농구 경기처럼 정석과 변칙의 운용을 통해 상대방을 속이고 슛을 할 절호의 기회를 잡았다 하더라도 결국 슛을 넣지 못한다면 절반의 성공일 뿐 아닌가? 이것이 의의가 있을까?

—

속도: 마찰력을 피하라

정석과 변칙을 함께 운용해 공수에서 절호의 기회를 만들면 우리 팀은 충분히 실력을 발휘할 수 있다. 이것이 손자가 말한 기세 만들기의 첫 번째 형태다. 그러나 그 외에도 속도, 거리, 고도를 운용해야 역량을 효과적으로 발휘할 수 있으며, 심지어 능력이 배가되는 상승효과를 볼 수 있다.

우선 속도에 대해 살펴보자. 손자는 "물에 충격을 가해 질주하도록 하면 돌까지 떠가게 만들 수 있는데 이것이 바로 기세다"라고 했다. 부드러운 물에 빠른 속도라는 충격을 가하면 그 힘은 무거운 돌까지도 떠오르게 만든다. 이것이 바로 기세다. 운동에너지=$\frac{1}{2}mv^2$, 만일 속도가 0이라면 아무리 큰 질량이라도 에너지를 발휘할 수 없다. 전장에서 속도를 강조하는 것도 틀린 말이 아니다.

속도가 빠르면 힘이 발생되지만, 이때 저항이 발생되는 것도 피할 수 없다. 그래서 손자는 "기세를 만드는 데에 능한 장수는 전쟁에서 군인들을 나무나 돌 굴리듯이 사용한다. 나무나 돌의 특성은 평평한 곳에서는 멈추고, 가파른 곳에서는 움직인다는 것이다. 네모난 것은 쉽게 정지하며 둥근 것은 쉽게 굴러간다"고 했다. 기세를 운용하는 것은 나무나 돌을 굴리는 것과 동일하다고 말한다. 나무와 돌은 특성상 안정적인 곳에 두면 움직이지 않지만 가파른 곳에 두면 굴러가게 된다. 또 네모난 형태는 움직이지 않지만 둥그스름한 형태는 움직인다. 네모난 형태는 접촉면이 넓어 마찰력이 크기 때문에 속도가 빨라질 수 없다. 반면 둥근 형태는 지면에 접촉하는 면적이 적어 마찰력도 작기 때문에 속도가 빨라진다. 그러므로 속도가 빨라지려면 마찰력을 피하고 저항을 최소화해야 한다.

춘추 시대, 제나라에는 규와 소백이라는 두 공자가 있었는데, 제나라에 내란이 발생한 연고로 두 사람은 각각 노나라와 거나라에 은둔하며 기회를 기다리고 있었다. 당시 노나라는 예악의 나라로 예의규

범이 많았고, 거나라는 소국으로 번거롭고 불필요한 예절이 없었다. 그래서 제나라 정권에 공백이 생겼을 때 누가 더 빨리 귀국해 정권을 차지하느냐로 속도전을 벌였는데, 결과적으로 노나라의 공자 규는 예의범절 등 방해요소가 너무 많아 곧바로 귀국할 수 없었던 탓에 소백에게 기회를 빼앗기고 말았다. 이 소백이 역사상 유명한 제나라 환공이 되었으니, 이는 "네모난 것은 쉽게 정지하며 둥근 것은 쉽게 굴러간다"는 말의 좋은 예다. 큰 회사의 정책 결정 속도는 때때로 새로 시작한 작은 회사만 못할 때가 있다. 큰 배가 방향을 전환할 때에는 쾌속정만큼 민첩하지 못한 것도 바로 이런 이유 때문이다.

마찰력이 속도에 영향을 미치듯, 무엇이 우리의 저항이기에 우리를 붙들고 발걸음을 늦추며 성큼성큼 걸어갈 수 없게 하는가? 3가지 주요 원인이 있다. 폐쇄적인 사고, 감정적인 고집, 절제하지 않는 욕망이 바로 그것이다. 시야가 좁고 사고가 폐쇄적이면 스스로에 한계를 두기 때문에 자연히 시야가 좁아지게 된다. 시야가 우물 안 개구리 같다면 이 편협한 세계를 어떻게 벗어날 수 있을까? 감정적인 고집을 버리지 않으면 스스로 편안해질 수 없다. 타인을 용납할 수 없고 자기 잘난 척만 한다. 관계가 좋은 사람이 하나도 없는데 어떻게 일들이 순조롭게 진전될 수 있겠는가? 욕망을 극복하지 못하면 스스로 자신의 손발을 결박하는 것이나 마찬가지다. 다른 사람이 굳이 그의 길을 막을 필요가 있을까?

손자는 "네모난 것은 쉽게 정지하며, 둥근 것은 쉽게 굴러간다"는 말로 마찰력 제거의 중요성을 비유했다. 우리 인생에서 세상에 승리할 힘찬 기세를 창조하기 위해 중요한 지침이 아닐 수 없다.

—

거리: 가까워야만 한다

손자는 "사나운 새가 엄청난 충격력으로 날아오면 사냥감을 찢고 잘라낼 수 있으니 이것이 절도다"라고 했다. 맹금류의 충격력은 매우 커서 심지어 사냥감을 갈기갈기 찢어발길 정도인데, 이것이 바로 거리가 만들어내는 힘이다. 우리가 만들어낸 기세를 준비 과정에서 소모해서는 안 된다. 마치 농구를 하는 사람은 하프코트에서 슛을 던지지 않고, 야구선수는 타격점을 맞추는 것이 얼마나 중요한지 알며, 투자자 역시 매매의 시기를 파악하고 있는 것처럼 말이다. "강력한 쇠뇌로 쏜 화살이라도 사정거리가 다하면 노나라 지방에서 생산하는 얇은 비단조차 뚫을 힘이 없다"는 말이 있다. 쓸데없이 길에서 힘을 낭비할 필요가 없다.

속도와 거리는 종종 하나로 구현된다. 속도는 빠르지만 거리를 정확하게 측정하지 않았다면 제대로 힘을 발휘할 수 없다. 초원의 표범은 비록 속도는 놀랄 만큼 빠르지만 장거리의 가속도를 이기지 못하기 때문에 사냥감을 추격할 때 반드시 가장 좋은 시기를 기다렸다가 거리를 정확하게 측정한 다음에야 전력 질주한다. 운동선수는 중요한 시합을 위해 자신의 훈련 계획을 조정하여 제일 마지막에 가장 좋은 컨디션을 유지할 수 있도록 기다릴 줄 안다. 인생길의 계획 역시 단번에 성취되는 것이 아니다. 준비기간은 매우 길지만 실제 활약하는 시간은 매우 짧다. 단숨에 유명해지고, 일거에 성공할 수 있는 것이 모두 같은 원리다.

손자는 말했다. "잘 싸우는 사람을 보면 그 기세는 험하고, 공격의 절도는 짧고 빠르다. 기세는 마치 힘껏 잡아당긴 활처럼 충분한 힘을 품고 있고, 절도는 그 활에서 발사된 화살처럼 순식간에 뻗어 나온다." 기세 만들기는 화살을 발사하는 것과 같다. 우선 활을 힘껏 잡아당겨 둥글게 만들어야 한다. 힘껏 잡아당긴 활에는 강력한 힘이 내재되어 있다. 한번 쏜 화살은 다시 거둬들일 수 없다. '쏘아버린 살'이란 말처럼 되돌릴 수 없기에 반드시 백발백중해야 한다. 손자는 힘껏 잡아당긴 활에 비유하며 전쟁은 모두 최선의 상태와 빠른 템포, 근거리를 보장할 수 있어야만 시작할 수 있다고 말했다. 즉, 절체절명의 순간까지 기다린 뒤에야 방아쇠를 잡아당기는 것이다.

—

고도: 감제고지의 경쟁 우위

손자는 말했다. "전쟁을 잘하는 사람의 기세는 아주 높은 산에서 둥근 돌을 굴려버리는 것 같으니 이것을 기세라고 한다." 돌을 굴리는 것은 행동을 개시하는 것이다. 둥근 돌은 쉽게 굴러가는 돌이다. 아주 높은 산은 까마득하게 높은 산이다. 기세를 이용할 줄 아는 사람은 높은 산에서 둥근 돌을 굴려버리는 것처럼 거대한 충격력을 창조할 줄 안다.

손자는 높은 것을 좋아하고 낮은 것을 싫어했다. 높은 곳에서 위치에너지가 생기고, 높은 곳을 올라 멀리까지 조망할 수 있으며, 높은 곳에서 굽어다 볼 수 있는 것, 이 모두가 높이의 장점이기 때문이다. 오늘날 전쟁이론은 공중전까지로 발전했다. 이탈리아의 군사가 줄리오 두에는 '제공론'을 제기했으며, 각국 역시 많은 힘을 써가며 하늘 밖 우주로까지 군사력을 발전시키고 있는 것은 손자와 같은 가치관을 가지고 있기 때문이다.

한비는 말했다. "재능이 있지만 높은 신분이 없다면 아무리 현명하고 능력이 있는 사람이라도 무뢰배들에 대해 어쩔 도리가 없다. 그러므로 한 척짜리 나무를 높은 산에 심어도 깊은 계곡을 굽어볼 수 있다. 나무 자체의 높이가 높기 때문이 아니라 나무가 높은 위치에 있기 때문이다." 정치적인 위치에만 이런 효과가 있는 것이 아니다. 각 영역의 오피니언 리더들은 감제고지를 차지함으로써 영향력을 발휘하고 있다. 공자, 노자, 석가모니는 그들 사상의 고도를 통해 우리가 인생의 각종 위기를 벗어날 수 있도록 인도한다. 이백, 소동파, 셰익스피어의 시가 얼마나 많은 고독한 영혼들을 위로했던가? 달라이 라마는 비록 해외에서 망명생활을 이어나가고 있지만 그의 일거일동은 무수한 사람들의 신앙을 이끌고 있으며 경제학자, 과학자의 천금처럼 귀중한 한마디는 생명의 고도에서 창조해내는 영향력이다.

손자는 "잘 싸우는 사람은 기세를 추구하지, 병사들을 책망하지 않는다. 그러므로 사람을 택하여 유리한 기세를 마음대로 이용하게 한다"고 말했다. 잘 싸우는 장수는 어떻게 해서든 승리에 유리한 판세를 창조하지, 병사들에게 끊임없이 강요하지 않는다. 그러므로 그가 창조한 판세 속에서 병사들은 모두 적재적소에서 팀을 위해 공헌하면서도 과부하를 느끼지 않는다. "잘 싸우는 사람은 기세를 추구하지, 병사들을 책망하지 않는다"는 말은 손자가 독립된 장을 만들어 〈세편〉을 이야기한 주요 원인이며, 이는 현대의 지도자들에게 또 다른 시각을 제공해준다.

손자의 기세는 전술의 정석과 변칙에서부터 속도, 거리, 고도의 사용까지 이야기했으며, 이는 주관 및 객관적 조건을 결합해 승리를 창조하는 비결이 된다. 신화에만 빗댄 기세 만들기와는 비교할 수가 없다. 더욱 중요한 점은 손자가 전술에만 힘을 쓴 것이 아니라 천지 만물의 에너지를 이용해 역량을 극대화하도록 한 방법을 더욱 중시했다는 것이며, 이 점은 더욱 배울 만한 가치가 있다.

孫子兵法

《손자병법》에서 배우는 삶의 지혜

목표에 가까웠을 때에만 싸워야지, 길에서 힘을 낭비해서는 안 된다. 잘 싸우는 사람은 기세를 추구하지, 병사들을 책망하지 않는다. 잘 싸우는 장수는 어떻게 해서든 승리에 유리한 판세를 창조하지, 병사들에게 끊임없이 강요하지 않는다.

6.
무형: 가장 먼 길이
나는 너를 알지만 너는 나를 모르는 길

정나라의 계함이라는 점쟁이는 사람의 생사를 잘 알아맞혔다. 열자는 그에게 심취하여 호자에게 말했다. "처음에 저는 선생님의 도가 최고라고 생각했는데 이제 보니 선생님보다 더 뛰어난 사람이 있었네요." 호자가 대답했다. "너는 껍데기만 배우고 알맹이는 배우지 않았기 때문에 단번에 다른 사람에게 속이 다 들통 나는 것이다. 어디 그를 데려와서 내 관상을 보게 하려무나."

계함이 오자 3일 동안 호자는 3가지 형상을 보여주었다. 첫째 날은 생명의 흔적을 감춘 모습, 둘째 날은 생기가 충만한 모습, 셋째 날은 음양이 변화하는 모습을 보여주었지만 계함은 모두 알아차렸다. 첫째 날, 계함은 열자에게 말했다. "자네 선생님은 생명을 구할 방법이 없네." 둘째 날은 "자네 선생님은 운수 좋게 나를 만나 또 생명을 구하게 되었네"라고 했다. 셋째 날은 "자네 선생님은 오늘 음양의 기운이 이상하고 생명의 흔적도 불안정하군"이라고 했다. 넷째 날이 되자 호자는 자신의 형상을 숨겨버리고 사물에 따라 변화해버렸다. 그러자 계함은 호자가 온데간데없이 사라진 모습에 혼비백산하여 멀리멀리 도망쳐버렸다.(《장자·응제왕 應帝王》)

호자는 4가지 모습을 보여주며 열자에게 '유형'과 '무형'의 차이점을 분별하도록 가르치고, 유형이 어떻게 변화되며 어떻게 식별되는지 주의를 주었다. 오직 무형만이 상대방에게 확실히 발견되지 않을 수 있다. 그러므로 수행의 중점은 유형에 대한 탐구가 아니라 무형의 경지를 더욱 심화하는 데에 있다.

—

아무리 똑똑해도 예측 불가

이 도리는 경쟁의 장에서도 마찬가지다. 유형의 수단은 모두 꿰뚫을 수 있는 길이 있지만, 무형은 상대방도 힘점을 찾을 수 없다. 그래서 손자도 "무형이면 가장 뛰어난 간첩이라도 탐지할 수 없고, 아무리 지혜로운 사람이라도 전략을 도모할 수 없다"고 했다. 무형의 경지에 이르면 가장 뛰어난 스파이도 알아차릴 수 없고, 가장 똑똑한 사람이라도 당신에 대해 손 쓸 방법이 없게 된다. 손자는 또한 "세미하구나. 세미하기가 지극해 형체도 사라졌다. 신기하구나. 신기하기가 지극해

소리까지 사라졌구나. 그러므로 능히 적의 생명을 좌지우지할 수 있도다"라고 했다. 무형無形과 무성無聲을 해낼 수 있다면 적이 나를 알아차리지 못할 뿐 아니라 적의 생사까지 좌지우지할 수 있다. 이것이 바로 '무형'의 가치다.

무형이란 무엇인가? 형태가 없다는 것인가? 절반은 맞았다. 비록 형상은 있지만 적이 침투할 수 없는 것 역시 무형이다. 그러므로 무형의 관건은 형상이 있고 없고가 아니라 상대방이 예측할 수 있고 없고의 여부에 달려 있다. 손자는 "사람들은 모두 내가 승리할 때의 모습은 알고 있지만, 내가 어떤 방법으로 승리의 모습을 만들어냈는지는 모른다"고 말했다. "모든 사람이 내가 승리하는 모습은 보았지만, 내가 이 승리의 모습을 어떻게 설계했는지를 아는 사람은 없다."

손자는 〈구지편〉에서 무형을 4가지 면에서 이야기했다. "군사와 병졸의 귀와 눈을 가려 군사들이 알지 못하게 하며, 행동을 자주 수정하고 전략을 새롭게 함으로써 어떤 것도 알아차리지 못하게 한다. 주둔지를 자주 바꾸고 진군하는 길은 우회하므로 의도를 알 수 없도록 만든다. (중략) 병사들은 마치 양을 치듯 몰아서 갔다가 다시 몰아서 오므로 어디로 가는지 알 필요가 없다."

모든 전쟁에는 수많은 전략이 필요하며, 상황은 천변만화하기에 완벽하게 설명을 해주기란 어렵다. 무엇보다 전장은 적과 지혜를 겨루는 곳이기에 어떤 것은 함부로 말할 수 없다. 게다가 전장의 험악함을 사실대로 이야기한다면 병사들은 공포에 사로잡힐 뿐 아니라 이렇게 큰 압박을 견뎌내기 어렵다. 그러므로 장군은 반드시 이 모든 것을 혼자 감당하며 병사들에게는 행동과 임무만을 가르쳐줄 뿐 행동의 원인과 일어날 수 있는 위험에 대해서는 함구한다. 여기서 '병사들이 정확한 상황을 알지 못하게 한다'는 것은 우민정책이 아니라 말을 할 수 없는 상황이라는 뜻이다.

전장의 변화에 근거하여 장군은 반드시 적의 변화에 따라 승리를 만들어가야 하기 때문에 행동을 끊임없이 수정하고 변화시키며 전략을 부단히 새롭게 하면서 타인이 내 행동의 이유를 전혀 알 수 없도록 만든다. 그러므로 '어떤 것도 알아차리지 못하게 한다'는 것은 말할 필요성이 없다는 뜻이다. 어떤 곳에서 주둔하며 어떤 길로 행군을 할 것인가는 모두 장군이 당시의 상황에 따라 고려하는 상황이며 전체 전략의 일부로서 절대로 공개할 수 없다. 그러므로 '의도를 알 수 없도록 만든다'는 것은 말해서는 안 되는 당위성이 있다는 뜻이다. 마지막으로 반드시 양 무리를 치듯, 그들을 오라 하면 오고 가라 하면 가게 하되 어디로 가는지는 알 필요가 없도록 한다. 그러므로 '어디로 가는지 알 필요가 없다'는 장군이 전장을 완벽하게 통제하여 다른 사람들은 굳이 알 필요가 없게 만든다는 뜻이다.

'병사들이 정확한 상황을 알지 못하게 한다', '어떤 것도 알아차리지 못하게 한다', '의도를 알 수 없도록 만든다', '어디로 가는지 알 필요가 없다'라는 이 4가지 부정 구절의 대상은 자신의 병사에 대한 것일 뿐만 아니라 적의 병사를 포함하는 것이기도 하다. 이렇게 할 때에만 쥐도 새도 모르게 감쪽같을 수 있고, 진정한 무형을 실천할 수 있으며 전략을 순조롭게 실행할 수 있다.

하루도 못 되어 끝나는 전쟁

초한이 서로 다투던 시기에 한신이 조나라를 공격할 때 '무형'의 위력을 가감 없이 선보이며 하루도 못 되어 끝나는 전쟁을 창조했고, 사람들이 틈만 나면 꺼내드는 '배수의 일전' 고사를 남기게 되었다. 이 전쟁을 예로 '무형'을 운영한 훌륭한 과정을 분석해보도록 하겠다.

한신과 장이는 군병들을 인솔하여 조나라 침공에 나섰다. 이 전쟁에서 쌍방의 인원수는 큰 차이가 났다. 조나라의 군사는 20만 명이었지만 한신은 오는 길에 징발한 몇 만 명의 오합지졸이 전부였다. 게다가 조나라에는 2가지 강점이 있었다. 하나는 자기 근거지에서 싸우는 강점이었다. 한신은 먼 타국에서 싸우므로 양식과 보급이 필요했고, 조나라 군은 편안한 상태로 한신 군이 피로해지기를 기다리기만 하면 되었다. 또 다른 하나는 지리적인 우세였다. 조나라에는 정경구라는 천연적인 장애물이 있었다. 그곳은 마차가 지나가기도 매우 힘들며, 심지어 말이 머리를 나란히 하여 통행하기도 매우 비좁았다.

이 2가지 강점을 기초로 조나라 군사 광무군은 한신의 후방에서 양식을 약탈한 후 아군은 진지를 지키고 나가지 않은 채 원정군이 진퇴양난에 빠지도록 한다면 한신을 생포할 수 있다고 건의했다. 그러나

아깝게도 주장군인 성안군 진여는 이 생각이 병법에 부합하지 않다며 반대했다. 왜냐하면 한신은 소수의 병력이기 때문에 이는 '10배의 병력이면 포위하고 2배의 병력이면 싸우라'라는 말에 부합했기 때문이다. 게다가 원정군은 먼 곳을 행군해와 피로할 텐데 이는 병법에서 말한 '충실한 곳을 피하고 허술한 곳을 공격하라'는 원리를 적용할 수 있는 절호의 기회라고 여겼다. 이런 군대를 칠 용기조차 없다면 수많은 제후들이 나서서 자신을 겁쟁이라고 비웃지 않겠느냐고 생각했다.

한신은 조나라 주장 성안군이 이런 머리를 가진 위인이라는 첩보를 입수한 후 크게 기뻐했다. 기회가 온 것이었다. 그는 즉시 대군을 정경구 앞으로 몰아 주둔을 시키고 2,000명의 병사들을 파견해 한나라 깃발을 들고 측면의 샛길로 조나라 성 옆까지 전진해 대기하다가 조나라 군대가 성 밖으로 나오거든 틈을 타서 성안으로 들어가 깃발을 꽂도록 했다. 그리고 그는 장군과 사병들에게 이렇게 말했다. "오늘 조나라 군을 다 격파하고 같이 회식을 하자!" 장수들은 모두 믿을 수 없다는 눈치였다. 하루 안에 조나라 20만 대군을 격파한다니 말이 되는 이야기인가? 하지만 대장군에게 협력하여 천하에 둘도 없는 계획인 양 "좋습니다"라고 대답했다. 그리하여 부대는 대오를 만들기 시작했다.

한신은 우선 병사들을 강을 등진 곳에 포진시킨 후 자신이 출마해 조나라 군이 성 밖으로 나오도록 유인했다. 조나라 군은 한신의 배수의 진을 보더니 모두 크게 웃으며 한신은 병법에 문외한이라고 비웃었다. 왜냐하면 강물을 등진 것은 병법상의 '사지'를 선택한 것과 마찬가지였기 때문이다. 온 성에 있던 조나라 병사들이 다 쏟아져 나왔다. 한신은 일부러 지는 체하다가 강변으로 철수하여 배수진을 친 병사들과 함께 총공세를 벌였다. 한나라 병사들은 퇴각로가 없기에 하나같이 용맹스럽기 그지없었다. 얼마나 죽기 살기로 싸웠던지 조나라군은 버틸 재간이 없어 다시 성안으로 퇴각하려고 했다. 그러나 성을 보니 이미 한나라 국기가 가득 꽂힌 것이 아닌가? 그들은 조나라 왕이 이미 죽임을 당한 줄 알고 전열이 크게 흐트러지기 시작했다. 무수한 병사들이 죽거나 부상당하고 결국 성은 함락되었다. 주장군 성안군은 죽임을 당하고 조나라 왕은 포로로 사로잡혔다. 이 대단한 격전이 정말로 하루 안에 끝나버린 것이다.

전쟁이 끝난 후 모든 장수는 한신에게 온몸으로 엎드려 절을 드리고 싶을 만큼 탄복했다. 그들은 한신이 어떻게 병법에 어긋나는 진형을 구축할 수 있었는지 너도 나도 물었다. 한신은 "내가 사용한 것은 '죽을 곳에 빠뜨려야 후에 살아나고, 망할 곳에 던져놓아야 후에 생존하게 된다'는 도리라네. 병법에 있다네! 단지 제군들이 깨닫지 못했을 뿐이지. 내가 거느린 것은 오합지졸이었기 때문에 이 수를 쓰지 않으면 병사들은 최선을 다해 싸우지 않고 적군을 보자마자 도망갔을 테지. 그럼 전쟁을 하긴 다 글러먹었을 것이고."

어리둥절하던 뭇 장수들은 이 설명을 듣자 한순간에 살아 있는 한 수를 깨우치고, 한신은 용병술이 귀신같아 자신들은 뱁새가 황새 쫓아가는 것이나 마찬가지라고 너도 나도 칭찬했다. 한신의 이 전쟁은 손자의 '무형'의 위력을 구체적으로 보여주었다. "사람들은 모두 내가 승리할 때의 모습은 알고 있지만, 내가 어떤 방법으로 승리의 모습을 만들어냈는지는 모른다"라는 말처럼, 그는 적군은 물론 자신의 장수들에게까지 마음속 생각을 들키지 않았다. 적군은 물론 자신의 병사들도 자신이 만든 진형에 대해 부정했지만 그들의 눈앞에 보여주며 계획한 대로 승리의 전쟁을 벌였다. 그러나 한신이 전투 후에 설명했듯 그가 사용한 방법 역시 병법에 따른 것이지, 결코 그에게 특별한 구석이 있었던 것은 아니다. 한신은 아주 간단하게 설명했을 뿐이지만, 만일 특별한 구석이 없었다면 왜 한신은 생각해냈고 결과를 만들어냈는데 다른 사람은 생각하지도, 결과를 만들어내지도 못한 것인지 반문하지 않을 수 없다.

전부 다 고집이 부른 화

앞에서 성안군에 대해 말했다. 그 역시 병법을 읽었지만 옛것을 배우기만 할 뿐 소화시키지는 않았고 자기 체면 문제를 벗어나지 못했다. 이것이 그의 양대 치명상이었다. 손자는 "장군은 반드시 개인의 명예와 이익의 속박을 벗어나야 한다"고 일찍이 말한 바가 있다. "진격할 때에는 개인적인 명예를 구하지 말고, 후퇴할 때에는 죄를 회피하지 않는다." 사욕에 눈이 멀면 논리회로에 편차가 생기고 잘못된 판단을 하게 된다. 성안군은 20만 대군의 목숨을 지켜야 하는 사람으로서 자신에 대한 제후들의 평가에만 연연하고 20만 대군의 생명을 돌보지 않은 점이 첫 번째 문제였다.

두 번째 문제는 고집불통이었다. 그는 《손자병법》의 원리를 오해했다. 또한 자기 고집 때문에 군사 광무군의 건의를 귀담아듣지 않고 독불장군처럼 자기 생각만 주장했다. 그의 고집 때문에 한신은 공격의 실마리를 찾을 수 있었던 것이다. 한신이 감히 배수의 진을 친 것도 '네 놈 성안군이 내 생각을 꿰뚫어 볼 수 없을 것'임을 알아차렸기 때문이다. 이 점이라면 손자가 장군에 대해 일찍이 경고한 바가 있다. 손자는, 고집은 일개 장군이 실패하게 되는 주요 원인이라고 봤다.

손자는 말했다. "장수에게는 5가지 위기가 있다. 반드시 죽겠다는 마음에 사로잡히면 유혹을 당해 죽고 만다. 반드시 살아야겠다는 생각에 사로잡히면 포로로 잡히고 만다. 쉽게 분노하면 업신여김을 당할 때 경거망동하다가 자멸한다. 청렴하다는 명성을 너무 사랑하면 모욕을 당하는 것을 참을 수 없어 이성을 잃어버린다. 백성을 너무 사랑하면 이로 인해 번민하다 함정에 빠진다. 이 5가지는 장군이 범할 수 있는 실수요, 전쟁의 재앙이 된다. 군대의 전몰, 장수의 살상은 모두 이 5가지 치명적인 위기로 초래되는 것이므로 장수된 자는 십분 경계하지 않을 수 없다."(〈구변편〉)

장수가 반드시 죽겠다는 결심을 하면 무슨 일을 하든 죽어야 할 길로만 보이게 마련이다. 그래서 쉽게 유혹되어 죽임을 당하고 만다. 만일 그가 죽는 것은 두려워하고 살기에만 급급해한다면 눈에 도망칠 길만 보이게 되므로 쉽게 유혹에 빠져 죽임을 당하게 된다. 만일 화를 잘 내는 성격이라면 적이 감정적으로 격노케 하여 제거시킬 수 있다. 만일 명예를 매우 사랑한다면 명예가 더럽혀지는 날에 반드시 사람들에게 자기 결백을 주장하느라 바빠 중요한 사안을 심사숙고할 시간은 없을 것이다. 만일 사랑이 많은 사람이라면 병사가 괴로움을 당하는 것을 참을 수 없어 수단과 방법을 가리지 않고 병사만 구하려 할 것이다. 적은 분명히 쾌재를 부르며 이런 함정을 만들어 그를 지치게 만들 것이다. 이런 5가지의 특징을 비록 약점이라고 할 수는 없지만 일정한 사고방식으로 굳어지게 되면 이것이 바로 적이 공격하는 목표가 된다.

성안군이 그러했다. 하지만 그의 군사 광무군은 달랐다. 그가 제시한 대책은 매우 구체적이며 실행 가능했지만 안타깝게도 결정권이 없었던 탓에 채택되지 못했다. 그래서 성안군이 광무군의 건의를 채택하지 않았다는 이야기를 한신이 들었다는 대목을 기재하며 사마천은 '크게 기뻐했다'는 표현을 사용했다. 광무군과 영웅 한신은 생각이 비슷했기 때문이다. 만일 성안군이 광무군의 생각을 채택했다면 아마도 한신 역시 코를 만지작거리며 새로운 작전 구상에 여념이 없었을 것이다. 역사에 길이 남을 이 멋들어진 '배수의 일전'도 존재하지 않았을 것이다. 그래서 훗날 전쟁이 끝나자 한신은, 광무군은 죽이지 말라는 명령을 내리고 그를 선생님으로 대우했다. 그러자 광무군은 진심으로 한신을 도와 연나라를 공격할 전략을 짜주었으니, 이것은 뒤에 나오는 이야기다.

적의 특성에 따라 만들어내는 승리

다시 돌아와 한신을 살펴보자. 이 전투에서 한신이 보여준 가장 큰 장점은 선입견 없이 객관적인 상황에 따라 자신의 전술을 결정했다는 점이다.

우선 그는 성안군이 광무군의 건의를 듣지 않기를 기다린 후에야 자신의 공격 계획을 시작했다. 그다음으로 그는 성안군의 특성에 근거한 공격 전략을 설계했다. 그리고 아군 병사의 특성에 따라 배수진을 계획했다. 이런 전략이 바로 손자가 말하는 '적을 이용한 승리'이며, 호자가 보여준 자기를 숨기고 사물에 따라 변화하는 방법이다. 손자의 이 개념은 물에서 영감을 얻은 것이다.

손자는 말했다. "물은 지형에 따라 흐름을 만들고, 병사는 적에 따라 승리를 만들어낸다. 그러므로 군사에는 고정된 기세가 없고, 물에는 고정된 형태가 없다. 적에 따라 변화하여 승리를 거두는 장군을 신이라고 부른다."(〈허실편〉)

물의 흐름은 지형을 따라가지, 자기 마음대로 가지 않는다. 그러므로 전쟁 역시 선입관을 가지고 대할 것이 아니라 객관적인 환경의 변화에 따라 응전의 전략을 선택해야 한다. 손자는 이런 개념을 가진 사람이야말로 '신'이라 부를 수 있다고 말했다. 한신은 '무형'을 해냈기에 각각의 적의 특성에 따른 승리를 만들 수 있었으며, 입신의 경지에 이르러 적의 운명을 주재할 수 있었다.

자기 스타일이 없는 스타일

피카소는 이렇게 말한 적이 있다. "어릴 때 엄마는 '네가 병사가 된다면 넌 장군감이다. 네가 성직을 하게 된다면 넌 교황감이다'라고 했습니다. 하지만 난 화가가 되고 싶었죠. 그래서 피카소가 되었습니다!" 이 말에서 우리는 장군과 예술가의 연결고리를 찾을 수 있다. 알고 보니 장군과 예술가가 될 수 있는 기본 소양은 동일한 것이었다. 우리는 피카소가 변화에 능수능란한 예술가라는 것을 잘 알고 있다. 그는 스타일이 너무 많이 바뀌어 미처 주의해서 관찰할 여유도 주지 않는 스타일이다. 어떤 점이 그를 이런 사람으로 만들어주었을까?

피카소는 말한다. "근본적으로 보았을 때 나는 어쩌면 화풍이 없는 화가일 수도 있습니다. 화풍이라는 것은 예술가를 매년, 심지어 평생 동안 같은 시각과 기술과 양식 안에 가둬둘 수도 있는 것입니다. 내가 이렇게 빨리 변화하고 이동하기 때문에 당신은 지금 이 시각 나를 보지만 나는 이미 변화되어 다른 곳으로 가게 됩니다. 절대 한곳에 머물러 있으려 하지 않는 나의 이런 특징 때문에 저는 화풍이 없는 것입니다."

스타일이 없는 것이 피카소의 스타일이 되었다. 이 스타일 없는 스타일이 바로 손자 대장군의 스타일이요, 바로 '무형'이다. 피카소의 어머니가 피카소는 장군이 될 수도 있고, 교황이 될 수도 있다고 한 말이 빈말이 아니었다. 사실 우리가 무형이 되고, 자기 스타일을 고수하지 않고 내려놓는다면 무슨 '~가'가 되든, 무슨 '~사'가 되든 그건 자기 마음이다.

어떤 사람이 "당신 그림을 어떻게 알아볼 수 있죠?"라고 묻자 피카소는 "새가 우는 소리를 들어본 적이 있나요?"라고 반문했다. "들은 적있어요." "듣기 좋았나요?" "네, 듣기 좋았죠." 그러자 피카소가 물었다. "그럼 알아들을 수 있었나요?" 만일 손자에게 말한다면 우리는 "무형이라니, 왜 이렇게 알아듣기가 어려워요?"라고 반문할 것이다. 그럼 그는 아마 피카소와 똑같은 대답을 들려줄 것이다.

《손자병법》에서 배우는 삶의 지혜

인생 수행길의 중점은 유형에 대한 탐구가 아니라 무형의 경지를 더욱 심화하는 것이다. 어떤 일이든 선입관을 가지고 대할 것이 아니라 객관적인 환경의 변화에 따라 응전의 전략을 선택해야 한다. 손자는 이런 개념을 가진 사람이야말로 '신'이라 부를 수 있다고 말했다.

7.
이해관계: 당신의 장점, 결점, 특기는
적의 눈에는 전부 약점일 뿐

나무 위에 앉아 있는 까마귀의 입에 치즈 한 조각이 물려 있었다. 나무 밑을 지나던 여우는 이 모습에 군침이 절로 흘렀다. 그리하여 나쁜 꾀를 생각해낸 여우가 목청껏 까마귀를 칭찬하기 시작했다. "네 깃털은 세상에서 제일 아름다워. 네 몸매는 세상에서 제일 날씬해. 만일 네 목소리까지 쟁반에 굴러가는 옥구슬이라면 넌 새들 중에서 가장 완벽한 공주일 거야." 까마귀는 기분이 좋아 하늘로 붕붕 떠다닐 것 같았다. 그래서 두말없이 큰소리로 노래를 부르기 시작했다. 결과는 이야기 안 해도 뻔한 사실! 치즈는 여우의 입속으로 '뚝!' 떨어졌고, 여우는 기쁜 마음으로 한 끼를 배불리 해결했다.

다시 며칠이 지나 똑같은 장면이 또 연출되었다. 까마귀는 여우를 보면서 마음속으로 경계에 또 경계를 했다. '이 못된 여우, 내가 다시는 속지 않는다.' 그러나 교활한 여우는 이번에는 친절한 웃음을 싹 거둬버리고 다짜고짜 까마귀에게 막말을 했다. "머리부터 발끝까지 연탄재 같은 깃털에, 못생기고 불길한 새가 목소리까지 귀청 찢어질 것 같으니 정말 못 들어주겠네!" 화가 머리끝까지 난 까마귀는 부들부들 떨며 입을 벌려 여우에게 반격을 시작했다. 그런데 결과는? 지난번과 똑같았다! 치즈는 또 여우의 입속으로 '뚝!' 떨어졌다. 다른 사람의 칭찬을 듣기 좋아할 때와 나쁜 말을 듣기 싫어할 때 결과는 모두 치즈를 잃어버리게 되었다.

손자는 말했다. "잘 싸우는 사람은 적이 움직이도록 만들지, 적에 의해 움직이지 않는다. 적이 스스로 찾아오도록 만드는 것은 이익이며, 적이 다가오지 못하도록 만드는 것은 손해다."(〈허실편〉)

잘 싸우는 장수는 적을 움직이게 만들지만 적에 의해 움직여지지 않는다. 이해관계는 적을 움직이게 만들 수 있는 가장 좋은 무기다. 이익에 이끌리면 오라고 하지 않아도 제 발로 찾아오고, 심각한 해가 도사리고 있다는 것을 알면 오라고 해도 절대 오지 않는다. 이것이 바로 인간의 천성이다. 전장에서도 이해관계를 깨닫고 이해를 운용할 줄 안다면 적은 내 지휘봉 아래서 내가 하라는 대로 지휘에 맞춰 춤을 추게 된다.

손자의 전술 운영은 이런 기초 위에서 이루어진 것이다. 그는 "군대는 모략으로써 성공하며, 이익으로써 적을 움직이고, 분산과 통합으로 수단을 변화시킨다"고 했다. 전술의 운용은 이 3가지를 벗어날 수 없는데 하나는 모략을 사용하며, 또 하나는 분산과 통합의 변화를 알아야 하고, 또 다른 것은 바로 이익을 통해 적을 움직이는 것이다. 그는 또 "적을 잘 움직일 줄 아는 사람은 시비를 알 수 없는 상황을 만들면 적이 반드시 따라오게 된다. 이익을 주면 적은 반드시 이를 취하러 온다. 이익으로써 적을 움직이게 하고 아군은 복병으로 기다렸다가 싸운다"고 했다. 적이 당신의 느낌대로 따라오길 원하고 당신에게 구하고 취하길 원하게 된 것은 이익이 그를 움직였기 때문이다.

—

한 손에는 당근, 한 손에는 채찍

남북조 시기의 양나라와 북위의 전투에서 양나라의 장군 구지는 양나라에서 북위로 투항한 진백지 장군에게 항복을 권고하려 했다. 그는 항복 권고서를 한 통 썼는데, 편지의 앞부분에서는 우선 논리적으로 진백지에게 양나라야말로 정통 왕조이며 북위는 사람으로서는 못할 짓만 골라 하는 번국임을 알려주었다. 편지의 뒷부분에서는 감정에 호소하여 '고향의 늦봄 3월이면 장강 남쪽은 풀들이 자라고 온갖 꽃들과 나무들이 피어나며 꾀꼬리 떼들이 사방에서 날아다니는 풍경'으로 그의 향수를 자극했다. 또한 이익으로써 그를 유혹하여 진백지가 돌아오기만 한다면 큰 관직을 하사하고 대대손손 자손들에게 이 관직을 물려줄 수 있다고 했다.

편지 말미에서는 한 손에는 당근, 한 손에는 채찍이라는 수법도 잊지 않았다. 권세로서 그를 위협하며 "현재 황제께서 위엄과 이름을 널리 알리고 계시며 각국에서 앞다투어 조공을 드리러 오는 길인데 북위만 홀로 험한 지형만 믿고 완강한 저항을 하고 있다. 그러나 얼마 지나지 않아 멸망할 것은 불 보듯 뻔한 일이니 얼른 똑바로 생각을 고쳐먹고 어둠을 벗고 광명을 찾으라. 지금이 가장 적합한 시기로 나중에는 항복하고 싶어도 이미 늦을 것이다. 현재의 상황은 물고기가 끓는 물속에서 헤엄치며 새가 날아다니는 천 위에 둥지를 짓는 것과 마찬가지로 위험하다"고 말했다.

구지는 대단한 사람이었다. 그는 인간의 본성을 깊이 이해하고, 이해관계를 따질 줄 알았으며, '논리적으로 설득하고, 감정으로 흔들며, 이익으로 유혹하고, 권세로 위협하는' 4가지 각도에서 접근하여 매우 논리적이며, 감동적이고, 유혹적이며 두려움이 느껴지는 글을 썼다. 이렇게 이해관계를 따지자 진백리는 저항할 수 없을 정도로 설복을 당했고, 마침내 양조에 투항함으로써 한바탕 피비린내 날 전투를 소멸시켰다.

—

다른 물고기에는 다른 미끼를 써라

전통적인 인간성 분석은 '논리, 감정, 이익, 권세'라는 4가지 면에서부터 동시에 접근하는데, 이는 서양의 심리학자 매슬로가 말한 인간의 5대 욕구와 판 박은 듯 똑같다. '논리'란 자아존중과 자아실현의 욕구에 상응하며, '감정'은 소속과 친애 욕구, '이익'은 생리적 욕구, '권세'는 안전 욕구와 같다. 고금과 동서양을 막론하고 인간의 욕구에 대한 견해는 비슷함을 알 수 있다. 그러나 이런 욕구들 중에서 더 중요한 욕구는 무엇인가에 대한 각자의 의견은 다소 차이가 난다.

어떤 사람은 생리 및 안전 욕구야말로 가장 기본적인 욕구이며, 이런 기초가 없다면 상층의 소속과 친애, 자아존중과 자아실현의 욕구도 논할 수 없다고 말한다. 마치 관중이 말한 "창고가 가득 차야 예절을 알고, 옷과 먹을 것이 풍족해야 영광이나 수치라는 것도 안다"처럼 말이다. 반면 이상과 자아실현을 추구한다면 생리적 욕구도 개의치 않고, 심지어 생명의 안전까지 뒷전으로 놓을 수 있다는 사람도 있다.

앞에서 말했듯이 스티브 잡스가 펩시콜라의 CEO 존 스컬리를 스카우트했을 때에도 "설탕물이나 팔면서 남은 인생을 보내고 싶습니까, 아니면 세상을 바꿔보고 싶습니까?"라고 도전하는 방법을 사용했다. 설탕물을 파는 것은 순전히 돈만 버는 생리적 욕구이지만, 세상을 바꾸는 것은 가치와 이상의 문제요, 자아실현의 욕구다. 공자가 가장 자랑스럽게 여기던 제자 안회는 바로 생리적 욕구에 대해 매우 담담하던 사람이었다. 공자는 안회에 대해 이렇게 평가했다. "현명하구나, 회야! 대나무 소쿠리에 밥을 먹고, 표주박으로 물을 마시며 누추한 동네에서 살면 사람들은 자기 괴로움에 견딜 수 없어하지만, 회는 그 즐거움을 바꾸지 않는구나. 현명하구나, 회야!"

주나라 무왕을 도와 천하를 평정한 강태공은 《육도六韜》의 제1편에서 인재 기용의 철학을 이야기했다. 그는, 인재 기용은 낚시와 같아 다른 물고기에는 다른 미끼를 써야 한다고 말했다. "군자는 자신의 뜻을 이루는 것을 기뻐하고, 소인은 눈앞의 일을 얻은 것으로 기뻐한다."

자신의 꿈이 있는 군자와 보통 사람의 차이는, 군자는 자신의 포부를 실현하는 것으로 즐거워하지만, 보통 백성은 평범한 삶이 순조로운 것을 즐거워한다. 그러므로 인재를 기용할 때에는 이 사람이 더 필요로 하는 것이 무엇인지를 알아야만 욕구에 맞는 미끼를 줄 수 있다. 그는 "봉록으로 유혹해 인재를 기용해야만 인재의 재능을 남김없이 사용할 수 있으며, 명문가의 지위로 유혹해 나라를 취하려 해야만 나라를 빼앗을 수 있으며, 제후나 군왕의 지위로 유혹해 천하를 취하려 해야만 천하를 손에 쥘 수 있습니다"라고 했다.

내가 얻으려는 인재가 걸출하면 걸출할수록 내가 치러야 할 대가는 더욱 커진다. 평범한 사람은 월급만 많이 줘도 목숨을 걸고 일할 수 있다. 그러나 웅대한 뜻을 가진 사람은 한 나라의 국왕 정도는 분봉해 주어야 만족시킬 수 있다. 초한이 함께 싸우던 때를 예로 들면 항우가 마지막에 패배했던 원인 중 하나는 너무나 인색해 공신들과 승리의 전과를 나누려 하지 않았다는 점이었다. 한신은 "항우는 사람들에 대해서는 공경하고 사랑이 넘쳤으며 말도 부드럽고 친절해 병사들이 병이 나면 가슴이 아파 눈물을 흘리며, 자기의 음식을 병사들에게 주어 먹게 할 정도였습니다. 그러나 어떤 사람이 큰 공을 세워 토지를 분봉하고 작위와 봉록을 주어야 할 때면 쩨쩨해지기 시작했다. 관인까지 다 파놓고서도 주기가 아까워 손안에서 만지작거리다가 새겨놓은 이름이 다 없어질 정도였으니, 이 사람의 사랑이란 여자들의 사랑과 같았다."

한신이 '역발산혜기개세力拔山今氣蓋世'라고 일컬어지던 서초 패왕을 이렇게 쩨쩨하기 이를 데 없이 묘사한 것은 이해되지 않는 일이지만 주기를 아까워하면 얻을 수가 없는 일이다. 이런 사람이라면 걸출한 인재들이 하나둘씩 그의 곁을 떠나 최후에는 홀로 남고, 오직 우희와 말 한 마리만이 그의 인생의 마지막 길을 함께했다는 것도 이상한 일이 아니다.

—

반드시 구해야 할 곳을 공격하면 적은 반드시 응전한다

이해관계에 대해 이야기한다면 뱀을 때려잡을 때에는 생명과 관계되는 부분을 때려야지, 요해를 때리지 않는다면 큰 효과를 볼 수 없다. 손자는 말했다. "내가 전쟁을 하고 싶다면 적이 비록 높은 요새를 쌓고 깊은 참호를 팠다 하더라도 어쩔 수 없이 나와 교전할 수밖에 없도록 만든다. 이는 반드시 구해야만 할 곳을 내가 공격하기 때문이다." 내가 적과 전쟁을 하고 싶을 때 비록 적에게 어떤 장애물이 있다

하더라도 어쩔 수 없이 나와서 전쟁을 할 수밖에 없는 까닭은 내가 적이 반드시 구해야 할 요해를 공격하기 때문이다. '36계' 중 제2계인 '위나라를 포위해 조나라를 구한다'가 바로 이 원리를 운용한 것이다.

위나라 장군 방연이 조나라를 공격하자 조나라는 제나라에 구원을 요청했다. 손빈은 직접 전쟁터로 달려가 조나라를 구하자고 주장하지 않았다. 그는 방연이 조나라에서 군대를 철수시키려면 반드시 방연이 철수하지 않으면 안 될 일을 해야만 한다고 여겼다. 그것이 바로 위나라의 수도를 공격하는 일이었다. 수도는 위나라의 근거지이므로 방연은 반드시 돌아와 방어할 것이었다. 돌아오지 않았다가 위나라 수도가 함락되고 나라가 멸망한다면 방연이 조나라를 공격하는 것이 무슨 의미가 있겠는가? 이 수는 과연 단번에 효과가 나타나 조나라의 포위를 순조롭게 풀 수 있었다.

무협소설의 종사 김용이 쓴 《소오강호笑傲江湖》에도 손에 땀을 쥐게 하는 대규모 결투 장면이 2군데 나온다. 김용 대협은 '반드시 구해야 할 곳을 공격하라'는 전략을 쓰고 있다. 그중 첫 번째 장면은 소림사 안에서 소림사의 방증대사가 이끄는 '명문정파'와 임아행이 주축이 되는 '마교魔教'가 3판 2승의 대결을 통해 임아행의 딸 임영영이 소림사를 떠나도 될지를 결정하는 장편이다.

김용 대협은 첫 번째 대결에서부터 '반드시 구해야 할 곳을 공격하라'는 전략을 사용했다. 당시 두 무림 종사는 서로 강수를 오가며 막상막하의 대결을 벌였지만, 임아행은 방증대사의 인자함과 큰 사랑을 잘 알고 있었기에 일부러 청성파의 여창해를 공격했다. 이 급작스러운 공격에 방증대사는 예상대로 그를 먼저 구했지만, 직접 그를 구하기보다는 동일하게 '반드시 구해야 할 곳을 공격하라'는 전략을 사용해 임아행을 향해 공격을 퍼부었다. 이것은 방증대사가 다급한 중에 생각해낸 지혜였지만, 고수의 대결에서는 조금만 신경이 분산되어도 바로 허점이 드러나게 된다.

임아행은 일부러 쓰러지는 척하여 방증대사에게 잠시 자비의 마음이 일어 신경이 분산될 틈을 노려 방증대사의 혈도를 찌름으로써 승부는 바로 결판이 났다. 두 대사는 같은 수를 사용하고도 박진감 넘치는 대결을 벌였다. 방증대사가 패배한 이유는 잠시 자비를 생각했기 때문이었다.

두 번째 장면은 마교의 총부인 흑목애에서 벌어졌다. 임아행, 영호충, 향문천, 임영영 등 4명이 동방불패와 사투를 벌이는, 손에 땀을 쥐게 하는 장면이다.

당시 동방불패는 규화보전葵花寶典을 연성해 누구도 예측할 수 없는 최고의 무공을 자랑하고 있었다. 그가 자수바늘 하나를 가지고 날쌔게 춤을 추니 임아행 등 4명이 함께 협공을 벌여도 속수무책이었다. 그러나 임영영은 동방불패가 가장 사랑하는 것이 양련정임을 알고 있었기에 일부러 양련정을 공격했다. 과연 동방불패는 다급함에 마음이 분산되어 양련정을 먼저 구하려 했다. 이것을 전환점으로 물 샐 틈

없던 방어망에는 금이 가기 시작했다. 임아행 등이 그의 허술한 곳을 파고들어 공격하니 결국 기고만장하던 동방불패도 패배를 당하고 말았다.

이 두 대결을 볼 때 모두 적이 가장 중요하게 생각하는 부분부터 손을 대 적이 반드시 응전하지 않을 수 없도록 만들었다. '반드시 구해야 할 곳을 공격하라'는 전략에서는 '이해관계' 운용의 묘가 성공의 관건이 된다.

이해관계의 심층적 사고

이해관계는 적을 움직이게 하는 무기도, 반대로 적이 나를 움직이게 만들 수 있는 무기도 된다. 적이 나를 '이익으로 유혹하는 일'을 방지하기 위해서는 이익의 유혹에 대해 면역력을 갖고 있어야 한다. 사람은 까마귀처럼 칭찬은 듣기 좋아하고 비난은 듣기 싫어하는 것 외에도 5대 욕구가 모두 유혹이 될 수 있기 때문에 잠깐 한눈을 파는 사이에 적에게 낚이게 된다. 그러므로 장군이 되려면 반드시 개인의 이해관계를 벗어나야 한다.

손자는 말했다. "장군은 진격할 때에는 개인적인 명예를 구하지 말고, 후퇴할 때에는 죄를 회피하지 않으며, 오직 병사들을 보호하는 것을 목표로 삼아 군주의 이익에 부합되는 일을 해야 한다. 이런 장군은 나라의 보배다." '명예'와 '죄'라는 개인적인 이해관계에 주의하는 것

외에도 국가 백성의 큰 이익을 목표로 두는 사람, 이런 사람이야말로 국가 백성들이 믿고 신뢰할 수 있는 진정한 보배가 된다.

맹자가 양혜왕을 만나러 오자 왕이 말했다. "어르신! 이렇게 천 리가 멀다 하지 않으시고 와주셨으니 또 우리나라에 이익이 되는 건의를 해주려고 하십니까?" 그러자 맹자가 대답했다. "왕께서는 왜 꼭 이익만 이야기하려 하십니까? 사랑과 정의가 있으면 된 것입니다."

맹자 어르신께서 먼 길을 달려 양혜왕을 보러 오자 양혜왕은 맹자를 보고 너무 기뻐서 나가 영접하며 이 대유학자가 자신의 치국에 유익한 건의를 해주기만을 바랐다. 그러나 맹자는 그 자리에서 바로 찬물 한 대야를 끼얹었다. 왜냐하면 양혜왕이 말한 '이익'이란 단어가 맹자의 예민한 신경을 건드렸기 때문이다. 유가는 이익에 대해 이야기하는 것을 싫어한다. "군자는 정의에 밝고, 소인은 이익에 밝다"는 말처럼 이익에 대해 이야기하는 것은 소인인데, 한나라의 위풍당당한 국왕이 어떻게 이익에 대해 함부로 말할 수 있는가? 그래서 바로 일침을 놓으며 양혜왕에게 사랑과 정의를 더욱 중시하도록 경계한 것이다.

사실 양혜왕은 나라에 이익이 되는 건의를 해달라는 것이었지, 결코 자기 자신에게 이익이 되는 건의를 해달라는 건 아니었다! 그는 국가 이익을 생각했고, 이는 그의 본분이었다. 그의 이런 행동은 잘못이 아니었고, 격려를 받아야 마땅했다. 하지만 안타깝게도 맹자는 '이익'이라는 말에 너무 예민한 나머지 양혜왕에게 변명의 기회조차 주지 않았다.

타이완의 장징궈가 막 취임했을 때 대서예가이자 시인이었던 위여우런은 그에게 대련 한 수를 선물했다. "이익을 계산하려면 천하의 이익을 계산하고, 이름을 구하려면 만세에 남을 이름을 구하라." 이익이 단지 자신만을 생각하고 타인을 생각하지 않거나, 혹은 타인을 해친다면 이것은 당연히 좋지 않은 것이다. 하지만 이익을 국가의 범위까지 확대시키고, 전 인류에까지 이르게 한다면 이 이익은 큰 이익이며, 사랑과 정의와 동의어가 된다. 아마도 맹자는 너무 긴장했던 탓에 마음을 가라앉히고 양혜왕과 이익이란 무엇인가에 대해 차근차근 말할 수 없었던 것이리라. 그러나 이런 상황에서는 사랑과 정의에 대해 아무리 많은 이야기를 해도 양혜왕의 귀에는 들어오지 않았을 테니 참으로 안타까운 일이다.

사사로운 유익을 구하는 마음을 버리면 이익에 대한 면역력이 생기게 된다. 하지만 이것은 단지 기본 조건에 불과할 뿐이다. 전장에서 적은 당신의 인내의 최고치를 시험하는 최극단의 수단을 전부 동원하여 당신이 낚일 때까지 집요하게 유혹할 것이다. 그러므로 이해관계에 대한 면역력을 더욱 강화해야 한다. 그것이 바로 '이해관계를 초월하는 것'이다.

이해관계를 초월한다는 것은 사리를 구하는 마음을 버리는 것 외에도 공리를 구하는 마음까지 없애버리고, 적이 내가 무엇을 생각하는지도 모르게 만드는 것이다. 왜냐하면 일정한 생각은 한 가지 특징을 보이고, 그것은 적이 돌파할 수 있는 돌파구가 되기 때문이다. 그러므로 사리든 공리든, 어떤 특징을 형성하게 될 때 적에게 공격을 당하게 된다.

《손자병법》에서 배우는 삶의 지혜

손자는 "장수에게는 위기를 초래할 수 있는 5가지 특성이 있다"고 말했다. '반드시 죽겠다는 마음', '반드시 살겠다는 마음', '쉽게 분노하는 마음' 등 고집과 감정과 관련된 문제 외에도, '청렴'은 사익을 구하지 않는 미덕이며 '백성을 사랑함'은 공리의 범주에 드는 것이다. 하지만 손자는 이 모두를 위기를 초래할 특징으로 바라봤다. 그 특징으로 인해 적에게 당신의 특징을 확실히 드러낼 수 있기 때문이다.

8.
모습 위장하기:
속임당하는 건 속임당할 만하기 때문

일본의 지휘자 오자와 세이지는 젊었을 때 지휘대회에서 1~3등을 선발하는 최종결선까지 올라간 적이 있다. 그는 제일 마지막으로 무대에 올랐는데 지휘 도중에 갑자기 악곡에서 부조화한 부분을 발견했다. 그는 연주자들이 연주를 잘못한 줄 알고 멈추었다가 다시 연주를 시작했다. 그런데 두 번째도 여전히 마찬가지였다. 그는 심사위원들에게 악보가 잘못된 것은 아닌지 물었다. 하지만 현장에 있던 전문가들은 악보는 문제가 없으며 오자와 세이지가 착각을 한 것이라고 말했다. 그러나 오자와 세이지는 여전히 자신의 판단이 맞다고 굳게 믿고 있었다. 그래서 큰 소리로 "아니에요, 분명히 악보가 틀린 겁니다!"라고 외쳤다. 대회장을 쩌렁쩌렁 울린 이 큰 외침이 끝나자마자 심사위원들은 일제히 기립해 박수를 치며 그에게 1등 수상을 선언했다. 알고 보니 이것은 심사위원들이 일부러 설정해놓은 함정으로, 지휘자가 악보가 틀렸음을 발견했을 때 자신의 판단을 계속 견지할 수 있는지를 시험하려 했던 것이다. 그들은 이런 소양을 가진 사람이어야 일류 지휘자가 될 수 있다고 믿고 있었다.

'모습 위장하기'란 일종의 목적을 달성하기 위해 하는 것이다. 오자와 게이지의 이야기는 풍부한 교육적 의미를 담고 있는 모습 위장하기다. 비록 가슴이 조마조마하지만, 전장의 화약 냄새 없이도 극소수의 정상급 지휘자의 모습을 성공적으로 유도해냈다. 전장에서의 모습 위장하기는 가지각색으로 어떤 것은 병사의 잠재력을 격려하기 위해 사용되는 반면, 대다수는 '여러 계략을 써서 적을 속이려는' 함정이며, 당신을 막다른 골목으로 몰아넣으려는 음모이기 때문에 이 음모에 빠지지 않도록 조심해야 한다. 또한 자신도 이런 위장을 설계하여 적이 빠지도록 해야 한다.

손자는 이런 모습 위장하기를 '궤도詭道(속임수)'라고 했다. "전쟁이란 속임수다. 그러므로 능력이 있으면서도 없는 것처럼 보이게 하고, 사용하면서도 사용하지 않는 것처럼 보이게 한다. 가까우면서도 먼 것처럼 보이게 하고 멀면서도 가까운 것처럼 보이게 한다. 이익을 통해 상대방을 유혹하고, 어지럽게 만들어 승리를 취한다. 상대가 충실하면 우리는 방비하고, 상대가 강하면 우리는 피한다. 상대를 분노케 하여 교란시키고 나를 낮추어 상대를 교만하게 한다. 상대가 편안한 상태라면 그를 수고롭게 하고, 상대의 관계가 친밀하면 그들을 이간시킨다. 상대가 대비하지 않은 때에 공격하며, 상대가 예상하지 못한 허점으로 나아간다. 이것은 전쟁에 능한 자들의 승리법이며, 말로 알려줄 수 있는 것이 아니다."

당나라 태종은 손자의 견해를 인정하며 병법이 1,000장 만 구로 쓰여 있다 하더라도 결국은 '여러 계략을 써서 적을 속인다'는 한 구절로 함축할 수 있다고 믿었다. 즉, 대량의 기만전술을 통해 적수가 계속 잘못하도록 유도하는 것이다. 이정 역시 말했다. "한 수만 잘못 둬도 전체 승부를 통째로 빼앗길 수 있는데, 하물며 여러 차례 실수를 하면 어떻겠습니까?" 속임수가 전장의 승부에 미치는 중요성을 알 수 있다. 손자가 아예 대놓고 "전쟁이란 속임수다"라고 전쟁을 정의한 것도 무리가 아니다.

___

속임수는 마음을 사악하게 한다?

마음을 가라앉히고 침착하게 속임수에 대해 이야기하려면 먼저 천고의 세월 동안 우리 마음속에 얽혀 있던 옹이를 풀어야 한다. 손자가 속임수를 이야기하면 속임수는 사람의 마음을 사악하게 하는 것이라며 결코 인정하지 않는 사람들이 있기 때문이다. 송나라의 유학자 정이는 말했다. "기계를 사용하는 일이 오래되면 반드시 기계적인 마음이 생긴다. 그것을 사용할 때마다 반드시 마음이 기쁘게 된다. 마음이

기쁘면 씨를 남기는 것과 마찬가지다." 마음의 꾀를 많이 쓰면 기계적으로 꾀를 계속 사용하고 싶은 마음이 생기고, 꾀를 써서 통하게 되면 유혹을 받게 되는데 이는 나쁜 씨앗을 뿌리는 것과 같다는 뜻이다.

손자의 "전쟁이란 속임수다"라는 말이 사람들의 마음속에 깊이 각인되고 나서는 《손자병법》 이야기만 하면 속임수를 가르치는 책이라는 연상을 불러일으키게 되었다. 이것은 또한 병법이 중국의 주류 문화에서 마땅히 받아야 할 대우를 받지 못하게 된 주된 이유이기도 하다. 현실에서는 병법을 응용하지 않는 곳이 없는데 그저 응용만 할 뿐 말할 수 없으며, 이런 화제를 공론화하는 것은 큰 금기를 범하는 것으로 여겨지고, 이런 화제를 말하는 사람은 곧바로 속임수나 좋아하는 소인으로 분류되었다. 모두가 사랑하지만 밝은 태양 아래 떳떳하게 사랑할 수 없는 이 학문은 계속 '신첩은 어떤 낭군께 몸을 맡겨야 할지 모르겠사옵니다'라는 상태에 처해 있으니 진정 안타까운 일이다. 이 '마음의 옹이'의 관건은 왜 전쟁에서 반드시 속임수를 써야 하느냐는 것이다. 반드시 기만전술을 쓸 수밖에 없는 원인을 먼저 정확히 알아야만 이 천년의 옹이를 풀 수 있을 것이다.

우리는 손자가 다루는 문제는 전쟁 문제이며, 이 문제는 '한 국가의 대사로서 죽느냐 사느냐에 관한 것'임을 잘 알고 있다. 그는 태평한 시대를 살았던 사람도 아니고, 할 일이 없어 인생이나 논하고 방관자로 무책임한 말을 하려는 것도 아니었다. 당시는 국가가 중대한 위기에 처하고, 국가의 존망과 백성의 생사가 왔다 갔다 하는 중대한 고비였다. 순간의 실수로 나라를 잃을 수도 있었다.

　나라를 잃은 국민은 얼마나 비참한가? 오늘날의 이스라엘과 팔레스타인의 전쟁을 보면 알 수 있다. 더욱이 전쟁은 백성들이 대량 희생되는 사건으로 툭하면 몇 십만, 몇 백만의 사람이 생명을 잃는 이 일은 결코 작은 일이 아니었다. 그래서 전쟁은 잃어버려도 되는 본전이 없었다. 이것이 바로《손자병법》13편이 때마다 먼저 이기고, 쉽게 이기고, 반드시 이기고, 완전히 보전하여 이기기를 강조하며, 불확실한 요소가 한 터럭만큼도 없도록 철저히 요구하는 이유다. 절대로 지면 안 된다는 이런 압박 때문이다. 반드시 이겨야 하며 수단과 방법을 가리지 않고 승리해야 했다.

　'수단과 방법을 가리지 않는다'는 말은 꼭 적수를 사지로 몰아넣어야 한다는 뜻이 아니다. 손자의 전쟁관에서 가장 고귀한 이상은 적군 섬멸이 아니라 전쟁을 하지 않을 수 있으면 하지 않고, 적게 할 수 있으면 적게 하는 것이다. 손자는 말했다. "반드시 싸우지 않을 수 있는 가장 좋은 전략으로 천하에 승리하므로 국력과 병력이 패배로 무디어지지 않으면서도 승리의 이익을 전면적으로 확보한다." 이것이야말로 가장 좋은 결말이다. 하지만 이것은 이상이며 최상책이기에 만일 마음의 소원이 이루어지지 않는다면 반드시 일전을 벌여야 한다. 그때 눈앞에 닥친 문제를 반드시 최소화해야 한다.

　문제가 최소화될 때 가장 적은 대가로 가장 큰 승리를 얻을 기대를 할 수 있다. 그것이 바로 '충실한 곳은 피하고 허술한 곳을 공격할' 기회를 창조하는 것이며, 또한 적의 가장 약한 곳과 가장 약할 때를 노려 공격하는 것이다. 이때 기만전술을 쓸 수 있다. 기만전술은 적을 약하게 만드는 전술이기 때문이다. 그러므로 각종 수단을 사용해 전쟁의 발발을 막는 것 외에도, 전장에 반드시 나가야 할 상황이라면 반드시 기만전술을 사용하게 될 것이다. 이것이 바로 손자가 마주한 현실이었다.

농구 경기는 단지 한 게임을 이기고 지는 것일 뿐 사람의 목숨과는 전혀 상관이 없는데도 경기 전체가 기만전술의 총합 아닌가? 기만전술 없이 어떻게 레이업슛을 할 기회를 찾을 수 있으며, 어떻게 아무도 막지 않는 길에서 수비수를 깨끗이 처리하고 손쉽게 승리할 수 있을까? "적이 방비하지 않는 곳으로 진군하며, 적이 예상하지 못한 때에 적이 예상하지 못한 곳으로 공격한다. 천 리를 행군했으나 피곤하지 않은 것은 저항하는 적군이 없거나 저항할 힘이 없는 지역으로 행군하기 때문이다." 손자의 이 말은 농구장의 바이블이 아닐까? 만일 그렇다면 아마도 기만전술을 사용하는 감독이 좋은 감독이라는 뜻이다. 모두 그가 지략이 뛰어난 지장이라고 칭찬하지, 사람의 마음을 사악하게 만든다고 욕하지는 않을 것이다. 그런데 왜 손자는 마음이 비뚤어진 사람의 대표가 되었을까?

사마천도 이 점을 발견했기에 〈태사공 자서太史公自序〉에서 이렇게 지적했다. "신용과 염치, 사랑과 용맹이 없다면 병법을 전하고 검술을 논할 수 없다." 특히 사랑의 마음이 없는 사람은 병법을 논할 자격이 없다고 하니, 속임수를 논하는 것은 더욱 말할 필요가 없다. 속임수는 세상 사람들이 말해서는 안 되는 금기가 아니라 깨끗하고 바른 마음을 가진 사람이어야 논할 자격이 있다는 것이다. 사마천은 역사의 시간을 거스른 손자의 천고의 지음知音이라고 할 수 있다. 손자 이후 천년이 지난 세계에 살던 처칠 역시 "전쟁 시기에 진상은 때때로 거짓말로 보호해야 한다"고 말할 정도였다. 고금과 동서양을 막론하고 유명 인사들이 그의 말을 보증해주니 손자는 사실 외롭지 않다. 나는 사람들이 이 도리를 안다면 손자의 억울함도 사라질 것이며, 우리도 담담한 마음으로 속임수를 이야기할 수 있으리라고 생각한다.

손자의 속임수는 5가지 부분으로 나눠서 생각할 수 있다. 첫 번째, 역방향 사고를 한다. "능력이 있으면서도 없는 것처럼 보이게 하고, 사용하면서도 사용하지 않는 것처럼 보이게 한다. 가까우면서도 먼 것처럼 보이게 하고 멀면서도 가까운 것처럼 보이게 한다." 둘째, 적의 강점을 피한다. "상대가 충실하면 우리는 방비하고, 상대가 강하면 우리는 피한다." 셋째, 인간 본성의 약점을 이용한다. "이익을 통해 상대방을 유혹하고, 상대를 분노케 하여 교란시키며, 나를 낮추어 상대를 교만하게 한다." 넷째, 적의 안정적인 상태를 파괴한다. "어지럽게 만들어 승리를 취한다. 상대가 편안한 상태라면 그를 수고롭게 하고, 상대의 관계가 친밀하면 그들을 이간시킨다." 다섯째, 적의 심리적인 타성을 이용한다. "상대가 대비하지 않은 때에 공격하며, 상대가 예상하지 못한 허점으로 나아간다."

역방향 사고

"능력이 있으면서도 없는 것처럼 보이게 하고, 사용하면서도 사용하지 않는 것처럼 보이게 한다. 가까우면서도 먼 것처럼 보이게 하고 멀면서도 가까운 것처럼 보이게 한다." 이런 종류의 방식을 사용하면 적의 경계심을 낮추거나 적을 잘못된 방향으로 유도할 수 있어 '충실한 곳을 피하고 허술한 곳을 공격할' 기회를 찾을 수 있게 된다.

춘추 시기에 정무공은 북쪽과 서쪽 오랑캐들의 땅을 차지할 심산이었다. 오랑캐들의 경계심을 낮추기 위해 그는 먼저 자기 딸을 오랑캐의 임금에게 시집보내고, 어느 정도 시간이 흐르자 어느 날 일부러 군신들의 의견을 물어보았다. "내가 국토를 개척해 나라의 명성을 떨치고 싶은데 어떤 나라가 싸우기 좋을까?" 그중 한 대신인 관사기는 일찌감치 정무공의 마음을 꿰뚫어 보았기에 대뜸 대답했다. "오랑캐들을 토벌하시면 좋겠습니다." 그런데 무공은 그 말이 끝나자마자 대로하여 관사기를 끌어내 목을 치라고 했다. 또한 군신들에게는 "오랑캐의 임금은 내 장인 집이고 우리는 한집안인데 어떻게 공격한단 말인가!"라고 엄포를 놓았다. 오랑캐의 임금은 이 소식을 전해 듣고는 진짜인 줄만 알고 경계심을 늦추었다. 그런데 생각지 못하게 정무공은 완벽한 연기를 펼쳤던 것이다. 그는 곧 군사를 이끌고 오랑캐 땅을 습격해 힘 하나 안 들이고 오랑캐를 섬멸했다. 이것이 바로 "능력이 있으면서도 없는 것처럼 보이게 한다"는 전략이다.

부동산 거래 과정에서도 항상 이런 방법을 사용한다. 담판을 지으면서 가격에 대한 이야기는 일부러 피하고 계속 얼마나 좋은 집인지 가치 부풀리기에 집중한다. 때로는 열띤 경쟁구매 분위기를 연출할 수 있도록 에피소드를 꾸며 상대방에게 빨리 사지 않으면 후회할 것 같다는 조바심을 느끼게 한다. 그 후에 집주인은 팔아도 되고 팔지 않아도 된다는 이유를 다시 늘어놓음으로써 집을 사고 싶다는 상대방의 욕구를 더욱 부채질한다. 가격 협상을 할 때가 되면 일부러 통이 큰 척하기 위해 작은 이익을 양보하지만, 외적으로는 어쩔 수 없이 억지로 양보한다는 느낌을 계속 풍겨준다. 이때가 되면 사는 사람은 이미 저항할 힘을 상실하는데, 이때에 거래도 거의 성사된다.

손자는 말했다. "가까우면서도 먼 것처럼 보이게 하고, 멀면서도 가까운 것처럼 보이게 하라." 가까운 곳의 목표를 빼앗으려고 하면서 일부러 먼 곳에서 활동하거나, 혹은 곧바로 행동할 계획인데 일부러 전혀 준비하지 않은 체함으로써 적에게 공격을 시작하려면 아직 준비할 시간이 많이 남아 있는 것처럼 오인하고 방어를 소홀하게 만들 수 있다. 제2차 세계대전에서 연합군은 프랑스 남부의 노르망디에 상륙하기로 결정했지만 북쪽의 항구도시 칼레에 대군을 포진하여 독일군이 연합군은 칼레로 상륙할 것이라는 오판을 하게 했고, 이로써 독일군의 판단력을 흐리는 데에 성공했다.

이런 전략은 대자연에서도 자주 볼 수 있다. 얼마 전 알락할미새 한 쌍이 우리 집 발코니에 둥지를 틀었다. 둥지 만들기부터 알을 낳고 새끼 새들을 부화하는 그 시기까지 날마다 내가 발코니를 지나가기만 하면 이 새는 비교적 먼 나무에서 끊임없이 울어댔다. 목적은 나의 주의력을 빼앗아 둥지에 가까이 가지 못하게 하려는 것이었다. 내가 둥지에 가까이 갈수록 이상하리만치 귀청을 울리고 간절해지는 어미 새의 울음소리에 나도 모르게 자녀를 보호하려는 부모의 간절한 사랑을 느끼고 감동을 받곤 했다.

___

적의 강점을 피하라

손자는 말했다. "상대가 충실하면 우리는 방비하고, 상대가 강하면 우리는 피하라." 자기 능력도 가늠하지 않고 어쭙잖게 나서는 일은 금물이다. 잠시 거센 바람을 피하고 자신의 실력을 키운 후에 다시 생각해도 늦지 않다. '36계' 중 마지막 계를 '줄행랑이 상책'이라고 하는데, 줄행랑도 상책이 될 수 있다는 것, 이것만 보아도 약한 척하는 것이 얼마나 어려운 일인지 알 수 있다.

초한이 서로 싸울 때 유방은 영양성에서 움직이지 않고, 항우는 기다리다 지쳐 얼른 이 전쟁을 결판내고 싶었다. 그러나 유방은 이때 자신은 항우의 적수가 아니요, 계란으로 바위 치기를 해서 이득을 볼 일이 없다고 생각했기에 항우를 상대하지 않았다. 항우는 화가 머리끝까지 나서 유방에게 유방의 아버지를 끓여버리겠다고 불호령을 내렸다. 그런데 유방은 진중한 목소리로 이야기하는 것이 아닌가? "끓이

시게. 끓여서 맛있게 드시게. 나한테도 국물 한 잔 나눠주는 것 잊지 말고!" 항우는 더욱 화가 나서 유방과 일대일 격돌을 하려고 했지만 유방은 말했다. "난 자네하고 지략을 다투고 싶지, 힘을 다투고 싶지는 않네." 굳은 결심을 한 유방은 항우의 도발에 완전히 모르쇠로 일관하며, 마침내 이 위기의 시기를 넘길 수 있었다.

다시 항우를 보자. 본래 항우가 해하에서 패배했을 때 어부 한 명이 항우의 재기를 도울 요량으로 그를 강 건너편으로 데려다 주려고 했다. 그러나 항우는 이를 거절했다. 그는 강동의 부모들을 볼 면목이 없고, 이 절망과 분노를 참을 수 없다며 결국 자결을 선택했다. 당나라 시인 두목은 이 결정을 매우 아쉽게 생각하며 〈제오강정題烏江亭〉이라는 시를 썼다.

"승패란 병가에서 기약할 수 없는 일,
수치를 견디고 치욕을 참는 게 바로 사내대장부라네.
강동 자제들은 본래 호걸이 많은데
권토중래하며 올 사람이 누구인지 어찌 알겠나."

두목의 말이 맞다. '수치를 견디고 치욕을 참는 것'이야말로 사내대장부의 본색이다. 유방의 굽히고 펼 줄 아는 처세술에 비해, 항우의 강함에는 유연한 탄성이 없었기 때문에 실패했더라도 변명할 말이 없다.

인간성의 약점을 이용하라

"이익을 통해 상대방을 유혹하라"에서 '이익'이란 인간성 중에서 가장 항거하기 어려운 부분이다. 사마천은 《사기·화식열전貨殖列傳》에서 "온 천하가 시시덕거리며 기꺼이 찾아오는 것도 모두 이익을 얻으러 오는 것이고, 온 천하가 어지럽게 달려가는 것도 모두가 이익을 좇으러 가는 것이다"라며 '이익'의 강력한 흡인력에 대해 이야기했다.

중국의 단오절에 먹는 쭝즈가 뜻밖에도 이 계책과 관계가 있다니, 이 이야기를 하자면 탄식이 앞선다. 굴원은 본래 초나라의 대신으로서 제나라와 초나라의 동맹을 일관되게 주장했다. 그러나 연횡책을 주장하던 장의는 진秦나라가 각 나라를 하나씩 격파할 수 있도록 제나라와 초나라의 동맹을 끊어내기 위해 600리나 되는 땅을 할양하겠다며 초나라 회왕을 유혹했다. 어리석고 무능한 회왕은 영토에 대한 탐욕으로 장의의 말만 믿고 대신들의 건의를 듣지 않았다. 과연 제나라와 단교를 한 후에야 이것이 장의가 연출한 한 편의 드라마에 불과함을 깨닫게 되었다. 진나라 왕실 측에서는 600리 영토를 할양하겠다는 장의의 약속을 전혀 인정하지 않았던 것이다. 초나라 회왕은 매우 화가 나서 대군을 이끌고 진나라를 공격했으나 대패했다. 그 후 연속되는 실정으로 인해 초나라는 진나라 장수 백기에게 멸망당하는 비참한 운명을 맞이하게 되었다. 굴원은 망국의 백성이 되기를 원치 않았기에 울분을 품은 채 강에 투신자살하고 말았다. 이 이야기는 "이익을 통해 상대방을 유혹하라"의 피비린내 나는 예다.

"상대를 분노케 하여 교란시킨다"는 말은 격노시키는 방법을 통해 당신의 이성을 잃게 만들 수 있다는 뜻이다. "신이 한 사람을 멸망시키려고 할 때 먼저 그를 미치게 만든다"는 말이 있다. 불교 3독三毒의 제2항이 바로 진노로, 진노는 번뇌의 근원이다. 사람은 화가 나면 이성을 잃기 때문에 항상 "먼저 마음을 처리해야만 그다음에 일도 처리할 수 있다"는 말을 하는 것이다.

삼국 무대에서 공명은 사마의와 장군 멍군 하며 수 싸움을 했다. 비록 공명이 항상 더 우세를 보이긴 했지만 한 번은 공명이 웃지 못한 적이 있었다. 《삼국연의》 제103회에서 공명이 오장원에 군대를 주둔시키고 위나라와 결전을 벌이고 싶어 했던 이야기가 바로 그것이다. 그러나 사마의가 성문을 굳게 닫고 나오지 않는 바람에 공명은 약이 단단히 올랐다. 그는 여인의 옷가지들을 사마의에게 보내 사마의가 사내대장부 같은 기개가 없다고 비웃었다. 사마의는 공명이 보낸 물건을 보고 마음속에 분노의 불길이 치솟았으나 용케 참아냈다. '네가 나를 격노하게 만들어서 출병을 하려고 했겠다. 네 속임수에 내가 절대로 안 넘어가지. 네가 나를 여인네로 보더라도 난 상관없다.'

그는 한술 더 떠서 사자를 후대하며 공명의 근황까지 넌지시 물어보았다. 사자의 입에서 정보를 캐낸 사마의는 모든 장수에게 말했다. "공명이 밥을 많이 먹지 않고 일이 많다고 한다. 얼마나 오래 버티겠느냐!" 사자가 오장원으로 돌아가 공명에게 이 사실을 보고하자 공명은 탄식하며 말했다. "나를 너무 잘 아는구나!" 이 이야기를 통해 우리는 사마의의 침착함을 엿볼 수 있다. 그는 공명의 부추김에 화를 내지 않았고, 오히려 냉정하게 정보를 탐색하여 공명이 군대 일로 매우 바쁘며 밥을 적게 먹고 건강이 좋지 않을 것이라는 사실을 알게 되었다. 이 정보는 사마의의 전략 포석에 매우 큰 도움이 되었다. 심지어 그의 장수들도 이런 모욕을 받아들이기 어려웠지만 사마의는 초지일관 참아낼 수 있었다. 과연 얼마 지나지 않아 공명은 세상을 떠났고, 그 이후의 세상에서는 사마의의 원맨쇼가 펼쳐졌다.

"나를 낮추어 상대를 교만하게 한다"는 말은, 교만한 군사는 필패한다는 법칙을 적용한 것이다. 노자는 "적을 깔보는 것만큼 큰 화는 없다"며 애통해하는 병사가 필승한다고 말했다. 그러나 사람의 본성은 비행기 태우는 것을 좋아한다. 허영심이 장난질을 시작하고 체면을 목숨처럼 여기는 사람은 칭찬만 들으면 팔랑개비처럼 팔랑대며 이성을 잃게 된다. 그러므로 "나를 낮추어 상대를 교만하게 한다"는 연극의 좋은 소재가 되어 무대로 옮겨져 계속 상연되기도 한다.

—

안정적인 적의 상태 파괴하기

"어지럽게 만들어 승리를 취한다." 어지러움은 바로 질서와 원래의 안정을 잃은 상태를 말한다. 이것은 가장 연약할 때이며, 공격하기 가장 좋은 시기다. 바둑을 둘 줄 아는 사람이라면 대국이 순조롭지 않을 때에는 대국의 질서를 어지럽게 해서 가능한 기회를 창조해야 한다는 수법을 잘 알고 있다. 만일 변함없이 정상적인 전법에 따라 대국한다면 패배가 자명하기 때문이다.

어부는 강에서 물고기를 잡을 때 항상 강물을 일부러 휘저어 물고기들이 방향을 볼 수 없게 만들고, 물고기들이 사방으로 빠져나가다가 어부가 친 그물로 잘못 들어가도록 한다. 이렇게 하면 어부는 손쉽게 물고기를 잡을 수 있는데, 이것이 바로 혼란한 틈에 한몫 본다는 뜻을 가진 고사성어 '혼수모어渾水摸魚'의 유래다.

헤지펀드계의 전설 조지 소로스는 "내 특기는 정탐과 예측, 멀고 가까운 균형 상태에 대응하는 것이다"라고 말했다. 모든 사람이 미친 듯이 업계 동향을 추종하든, 혹은 줄초상 난 듯 여기든 간에 기본적으로 시장 상태는 이성적이 아니며, 마치 휘저어서 뿌옇게 된 연못물과 같다. 이런 환경에서 대부분의 투자자들은 방향을 잃지만 영리한 사냥꾼이라면 이때야말로 사냥을 할 수 있는 최적기가 된다.

"상대가 편안한 상태라면 그를 수고롭게 하라." 편안한 상태로 기다리고 있을 때가 가장 힘이 적게 든다. 그러므로 상대방을 지치고 피곤하게 해야 한다. 편안하고 안정적인 상태는 인원, 일, 시간, 지형, 사물의 변화에 따라 변할 수 있다. 좋은 실적을 창조하려는 회사가 우수한 인재에만 의지한다면 인재를 뺏기는 날에는 전진할 힘을 상실하게 된다. 이것은 '인원'의 변동이다. 선거에서 상대편은 선거와 관련 없는 의제를 고의로 조작해내 당신의 리듬을 깨뜨리며 당신이 가장 불리한 상황에서 지휘봉을 휘두르게 만든다. 이것은 '시간 차' 운용이다. 호랑이는 산에서는 위풍당당하지만 평지로 몰리면 개에게도 물리게 된다. 이것은 '지점'의 전환이다. 경기 과정에서 사용 도구를 바꾸어 적수가 적응하지 못하도록 하는 것, 이것은 '사물'의 변화다. 이 5가지의 변화는 모두 편안한 상태에 있는 상대방을 피로하게 만든다.

"상대의 관계가 친밀하면 그들을 이간시킨다." 바로 상대방 간의 친밀한 관계를 이간하라는 것이다. 연나라의 대장 악의는 연나라 소왕의 명을 받고 제나라를 공격할 때 70여 성을 정복하고 거와 즉묵, 두 성만 남게 되었다. 그러나 공교롭게도 연나라 소왕이 세상을 떠나 아들 혜왕이 즉위하게 되었다. 혜왕은 악의와 불화했기에 전단은 이 기회를 이용해 이간계를 사용해 군주와 장군 사이의 관계를 충동질했고, 혜왕은 악의 대신 기겁을 대장군으로 교체했다. 기겁은 전단의 상대가 아니었기에 얼마 지나지 않아 잃었던 70개의 성은 다시 제나라의 손으로 들어왔다. 이간계를 사용한 건 전단의 수완이었지만 근본적으로는 군주와 장군 간에 상호신뢰가 구축되지 않았던 점이 전단에게 기회를 준 것이다.

적의 심리적인 타성 이용하기

"상대가 대비하지 않은 때에 공격하라." 이것은 상대가 준비하지 않은 틈을 타서 공격하라는 것이다. 어떤 속임수는 은밀히 진행하여 상대방이 준비할 수 없도록 하지만, 어떤 속임수는 공개적으로 당신 앞에 선포되었는데도 알아차리지 못할 때도 있다. "음은 양의 안에 있지, 양과 대립되는 곳에 있지 않다. 가장 큰 양은 가장 큰 음이다"라는 말처럼 음모는 아무도 모르는 곳에 숨겨져 있는 것이 아니라 종종 공개적인 장소에 드러나 있다. 가장 공개적인 장소에 가장 큰 음모가 도사리고 있을 수 있다.

예를 들어 일부 정치가들은 시민들에게 무엇이든지 자유롭게 이야기하고, 속마음을 완전히 터놓고 시원하게 욕도 하라고 격려한다. 또 정치가 자신도 같이 욕을 한다. 그러면 시민들은 그 정치가가 자신의 관점에 동의했다고 여긴다. 그러나 시민들은 뽕나무를 가리키며 아카시아 나무를 욕하듯, 빗대어 욕을 하고 있다는 것은 전혀 모르고 있다. 욕먹는 대상 중에는 당신도 포함되고 있는데, 당신이 그것을 깨달았을 때에는 이미 늦은 것이다.

"상대가 예상하지 못한 허점으로 나아간다"는 상대방이 나의 상황을 알고 있지만 부주의한 상황임을 강조하고 있다. 한신이 사용한 '겉으로는 잔도를 만드는 체하면서 몰래 한중에서 관중으로 가는 요충지인 진창을 통해 기습하는' 전략이 바로 이 수를 쓴 것이다. '겉으로는 잔도를 건축하는' 방법으로 항우에게 '나는 중원으로 돌아가 당신과 실력을 가늠할 것이다'라는 뜻을 눈에 보이게 알려주었다. 그러나 항우는 잔도를 건축하는 일은 오랜 시간이 걸릴 테니 잔도가 건축되면 그때 다시 준비해도 시간은 충분하다고 생각한 탓에 준비에 부주의했다. 생각지 못하게도 이것은 위장을 위해 걸어놓은 간판에 불과했다. 유방은 이미 진창을 통해 몰래 중원으로 돌아갔기 때문이다.

모습 위장하기는 적의 실력을 약화하기 위한 일종의 수단이다. 경쟁의 장에서 매우 보편적으로 사용하며 잘 알지 못하면 안 된다. 나는 쓰고 싶지 않아도 적수들이 모두 사용하기 때문에 이 세상을 떠나기 전까지 당신도 사용해야만 한다. 그러나 모습 위장하기의 설계는 종종 인간 본성의 약점을 겨냥하며 당신도 이것에 속을 수 있다. 왜냐하면 당신에게도 속을 수 있는 특질이 있기 때문이다. 그러므로 적의 함정을 피하려면 자신의 심성을 잘 수양해야 한다. 모습 위장하기는 쌍방이 상호 대립하는 영역에서 사용되며 종종 극단적인 수단까지도 불사하기에, 이것은 부득이하게 일어난 일임을 반드시 명심해야 한다. 이 수단의 배후에는 반드시 착한 마음이 있어야 한다. 그래야만 수단을 남용해 타인을 다치게 하고 자신도 다치게 하며 얻는 것이 잃는 것보다 더 많은 불행이 발생하는 것을 막을 수 있다.

《손자병법》에서 배우는 삶의 지혜

손자는 말했다. "가까우면서도 먼 것처럼 보이게 하고, 멀면서도 가까운 것처럼 보이게 하라." "상대가 충실하면 우리는 방비하고, 상대가 강하면 우리는 피하라." 자기 능력도 가늠하지 않고 어쭙잖게 나서는 일은 금물이다.

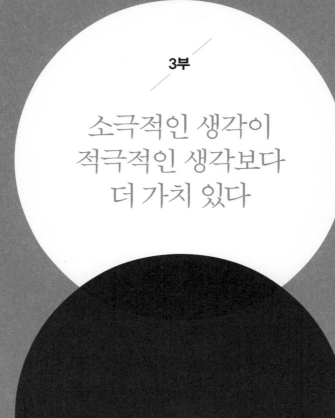

3부

소극적인 생각이
적극적인 생각보다
더 가치 있다

손자는 전쟁에 앞서 먼저 '어떻게 이길 수 있는가?'라는 문제를 다루었다. 그러나 모든 준비가 완료되고 이길 수 있다는 확신이 들었다고 해서 바로 전장으로 달려가지는 않았다. 그는 먼저 냉정한 마음으로 자신의 시각에서 빠져나와 다른 시각으로 문제를 바라보며 문제를 잘못 보는 실수를 하지 않길 바랐다. 그래서 그는 "전쟁의 해로움을 완전히 알지 못하면 전쟁의 이로움도 완전히 알 수 없다(〈작전편〉)"고 했다. 만일 전쟁이 가져오는 해악을 확실히 알지 못한다면 전쟁이 도대체 어떤 좋은 점을 가져올 수 있는지도 확실히 알 수 없다. 이긴다고 해서 이익이 있으리란 법이 없기 때문에 반드시 발생 가능한 해악을 철저히 생각해보고, 이익이 있다는 것을 확정한 후에 다시 전쟁을 시작해도 늦지 않다.

손자의 이 말에는 2가지 중요한 점이 있다. 하나는 양면을 모두 보아야 한다는 것이고, 또 하나는 철저히 보아야 한다는 것이다. 양면을 본다는 것은 좋은 점도 보아야 하지만 나쁜 점도 보아야 한다는 것이며, 철저히 본다는 것은 어떤 일의 현상뿐 아니라 그 원인까지도 알아야 한다는 뜻이다.

—

양면 보기

양면 보기란 어떻게 보는 것일까? 손자는 좋은 점과 나쁜 점을 함께 보지는 않았다. 전체《손자병법》을 통틀어서 전쟁의 좋은 점에 대해서는 한마디도 하지 않았지만, 〈작전편〉에서는 처음부터 끝까지 전쟁의 해악에 대해서만 이야기한다. 어쩌면 그가 말한 것처럼 전쟁의 해악을 철저히 알게 되면 전쟁에 좋은 점이 있는지 없는지를 일목요연하게 알 수 있을 것이다. 또 어쩌면 그는 마음속으로 아예 전쟁에 대해 인정하지 않고, 전쟁은 백해무익한 것이라고 여겼을지도 모른다. 전쟁은 어쩔 수 없이 하는 것이다. 전쟁이 얼마나 황당무계한 것인지 모두에게 알려주기 위해 그는 부정적인 예를 들어 전쟁이 얼마나 무서운 것인지 모두에게 철저히 알려주었다. 나는 손자가 이 2가지 목적을 모두 고려했다고 생각한다. 전쟁판을 누빈 백전노장이라면 마음속에 항상 이런 생각을 가지고 있을 것이다.

전쟁의 3가지 해악

손자가 전쟁의 해악에 대해 어떻게 말하는지부터 살펴보자. 그는 "모든 전쟁에 통용되는 보편적인 방법을 보면 전차 1,000대, 군수 차량 1,000대, 기갑병 10만 명, 1,000리 밖에서 그들을 먹일 군량을 운송할 비용, 국내와 전장에서 드는 비용, 외교 비용과 아교와 옻 등 재료 비용, 소·말과 병사들을 먹일 비용 등 하루에 천금이 필요하다. 이 모든 것이 다 준비되면 10만 병력을 일으킬 수 있다"고 말하고 있다. 10만 병력이 동원되는 전투 한 번을 위해 전차 1,000대와 군수 차량 1,000대, 갑옷을 입은 병사 10만 명, 1,000리 먼 곳에서 양식을 운송하는 비용, 국내와 전장에서 필요한 비용, 외교 예산, 전차의 옻칠, 소와 말이 먹을 곡초, 사병의 양식, 이 모든 항목이 필수적으로 소비된다. 때문에 전쟁이 일어나기만 하면 하루에 천금을 소비해야만 대응이 가능하다. 이것은 피부로 느껴지는 해악이다.

이 해악만 해도 이미 엄청난 과부하를 초래하게 된다. 그렇다면 이것만으로 전쟁의 해악을 철저하게 파헤쳐본 셈인가? 결코 아니다. 손자는 이어서 말했다. "군대에서 작전을 할 때에는 속전속결로 승리해야 한다. 만일 너무 시간을 오래 끌면 군대는 반드시 피로해지고, 예리한 사기를 잃어버리게 된다. 일단 성 공격이 시작되면 병력은 쉽게 소모되고, 오랫동안 해외에서 전쟁을 할 경우 반드시 국가 재정의 부족을 초래하게 된다. 만일 군대가 지구전으로 극도의 피로감에 쌓여 있고, 첨예하던 사기가 꺾어졌으며, 군사적 능력이 다하고 국내 물자가 고갈되었다면 다른 제후들은 분명히 이 기회를 놓치지 않고 이 피폐함을 타 한몫 보려 할 것이다. 이렇게 될 경우 제아무리 지혜와 지략이 뛰어난 장수라 할지라도 이 위기를 구할 좋은 책략이 없을 것이다." 앞에서는 눈앞에 닥친 해악만 이야기했는데, 여기서는 장기전으로 인한 해악과 제3자로 인한 해악을 말한다.

전쟁이 일단 시작되면 멈추고 싶다고 해서 멈출 수 있는 것이 아니다. 오래도록 끌면 병기는 마모되고, 사기는 떨어지며, 물과 흙이 맞지 않아 병이 나고, 병사들은 계속 밥을 먹어야 하니 국가 재정은 거덜 나게 된다. 더욱 걱정스러운 것은 '도요새와 민물조개가 싸우다가 결국 어부가 이익을 얻게 된다'는 것이다. 전쟁의 틈을 타서 침략할 준비를 하는 다른 나라가 생기게 되는데, 이것이 제3자로 인한 해악이다. 장기전으로 인한 해악과 제3자로 인한 해악을 따지자면 전쟁이 가져오는 해악을 다 계산하기가 어려울 정도다.

그럼 어떻게 해야 할까? 손자는 위험 감소와 위험 전이를 위해 이런 의견을 제시한다. "전쟁을 오래 끌면 이렇게 큰 해악이 있으니, 그럼 '속전속결'로 합시다! 양식도 모자랄 테니 그럼 '적지에서 양식을 해결합시다.' 전쟁을 하는 곳에서 먹을 것도 해결해서 전쟁으로 전쟁의 먹을 문제를 해결합시다!"

손자는 전쟁의 해악을 단기전의 해악부터 장기전의 해악, 제3자로 인한 해악, 3가지 면에서 보았다. 단기전의 해악에서는 사물 간의 화복이 함께 생성되는 원리를 찾았는데, 이것은 이해관계라는 사고에서 본 것이다. 장기전의 해악에서 시간이라는 요소를 더한 것은 동태의 사고에서 본 것이다. 제3자로 인한 해악은 공간을 고려했으니 이것은 전체적인 사고에서 본 것이다. 이 3개의 사고 각도는 변증법으로 충만하며 우리가 습관적으로 사용하는 단일 각도의 사고, 선형적 사고 및 논리적 사고와는 다른 점이 있어, 우리가 사건을 볼 수 있는 다른 각도를 제공하므로 매우 큰 영감을 얻게 해준다.

이해관계의 사고

손자는 "전쟁의 해로움을 완전히 알지 못하면 전쟁의 이로움도 완전히 알 수 없다"고 했다. '이로움과 해로움'이라는 양면에서 보는 사고는 《주역》의 '한 번의 음과 한 번의 양을 합하면 그것을 도라고 한다', 《노자》의 '만물은 음을 등지면서 양을 향하게 된다'는 말과 같은 관점이다. 《주역》과 《노자》는 모두 천지 만물은 음양의 합체이며 한 물체는 양면성이 있기에 모든 사물에도 양면성이 있고, 어떤 일이라도 반드시 양면에서 보아야만 한 사건의 전체 모습을 볼 수 있다고 여겼다.

《주역》에는 이런 말이 나온다. "'항亢'을 말하자면, 전진은 알지만 후퇴는 모른다. 존재함은 알지만 사라짐은 모른다. 획득은 알지만 상실은 모른다. 오직 성인뿐이다! 진퇴, 존망, 득실을 알아 바른 길을 잃지 않을 수 있는 것은 오직 성인뿐이다!" 항의 의미는 전진만 알고 후퇴는 모른다. 생존만 알고 쇠망은 모른다. 획득만 알고 상실은 모른다. 오직 성인만이 사물에는 진퇴, 존망, 득실의 양면성이 있음을 알고 있다. 《주역》의 작자는 두 번이나 연속해서 '오직 성인뿐이다!'라고 감탄하며 이 도리는 반드시 체득해야 할 중요한 도리임을 강조하고, 또한 이를 몸으로 실천하는 사람은 쉽게 볼 수 없음을 말하고 있다. 한 면만 보는 습관이 있으면 당연히 완벽한 진상을 볼 수 없으며 잘못된 판단을 하기 쉽다.

2008년 말, 유사 이래 최대의 금융사기 사건이 터졌다. 전임 나스닥 증권거래소 위원장이었던 버나드 메도프가 500억 달러 사기 혐의로 고발당한 것이었다. 이 사기극은 20년이나 지속되었으며, 사기를 당한 사람 중 다수가 정계와 상계의 명사로, 각계각층의 거두들이 모두 포함되어 있었다. 그들이 모두 사기를 당한 것이었다. 이는 많은 사람들에게 불가사의하게 여겨졌다. 금융계 종사 경력, 자선가, 이름이 드러나는 것을 좋아하지 않는 성격, 투자자들에게 안정적인 수익을 안겨준 그 사람이 어떻게 사기를 칠 수 있는지 의문을 가졌지만 사실상 그는 믿을 수 없는 사람이 맞았다. 메도프에게 투자한 사람들은 사실 한 가지 생각만 더 했더라면 사기를 당하지 않았을 것이다. 즉, 냉정하게 자신에게 '이렇게 유혹적인 투자가 정말 문제가 없을까? 어떤 허점이 있는 것은 아닐까?'라고 한마디만 물어보았더라면 방대한 손실을 피할 수 있었을 것이다.

'이익'을 보았다면 '손해'도 생각해야 한다. '손해'를 보았다면 '이익'도 생각해야 한다. 이것이 잘못 보는 일을 방지할 수 있는, 손자가 우리에게 알려주는 첫 번째 사고 방법이다. 우리는 이런 사고에 익숙하지

않다. 우리는 보고 싶은 것을 보는 데에만 익숙하고 보고 싶지 않은 것
은 자동적으로 여과시켜버리기 때문이다. 하지만 어떤 일이든 모두 양
면성을 가지고 있으므로 양면을 보지 않는다면 당연히 잘못 보게 된
다. 이해관계의 사고에 익숙한 사람은 좌절 혹은 위기를 만났을 때에
도 신속하게 마음가짐을 전환할 수 있으며 문제에 사로잡히지 않는다.

왕유는 〈종남별업終南別業〉이라는 시에서 "강물을 따라 걷다가 물길
이 끝나는 곳을 만나니, 자리에 앉아서 구름이 뭉게뭉게 일어나는 놀
라운 광경을 바라본다"라고 노래한다. 강물을 끊임없이 따라가며 아름
다운 경치를 감상하는데 갑자기 수원이 다해버린 상황에 부딪힌다. 많
은 사람들이 이럴 때 왠지 모를 상실감과 슬픔을 느낄 것이다. 그러나
왕유는 바로 한끝의 차이로 생각을 바꾸었다. 감상할 만한 아름다운
강변 풍경은 사라졌지만 그 자리에 앉아서 고개를 들어 하늘에서 바람
과 구름이 일으키는 변화를 감상하며 동일한 기쁨을 느꼈던 것이다.

소동파가 어느 날 저녁 얼큰하게 취하여 집으로 돌아와보니 집안
식구들이 모두 자고 있는지 아무리 문을 두들겨도 대답하는 사람이
없었다. 하지만 그는 문을 열라고 목청껏 소리를 지르는 대신 뒤를 돌
아 지팡이를 짚고 조용히 흐르는 물소리를 들었다. 이 한 번의 뒤돌아
섬으로 그는 마음을 가라앉히고, 바쁘고 정신없이 살았던 이 생을 반
성하게 되었다. '세속의 일을 위해 동분서주하느라 자신의 삶은 어디
에 있었던가?' 그래서 그는 이 속세의 생활권을 떠나 "작은 배를 타고
이제부터 사라져, 강과 호수와 바다를 노닐며 여생을 맡기련다"라고

결정하게 되었다.

사마천은, 관중은 전화위복을 이루어낼 줄 아는 인물이라고 칭찬한 바 있다. 《사기·관안열전管晏列傳》에는 이렇게 기재되어 있다.

제나라와 노나라가 함께 싸우는데 노나라가 패전하자, 노나라 장공은 가 땅에서 강화를 요청했다. 동맹을 막 시작하려는데 노나라는 조말을 자객으로 파견해 제나라 환공에게 노나라의 땅을 귀환하라며 비수를 들고 위협했다. 환공은 목숨이 경각에 달린 상황에서 어쩔 수 없이 허락할 수밖에 없었다. 그러나 위기에서 벗어나자마자 바로 자신의 결정을 후회하기 시작했다. 관중은 환공을 제지하며 말했다. "안 됩니다. 작은 이익을 탐하다가 제후들에게 신용을 잃으면 득보다 실이 더 큽니다." 관중은 이 기회를 이용해 천하에 신뢰를 세웠으며, 제나라 환공에게 아름다운 명예를 가져다주었다. 사마천은 "주는 것이 도리어 받는 것이며, 이것이 정치의 보배임을 알아야 한다"라는 말로 관중이 전화위복을 해낼 수 있었던 핵심을 지적했다. 그가 '주는 것이 도리어 받는 것'이라는 이해관계의 사고방식을 알았기 때문이다.

왕유, 소동파, 관중은 모두 이해관계가 하나라는 사고방식을 알았던 사람이다. 그러므로 그들을 넘어뜨릴 일이 없었으며, 그들의 이런 깨달음으로 남겨놓은 시와 글은 모두 후대인들의 공감을 얻게 되었다.

동태의 사고

시간은 모든 것을 변화시킨다. 또 다른 대립 면을 향해 변화시켜간다. 노자는 말했다. "사물이 극에 달해 반방향으로 움직이는 것이 바로 도의 움직임이다." 반대쪽으로 가는 것이 바로 반방향 운동이다. 예를 들어 "해는 중천에 뜨면 기울고, 달은 차면 이지러진다"처럼 말이다. 공자는 "뒷 세대가 무섭구나. 앞으로 다가오는 세대가 지금보다 못하다고 누가 장담할까?"(《논어·자한子罕》)라며 젊은이들의 장래의 잠재력을 보았다. 백거이는 〈모든 소년들에게 장난 삼아 답하노라戱答諸少年〉라는 시에서 "평생일 것 같던 고운 얼굴은 오늘날 나를 속였지만, 백발은 그때가 되어 제군들을 가만두지 않을 테니"라고 말했다. 청년들에게 생명이 노쇠하는 그날이 있음을 경계한 것이다.

또 다른 대립 면으로의 전환은 우리에게 다음과 같은 점을 알려준다. 눈앞의 어려움에 곤란을 겪을 것을 두려워하지 마라. 왜냐하면 우리는 '고통은 지나가고 아름다움은 남을 것'임을 알기 때문이다. '겨울이 오면 봄이 아직 멀겠는가?' 하지만 또 다른 대립 면으로의 전환은 또한 우리에게 알려준다. 창업은 어렵고 수성은 쉽지 않지만 눈 깜짝할 사이에 빌딩은 일어섰다 다시 무너지고, 내일이면 꽃도 시들게 된다. 이것이 바로 손자가 전쟁의 상처를 말하면서 시간적인 요소를 넣어 사고하게 된 주된 원인이다.

인생도 이와 같지 않은가? 마치 《채근담菜根譚》에서 "왕성한 기운이 지극해지면 반드시 쇠하는 도리를 알며, 또한 부정적인 일들이 극에 달하면 평안함이 온다는 것을 알아야만 마음이 담담할 수 있다"고 말한 것처럼 말이다.

전환은 당장 일어나는 것이 아니다. 임계점이 필요하며, 바로 이때 '사물이 극에 달하면 반드시 반전하는' 현상이 일어난다. '극'이 바로 그 임계점이다. 이 자연의 규칙은 마땅히 존중해야 하기에 비록 전환이 일어나지만 조급해할 수 없다. 기다림을 배워야만 한다. 발묘조장拔苗助長을 한다고 해도 전혀 도움이 되지 않고, 억지로 딴 과일은 전혀 달지 않다.

손자는 "과거에 전쟁을 잘하는 사람들을 보면 먼저 적이 나를 이기지 못할 조건을 만들어놓은 후 내가 적을 이길 수 있는 기회가 오기만을 기다린다"고 말했다. 적의 실력이 강하면 반드시 기다려야지, 억지로 공격해서는 안 된다. 범려가 월나라 왕 구천에게 "10년 동안 인구를 늘리고 물자를 모으며, 가르치고 훈련하라"고 건의한 것이 바로 오나라의 흥성과 쇠락이 교차하는 전환점을 기다리라는 뜻이었다. 조귀는 상대방의 북이 3회 울린 후에야 공격할 수 있다고 했는데, 이것은 바로 '한 번 북을 치면 용기가 나고 다시 북을 칠 때에는 용기가 쇠해지며, 세 번째로 북을 칠 때에는 다 사라져버린다'는 심리적 전환점에 주의한 것이다.

시간의 관점에서 보면 때로는 이익을 가져다주는 시간은 짧고 해악이 되는 시간은 길거나, 때로는 해악이 되는 시간은 짧고 이익을 가져다주는 시간이 길 수 있다. 만일 눈앞의 이해관계에만 국한되어 발전의 각도를 주의해 보지 않는다면 시선에 착오가 생기게 된다. '만세를 도모하지 않는 사람은 한때를 도모하기에 부족한 사람'이며, '멀리 생각하지 않으면 반드시 가까운 때에 우환을 겪게 된다'는 말과 같은 원리다. 이것은 우리 인생 계획에 아주 중요한 명제로 투자를 하는 사람도 마찬가지다. 투자시장에는 항상 주가가 단기간에 하락하고 상승에는 오랜 시간이 걸리거나, 혹은 주가가 단기간에 상승하고 천천히 하락하는 현상 등이 일어나지만 이 시간 요인을 깊이 알지 못하면 발전의 방향을 파악하지 못해 이윤을 남기기 매우 어렵다.

정나라의 자산은 집정하면서 이런 지혜를 충분히 드러냈다. 《좌전》에서 양공襄公 31년, 정나라의 한호는 윤하가 자신의 봉읍을 처리하게 하려 했다. 그러자 자산이 말했다. "윤하는 너무 젊습니다. 임무를 잘 담당하지 못할 겁니다." 그러자 한호가 말했다. "이 사람은 신중하고 선량해 내가 좋아하는 사람입니다. 그 사람은 나를 배반하지 않을 겁니다. 그 사람에게 이렇게 공부할 기회를 주면 앞으로는 일들을 어떻게 처리해야 할지 더 잘 알게 될 겁니다."

자산은 만류하며 말했다. "안 됩니다! 한 사람을 좋아하면 이 사람에게 이득이 되는 일을 하고 싶어지게 됩니다. 지금 당신께서 한 사람을 좋아하게 되니까 중요한 정치까지 그에게 맡기려고 하는데, 이것은 아직 칼을 사용하지 못하는 사람한테 칼을 쥐여주면서 물건을 자르라고 하는 것이나 마찬가집니다. 결국 그 사람을 해치고 말 겁니다. 그 사람을 좋아한다면서 그를 해친다면 앞으로 누가 당신의 총애를 받고 싶어 하겠습니까? 아주 아름다운 비단 한 필이 있는데 아직 재단을 배우는 중인 사람에게 맡겨서 옷을 만들겠습니까? 큰 관직과 봉읍은 당신을 보호하기 위해 있는 것인데 실습생에게 맡겨버리겠다니, 이건 아름다운 비단을 아직 견습 중인 재단사에게 주어 옷을 만드는 것보다 더 끔찍한 일입니다. 저는 공부를 다 마친 후에야 정치를 할 수 있다는 말은 들어봤어도 정치를 하면서 그걸 공부로 삼을 수 있다는 이야기는 처음 들어봤습니다. 만일 정말 그렇게 하시려면 반드시 상처가 있을 것입니다. 예를 들어 사냥할 때 활쏘기와 마차 몰기에 익숙한 사냥꾼이 짐승을 사냥할 수 있는 것입니다. 만일 마차도, 활쏘기도 전혀 경험이 없는 사람이라면 그 사람은 마차가 엎어져 깔리지는 않을까에만 신경이 곤두설 것입니다. 어떻게 짐승을 사냥할까를 생각할 겨를이 어디 있겠습니까?"

그러자 한호가 말했다. "말씀 잘하셨습니다! 제가 정말 어리석었군요. 나는 군자는 큰 방향을 쫓고 먼 곳을 볼 줄 알지만, 소인은 작은 곳을 보고 눈앞만 볼 줄 안다는 이야기를 들어봤습니다. 저는 작은 인물이었습니다! 제가 옷을 입고 있으면 옷을 신중하게 보호하고 간수해야 한다는 것은 알았지만, 큰 관직과 큰 봉읍으로 자신을 보호할 줄은 모르고 오히려 소홀하며 경시했습니다. 선생님의 말씀이 없었다면 저는 아주 큰 잘못을 저지를 뻔했습니다!"

자산은 큰 곳과 먼 곳을 볼 줄 알았다. 그래서 한호가 보지 못한 지점을 볼 수 있었고, 한호가 잘못된 정책 결정을 피할 수 있도록 돕고, 발생할 수 있었던 재난을 소멸시켰다. 이것이 바로 긴 안목을 가지고 이해관계를 대하는 지혜다.

전체적인 사고

전체적인 사고는 큰 구도에서 사건을 보는 것으로 "전체 국면을 도모하지 않는 사람은 한 지역을 도모하기도 부족하다"는 말과 일맥상통한다. 한 전투는 반드시 전략을 기초로 해야 한다. 구기 경기가 그런 것처럼 개인의 의지 또한 팀의 이익에 부합해야 한다. 손자는 전쟁을 양국이라는 협소한 시야에만 국한시키지 않고 천하의 구도로까지 확대시켰다. 이 점은 우리로 하여금 사건을 보는 시각에 대한 깨달음을 준다.

장자는 사마귀가 매미를 잡는 이야기를 한 적이 있다. 그는 눈이 매우 크고 날개가 아주 큰 꾀꼬리를 보았는데, 그 꾀꼬리가 그의 눈앞에서 날아갈 뿐 아니라 그의 이마까지 부딪히고 가서 매우 이상하게 여겼다. 이 새의 큰 눈은 도대체 무슨 용도이기에 내 존재까지 무시한 것인가 싶어 물총을 들고 이 새를 쏘아버리려 했다. 그런데 그 꾀꼬리는 일말의 경각심도 없었다. 알고 보니 이 꾀꼬리는 앞쪽 나무에 있는 사마귀 한 마리만 뚫어져라 쳐다보고 있었던 것이다. 그런데 그 사마귀도 꾀꼬리가 자신을 향해 날아오고 있다는 사실을 모르고 있었다. 알고 보니 그 사마귀는 앞에 있는 매미 한 마리를 호시탐탐 노리고 있었던 것이다.

이 연쇄 포식의 고리는 장자로 하여금 등에 식은땀을 쏟게 했다. 각동물들은 앞에 있는 이익만을 쫓느라 뒤쪽에 닥칠 해는 등한히 하고 있었다. 이건 너무나 무서운 일이었다. 생각이 여기에 미쳐 장자도 고개를 돌려 뒤쪽을 확인해보려는데 정원사가 뛰어나왔다. 그는 장자가 남의 정원에 침입해 남의 것을 훔쳐가려는 줄 알고 방망이를 들고 때리려 쫓아오고 있었다. 장자는 걸음아 날 살려라 집으로 줄행랑을 놓은 뒤 문을 걸어 잠그고 3개월 동안 집 밖을 나올 수 없었다. 그는 자신이 다른 사람을 어리석다고 비웃고 있을 때 자신 역시 바보 중 일원이 되리라고는 꿈에도 생각지 못했다는 것을 알게 되었다. 또 자신이 어리석다는 사실조차 깨닫지 못하는 사람은 더욱 어리석은 사람임도 알게 되었다.

변지림은 〈단장斷章〉이라는 시에서 이렇게 노래했다.

"당신은 다리 위에 서서 풍경을 보고 있는데
풍경을 보는 사람들은 누각에서 당신을 보고 있다.
밝은 달은 당신의 창문을 아름답게 꾸며주는데
당신은 다른 사람의 꿈을 아름답게 꾸며준다."

얽히고설킨 인간관계나 전장의 복잡한 관계는 막상막하로 어지럽다. 전체적인 사고를 하려면 반드시 큰 구도가 필요하다. 소철은 〈육국론六國論〉에서 6국의 영토는 진나라보다 5배나 넓고, 인구는 진나라보다 10배나 많은데 결국엔 진나라에게 멸망된 사실을 분석하며, 그 많은 사람들이 먼 안목으로 심사숙고하지 못했음에 통탄했다. 그는 그 사람들이 "나라의 우환에 대한 고려를 이렇게 대충하고, 이익을 구할 때에는 그렇게 천박했으며, 게다가 천하의 상황까지 알지 못했다" 라고 말했다. 시야가 넓지 못하고 안목이 짧아 눈앞의 이익만 보기에 천하의 대세를 보지 못했던 것이다. 원인은 한나라, 위나라 양국이 진나라의 침략을 막으며 다른 나라를 보호할 수 있는 제일선에 있는 국가였지만 제나라, 초나라, 연나라, 조나라는 이 첫 번째 방어선을 공동으로 구원하기 위해 손을 뻗기는커녕 오히려 따로따로 진을 치고 작은 이익에만 눈이 어두워 서로 죽이기에 바빴다는 데에 있다. 그들이 결국 함께 멸망을 향해 간 것은 변명의 여지가 없다.

나는 장자를 생각할 때면, 그가 한가롭게 노니는 삶을 인생의 목표로 삼았지만 이걸 어떻게 이룰 수 있었는지가 궁금했다. 그는 도량이 커야 한다고 말했다. 그래서 제1편인 〈소요유〉에서는 큰 붕새와 작은 참새의 대비를 통해 구만리 고공에서 노니는 것과 수풀 사이에서 콩콩 뛰어다니는 것 간의 차이를 부각시켰다. 커야만 한가롭게 노닐 수 있다. 그래서 '큼大'은 장자의 이 저작의 상징적 의미가 되었다. 명나라 사상가 진백사는 말했다. "만일 하늘만큼 큰 도량이 없다면 어떻게 거룩한 인격을 배태할 수 있겠느냐." 성현이 되고 싶다면 반드시 가슴에 우주를 담아야 한다. 가슴에 큰 구도를 품으면 견해는 자연히 달라진다.

철저히 보기

양면 보기는 사건의 전모를 보게 해준다. 손자의 "전쟁의 해로움을 완전히 알지 못하면 전쟁의 이로움도 완전히 알 수 없다"라는 말에는 아주 중요하지만 자주 경시되는 의미가 담겨 있다. 바로 완전히 알고, 철저히 알아야 한다는 것이다. 우리가 철저히 알지 못하는 이유는 항상 자기는 다 알고 있다고 여기지만 실제로는 알지 못하거나, 혹은 철저하게 알지 못하고 수박 겉핥기만 했기 때문이다. 우선 여러분이 참고할 수 있는 이야기를 하나 해주고 싶다.

《정관정요貞觀政要·정체政體》에는 당나라 태종이 막 등극하고 얼마 후 대신 소우에게 한 말이 적혀 있다. "나는 어렸을 때부터 활쏘기를 아주 좋아해서 스스로는 활쏘기의 비밀을 다 알고 있다고 여겼소. 최근에 좋은 활 열댓 개를 얻게 되어 활 장인에게 보여주니 생각지 못하게 이런 살들은 전부 다 좋지 않은 화살이라는 이야기를 들었소. 내가 원인을 물으니 대답하기를, 나무의 중심이 똑바르지 않고 나이테가 치우쳐 있다고 했소. 그래서 활과 화살이 아무리 강하고 튼튼해도 똑바로 쏠 수 없기 때문에 좋은 활과 화살이 아니라는 것이었소. 이 일 때문에 깨달은 것이 정말 많구려. 나는 활과 화살을 들고 사방을 평정했고, 화살도 무수히 많았는데도 활과 화살의 도리는 알지 못했소. 그런데 지금 나는 막 등극해서 치국에 대한 경험도 적기가 이루 말할 수 없어 활쏘기 경력과 비교해도 아직 한참 멀었소. 그럼 활과 화살의 도리도 아직 제대로 모르는 내가 치국의 도리에 대해서는 더 말할 필요가 없지 않겠소!" 당나라 태종은 그때부터 조회에 참가하는 직급을 낮추어서 다양한 계층의 사람들을 만나기 원했다. 또한 백성들의 어려움을 직접 물어보며 반드시 모든 정책이 백성들을 진정으로 도와줄 수 있게 추진했다.

왕선산은 "가장 큰 해악은 천박한 것이다"라고 말했다. 충분히 철저히 알지 못하면 가려운 곳을 긁지 못하고 문제를 진정으로 해결할 수 없다. 특히 인생과 생명을 다루는 학문에서는 지식만으로는 이해가 불가능하다.

선종에서는 이런 이야기가 있다. 어떤 무사가 백은 선사를 찾아뵙고 그에게 천당이 무엇이고, 지옥이 무엇인지를 물었다. 백은 선사는 비웃는 말투로 말했다. "당신은 내로라하는 기사 아닙니까? 어떻게 이렇게 간단한 것도 모르십니까? 보아하니 소문이 다 가짜였나 보군요." 이 무사가 이런 수치를 어떻게 참을 수 있었겠나. 순식간에 분노가 솟구쳤다. 하지만 성질을 애써 누르며 말했다. "저는 선사님께 가르침을 얻으려고 왔습니다. 말해주기 싫으시면 말을 안 하시면 될 것이지, 사람한테 어떻게 이런 무안을 주십니까?" 그러나 백은 선사는 기왕 시작한 일, 끝장을 볼 참이었다. 그는 한술 더 떠서 비꼬았다. "제가 보니 당신은 비단 보따리에 든 개똥이시구려. 더 이상 이 세상에 헛소문을 퍼뜨려서 사기나 칠 생각 마십시오. 당신은 진즉에 강호에서 은퇴했어야 했네요." 이 한마디에 무사의 인내심은 철저히 무너졌다. 그는 앞뒤 가릴 것 없이 검을 빼들고 곧바로 백은 선사 코끝까지 휘둘러 갔다. 그러나 백은 선사는 조금도 당황하지 않고 무사의 검을 가리키며 말했다. "지옥이 여기 있네요." 무사는 순간 심장이 멎는 것

같았다. 자신이 이성을 잃었던 것이다. 그런 자신을 발견한 그는 즉각 검을 내려놓았다. 그러자 백은 선사가 얼른 그의 얼굴을 가리키며 말했다. "천국은 여기 있는데요." 그 순간 무사는 완전히 깨닫게 되었다.

또 다른 이야기는 경영의 신 왕융칭에 대한 이야기다. 한번은 왕융칭이 기획부 부장에게 기획안을 하나 써오도록 했다. 이 부장은 신속하게 작성해왔다. 그러나 왕융칭은 "잘 못 썼습니다. 다시 수정해 오세요"라고 말했다. 부장은 태만할 수 없어 몇 날 며칠에 걸쳐 간신히 기획안을 제출했다. 그러나 왕융칭은 인정사정없이 말했다. "아직도 그저 그렇습니다." 부장은 답답해서 말했다. "저는 최선을 다했습니다." 왕융칭은 말했다. "화장실에 갔다 온 다음에 다시 이야기하세요." 부장은 도저히 이해가 되지 않았다. '왜 화장실에 가라는 거지?' 하지만 가라니까 갔다. 갔다가 돌아오니 왕융칭이 물었다. "방금 전에 본 소변은 무슨 색이었죠?" 부장이 대답했다. "연노란색이었는데요." 왕융칭이 말했다. "좋아요! 그럼 기획안 가져가서 다시 고쳐 오세요." 왕융칭의 뜻은 '어떤 일을 하더라도 사력을 다하지 않았다면 어떻게 최선을 다했다고 할 수 있단 말인가? 만일 진짜 최선을 다했다면 밤도 세웠고, 밤과 낮이 바뀌기도 했고, 몸이 시달려서 소변의 색깔도 분명히 연노란색은 아니었을 것이지, 내가 하려는 말은 이렇게 간단한 거야'라는 걸 부장에게 가르쳐주고 싶었던 것이다.

이 두 이야기는 모두 상대방을 죽을 지경에까지 몰아세우는 방법을 사용하여 상대방에게 철저한 가르침을 주고 있다. 백은 선사가 이런 방식을 사용하지 않았더라면 무사의 영혼의 진상을 철저하게, 깊이 있게 드러낼 수 없었을 것이다. 그러면 깨달을 수 없다. 천당, 지옥은 생명의 문제이기 때문에 반드시 생명의 실천이 있어야 이해가 될 수 있었다. 생각해보자. 만일 이렇게 무사가 직접 느낄 수 있는 방식을 사용하지 않았다면 나는 어떤 단어를 적절하게 조합해 천당과 지옥을 설명할 수 있을지 도저히 상상이 되지 않는다. 왕융칭이 만일 이런 방식을 사용해 부장이 스스로 체험하도록 하지 못하고, 사무실에 불러 아무리 오랜 시간 훈화를 한다 해도 아마 효과는 없었을 것이다. 이것이 학습의 비결이다. 조금은 비인간적으로 보이기도 하지만 철저한 효과는 보장한다.

전장은 기만이 난무한다. 진상을 철저하게 이해하지 않는다면 '눈먼 이가 눈먼 말을 몰아 한밤중에 깊은 연못 주변을 걷는 것'처럼 위험천만할 것이다. 서로 속고 속이는 투자시장도 이와 똑같지 않은가?

어떤 사람이 홍콩 제일의 부자인 리자청에게 물었다. "당신의 사업은 몇 차례 큰 경제 위기 때 운 좋게 거액을 걸어 모험을 했기 때문에 얻은 것 아닙니까?" 리자청의 대답은 모두 깊이 생각해야 할 깨달음을 준다. 그는 말했다. "나는 평생 장사를 했지만 한 번도 모험을 한 적이 없습니다." 그가 금융 위기로 주가가 대폭락했을 때 주식시장에 진입해 구매하려던 모든 제품들은 이미 몇 년 전부터 눈여겨보았던 제품이며, 그 가치를 알아서 가치가 폭락했을 때 주식시장에 진입해 저가매수를 했던 것이고, 그렇기에 위험도 전혀 없을 수 있었다는 것이다. 그는 "땅에서 돈을 줍는 것이나 마찬가지였습니다"라고 고백했다.

헤지펀드계의 전설 조지 소로스는 이런 명언을 남겼다. "위험을 주의하라. 위험은 아침에 일어나보니 자신은 빈털터리가 되었음을 발견하게 해줄 것이다." 이 말은 이해하기 어렵지 않은 것 같다. 하지만 당신은 진짜 알고 있을까? 투자시장은 독사와 맹수들이 우글거리는 원시림과 같다. 비록 그 안에는 보물들이 있지만, 만일 당신이 이 위험을 철저하게 이해하지 못한다면 보물을 얻지 못하는 것은 물론 목숨까지 잃어버릴 것이다.

양면 보기, 철저히 보기를 하면 모두 잘못 보기를 방지할 수 있다. 손자는 출병을 결정하기 전에 자신에게 자세히 계산하고 검사해보도록 했다. 이런 장군이 책임 있는 장군이다. 인생은 자신을 위해서든, 아니면 다른 사람을 위해서든 책임을 지는 사람이 되어야 한다.

《손자병법》에서 배우는 삶의 지혜

우리는 보고 싶은 것을 보는 데에만 익숙하고, 보고 싶지 않은 것은 자동적으로 여과시켜버린다. 손자의 "전쟁의 해로움을 완전히 알지 못하면 전쟁의 이로움도 완전히 알 수 없다"는 말을 마음속에 단단히 새기고 습관을 기를 때 빈틈없는 완벽한 계획을 보장할 수 있다.

4부

사랑 없이는
세계도
존재할 수 없다

"완전한 보전을 추구해 싸우지 않는다"는 〈모공편〉의 주제로, 〈작전편〉의 이해 분석에 이어져 나오는 내용이다. 비록 〈작전편〉에서 전쟁의 해악을 분석한 후 손자는, 전쟁은 위험성이 매우 크다고 경고를 하기는 했지만, 그러면서도 상해를 줄일 수 있는 2가지 방법을 찾으려 했다. 즉, 속전속결과 적에게서 식량을 조달하는 방법이 바로 그것이었다.

비록 그렇다 하더라도 손자는 전쟁이 가져오는 해악에 여전히 불안했다. 그래서 더욱 진일보된 사고방식을 생각해내지 않을 수 없도록 자신을 몰아갔다. '왜 꼭 전쟁을 해야 하나?' 바로 이런 생각 때문에 "백전백승이 최상의 승리 방법이 아니다. 싸우지 않고도 적의 군대를 굴복시키는 것이 최상의 승리 방법이다"(〈모공편〉)라는 제안까지 하게 된 것이다. 이것은 손자가 전쟁의 해악을 본 후 하게 된 더욱 심층적이며 더욱 근본적인 사고다.

백전백승은 대립이라는 입장에 근거하여 생각하는 것이다. 대립이 있기 때문에 전쟁을 하고, 그래서 승리와 패배를 논하게 된다. 하지만 대립의 마음가짐으로 대립하는 문제를 처리한다면 결과는 없다. 아인슈타인의 말, "자꾸 문제를 만드는 차원에서 생각하면 문제를 해결할 수 있는 방법을 절대 생각해낼 수 없다"처럼 말이다.

장자는 말했다. "우리는 이분법적 세계에서 살면서 그 둘을 대립시켜놓고, 좋고 나쁘고의 가치 판단을 부여했다. 가치 판단이 생긴 후 좋고 나쁨이란 개념이 생겨난 것이니 그 후로부터 모든 행동은 본래의 가치를 상실하게 되었다." 이것이 모든 잘못의 시작점이었다. 우리가 잘못했다. 그래, 잘못했다면 고쳐야 하는 것이다. 그래서 손자는 우리에게 근본으로 돌아가 생명을 회복하라고 말한다. 생명이 처음 발생했던 본원, 즉 상도常道로 돌아가도록 한 것이다.

노자는 말했다. "만물은 복잡하고 다양하지만 각각 그 근원으로 돌아가야 한다. 근원으로 돌아가는 것을 '고요함'이라고 하며, 이것을 '생명의 회복'이라고 한다. 생명의 회복을 '정상'이라고 하는데, 정상적인 상태를 아는 것을 '맑음'이라고 하며, 정상적인 상태를 모르면 함부로 '흉악함'을 행하게 된다." 근원으로 돌아가 생명을 회복하는 것이 정상 상태이며, 머리가 깨끗하고 밝은 것이다. 자신의 원류인

'본래의 도'로 돌아가지 않으면 생명은 의지할 것이 없어 함부로 행하게 되니, 그러면 스스로 재앙과 화를 불러들이는 것이다. 손자는 아주 오랫동안, 전쟁을 하면 전장에서 반드시 승부를 봐야 한다고 생각하는 사고방식에 불만을 가져왔음을 알 수 있다. 그래서 그 역시 생명의 근원, 그 대립이 없던 상태에서부터 해답을 찾기로 했던 것이다.

백전백승은 얼마나 많은 사람의 소망인가? 그러나 이 생각 때문에 얼마나 많은 후유증이 발생했는지 아는 사람은 극소수다. 두 대의 전차가 정면충돌한 것처럼, 적의 손상이 1,000이면 나의 손상은 800인 이런 승리는 씁쓸함을 가져다줄 뿐이다. 더욱 몹쓸 것은 이런 행위 방식이 가져온 손상은 당장 눈앞에 보이는 손실뿐만 아니라 경쟁이 치열하면 치열할수록 발생하는 더욱 큰 사회적 충돌, 환경 파괴와 빈부의 격차, 인간관계에서 파괴되는 신뢰와 용서의 미덕 등을 포함해, 우리가 사는 환경을 불안으로 가득하게 만들고 삶은 전혀 기쁘지 않게, 손실은 더욱 메꿀 수 없게 만든다는 것이다. 대립적인 사고체계에서는 사실 이기는 것과 지는 것, 둘 다 즐거운 일이 아니다.

2017년, 세계 바둑 1위 커제 9단은 알파고와 대전을 벌여 연속 4판을 모두 알파고에게 패배했다. 소년 영웅 커제는 눈물을 흘리며 말했다. "앞으로 다시 여러 번 '인류' 경기의 월계관을 획득한다 해도 이 세상에는 항상 나를 이기는 존재가 있어 내게는 승리할 기회를 어림 반 푼어치도 주지 않을 것이다!"

일생 패전이 없다가 해하의 일전에서 실패한 후 생명을 포기한 영웅 항우는 세차게 흘러가는 장강을 보며 "힘은 큰 산을 뽑고, 호쾌한 기개는 세상을 뒤덮건만 시운이 불리하니 오추마도 질주할 수 없구나. 오추마가 질주하지 못하니 내가 무슨 일을 할 수 있나? 우희야, 우희야! 내가 너를 어이할꼬?"라는 비가를 부르며 영웅의 뜨거운 눈물을 흘렸다. 그러나 항우를 이긴 한신은 결국 유방에게 죽임을 당하며 임종 전에 "교활한 토끼가 죽으면 사냥개는 삶아 먹히고, 하늘을 날던 새가 잡히면 좋은 활도 창고에 처박히게 된다. 적국을 함락시키면 모략을 낸 신하는 죽게 된다. 천하가 이미 평정되었으니 나도 당연히 팽당하겠구나"라고 말하며 가슴 아프게 울었다고 한다. 반면 유방은 천하를 얻고 공신을 죽인 후 섬처럼 고립된 자신을 발견하고 스스로도 울적하고 답답하여 다음과 같은 마음의 노래를 불렀다.

"큰 바람을 일으켜 구름을 날렸구나.
온 세상에 위엄을 떨치고 고향에 금의환향했노라!
내 어찌 해야 용사를 다시 얻으리! 국토 사방을 수호하기 위해."

유럽, 아시아, 아프리카의 3개 대륙에 걸쳐지는 제국을 세우고 세계를 자신의 집으로 여기던 알렉산더 대왕. 그는 세계의 끝이라고 여겨지던 인도를 정복하고는 끝없이 흘러가는 인더스강을 바라보면서 이제는 영웅의 재능을 더 이상 발휘할 곳이 없다며 허무와 무상의 눈물을 비 오듯 흘리고 말았다.

경기장에서 패배자는 운다. 승리자도 운다. 인생은 도대체 어떻게 해야 울지 않을까?

—

완전한 보전 추구하기: 대립의 진흙탕에서 빠져나가라

울지 않는 방법은 오직 하나뿐이다. 바로 대립을 없애는 것이다. "완전한 보전을 추구해 싸우지 않는다"는 '백전백승'이라는 대립의 진흙탕에서 빠져나오는 것이다. 첫걸음이 매우 중요하다. 이렇게 방향을 전환해야만 계속 벽에 직진해 충돌하는 어리석음을 벗어나 새로운 길을 찾을 수 있기 때문이다.

"완전한 보전을 추구해 싸우지 않는다"란 무엇을 뜻할까? 손자는 말했다. "전쟁의 방법은 적국을 온전히 보전하는 것이 최상의 방법이며, 적국을 파괴하는 것은 차상의 방법이다. 적의 전군을 온전히 보전하는 것이 최상이며, 적의 군대를 파괴하는 것은 차상이다. 적의 전체 여단을 온전히 보전하는 것이 최상이며, 적의 여단을 파괴하는 것은 차상이다. 적의 전체 군사를 온전히 보전하는 것이 최상이며, 적의 군사를 파괴하는 것은 차상이다. 적의 전체 대오를 온전히 보전하는 것이 최상이며, 적의 대오를 파괴하는 것은 차상이다. 그러므로 백전백승은 상책 중의 최상책이 아니다. 전쟁을 하지 않고 적군의 병사를 굴복시키는 것이야말로 상책 중의 최상책이다. 최상의 전쟁이란 적을 책략으로 정벌하는 것이고, 그다음은 적을 외교로 정벌하는 것이고, 그다음은 군대로 정벌하는 것이고, 그다음이 성을 공격하는 것이다. 성을 공격하는 방법은 부득이할 때 어쩔 수 없이 행하는 것이다. (중략) 반드시 적을 온전하게 보전하면서 천하를 다투므로 병사는 손실이 없고 이익을 보전할 수 있다. 이것이 바로 책략으로 공격하는 법이다."

전쟁이 아무리 격렬해지고 심각해지더라도 손자의 마음에 '완전한 보전을 추구하는' 이상은 전혀 변함이 없었다. 이런 타협 없는 치열한 태도가 있었기에 그 결정체로서 "백전백승은 상책 중의 최상책이 아니다. 전쟁을 하지 않고 적군의 병사를 굴복시키는 것이야말로 상책 중의 최상책이다"라는 천고의 명언을 연단해낼 수 있었다.

이어서 이 최고의 지도 원칙 아래서 전쟁을 위한 사고방식 4단계를 알려준다. 즉, 최상책은 책략을 통한 방법이며, 그다음으로는 외교와 군사력을 통한 방법, 최악은 도시를 공격하는 것이다. 도시를 공격하는 육탄전은 어쩔 수 없을 때 쓰는 방법이며, '반드시 적을 온전하게 보전하면서 천하를 다투므로 병사는 손실이 없고 이익을 보전할 수 있는 것'이야말로 손자의 궁극적인 목표였다.

손자는 비록 부득이하게 전개하는 전투지만 파괴 속에서 완전한 보전을 구했다. 완전한 보전을 이룰 기회를 털끝만큼이라도 포기하지 말고 사람들을 감동시켜야 한다. 정말 전쟁이 난다고 해도 사람을 죽이고 싶어 안달이 난 사람은 거의 없다. 진정으로 '완전한 보전을 추구하며 싸우지 않는다'는 원칙에 깊은 깨달음을 가지고 이를 굳게 지키려는 결심과 각오가 없다면 전쟁의 포화가 가득한 이 세상에서 무슨 수로 이성적인 생각을 유지할 수 있을까?

'부, 득, 이'라는 이 세 글자를 통해 전장으로 가길 원치 않는 장군의 마음의 고통이 어떠할지 상상해볼 수 있다. 끝까지 어쩔 수 없는 그때가 아니라면 전쟁을 하지 않겠다는 결심은 절대 포기할 수 없다. "대체품을 받길 끝까지 거절해야 가장 좋은 것을 얻게 된다"는 말이 있다. 이것은 인생이 끝까지 꿈을 포기하지 않은 사람들에게 주는 상이다. 또한 인생이란 끝까지 꿈을 견지하는 과정을 거쳐야만 생명의 높이, 넓이, 깊이와 가치를 볼 수 있는 것이다.

손자의 고견은 《전쟁론》을 쓴 서양 군사전문가 카를 폰 클라우제비츠의 눈에는 그다지 찬성할 수 없는 생각이다. 그는 "자선가의 마음으로 전장의 문제를 해결하려고 한다면 아무리 감동적인 이야기를 하더라도 반드시 척결해버려야 하는 잘못이 되고 만다"고 했다. 누구의 말이 맞고 누구의 말이 틀린지에 대한 평가는 잠시 미루어두고 일본 사과농업계의 오타쿠 농부인 기무라 아키노리의 이야기를 들어보자. 그의 아내는 농약에 알레르기가 있었다. 그래서 그는 자연적인 농법으로 사과를 심기로 결정했다. 이런 결정은 11년의 시간 동안 도전하도록 했고, 마침내 성공했다.

그는 말했다. "농약으로 잡초를 없애버리면 나 자신도 살아날 수 없습니다. 작물에 화학비료를 사용하고 농약을 뿌리게 되면 원래의 재배방식으로 돌아가기가 매우 어렵습니다. 원래의 면역력과 생명력을 잃어버려 대자연 식물생태계의 고리가 파괴되는 겁니다." 그래서 그는 대자연의 생물들이 스스로를 조절할 평형능력을 회복하도록 애썼다. 비록 파괴된 토지를 다시 개량해 생명력을 회복하는 데에는 시간과 기다림이 필요했지만 그럴 가치가 있었다. 그는 이것만이 옳은 방법이라고 여겼기 때문이다.

어떤 사람이 그의 성공을 칭찬할 때에도 그는 모든 이의 마음을 울리는 한마디를 던졌다. "사실 제가 아니라 사과나무가 아주 많은 노력을 했습니다. 이건 제 겸손이 아니라 저는 진심으로 그렇게 생각합니다. 왜냐하면 사람이 아무리 노력을 해도 자신의 힘으로는 사과나무의 꽃 한 송이도 피울 수 없기 때문입니다." 사람은 비록 만물의 영장이지만 만물을 주재하려고 있는 존재가 아니다. 대자연을 존중하면서 만물이 자신의 방식으로 성장하도록 격려하는 것, 이것이야말로 최상의 방법이다.

그가 심은 사과는 결국 많은 사람들의 사랑을 받게 되었다. 어떤 사람은 "기무라 선생의 사과를 먹어보고 싶습니다. 한 번이라도 좋습니다"라고 말했다. 심지어 그의 인생관은 수많은 사람들을 감동시켰다. 자살하고 싶었던 청년도 기무라 선생을 통해 살아가야 할 용기를 발견했고, 야쿠자 형님까지 기무라 선생과 만나 단둘이 술잔을 기울이고 싶어 할 정도였다. 기무라 선생의 이야기는 이미 인류에게 익숙한 그 재배 방식은 사실 잘못된 것임을 설명해주었으며, 그 자신이 스스로 옳은 방법을 증명해냈다.

그렇다. 더 좋은 해결책을 너무 일찍 포기하면 상상력과 창조력마저 잃게 된다. 이것은 자포자기이며, 너무나 안타까운 일이다. 송나라의 유학자 주희는 말했다. "태산이 높다 하되 하늘 아래 뫼이로다." 링컨도 이야기했다. "샘물의 높이는 샘물 근원의 높이를 넘어설 수 없다." 우리가 습관적인 사고방식을 깨뜨리기 원한다면 사실 해결책을 찾을 수 있는 공간은 매우 방대하다.

—

완전한 보전은 생명 공동체

"완전한 보전을 추구해 싸우지 않는다"고 말한 손자의 가능성은 어디에 있는가? 우선 완전한 보전을 추구하는 것은 생명 공동체의 문제임을 깨달아야 한다. 우리가 사는 지구는 단 하나다. 비록 우리는 지구의 각각 다른 곳에서 살아가고 있지만 지구의 자원을 함께 누리며 지구상의 모든 변화를 함께 겪고 있다. 지구는 한 척의 배이며, 우리는 모두 한배에 타고 있다. 한배를 타고 함께 고난을 헤쳐나가는 것은 우리가 할 수 있는 유일한 선택이다.

2,000년 전, 장자는 이렇게 말했다. "천지는 나와 함께 태어났으며, 만물은 나와 하나다." 우리는 모두 한가족이다. 손자는 군사를 통솔하는 이론을 제시했다. 비록 이론의 주제는 군사 통솔이지만 그 심층의 원리는 적과 나와의 협력으로까지 확대될 수 있다. 손자는 말했다. "군사를 잘 통솔하는 장군은 군사를 상산의 뱀처럼 부린다. 상산의 뱀

의 특징은 일체감으로, 만일 뱀의 머리를 공격하면 중간의 배와 꼬리가 도와준다. 마찬가지로 배나 꼬리를 공격하면 다른 두 부분이 도와준다." 한 부대가 상산의 뱀처럼 서로 지지할 수 있다면 협력단결이 훌륭한 부대일 것이다.

어떤 사람이 손자에게 어떻게 해야 이런 경지에 도달할 수 있는지 묻자 손자는 대답했다. "아주 쉽습니다. 같은 배를 타게 하면 됩니다. 예를 들어 오나라와 조나라는 세상이 알아주는 적수로, 본래 서로 꼴도 보기 싫어하는 사이입니다. 같이 있으면 싸우지 않는 것만 해도 다행일 정도로, 결코 협력을 할 수 없는 사이였습니다. 그러나 만일 그들이 한배에 타고, 게다가 큰 풍랑이 몰아쳐 배가 언제 전복될지 모를 상황에 처한다면 그 사람들이 협력단결하지 않을까요? 그들은 우리들의 왼손과 오른손처럼 아무런 장애 없이 협력할 겁니다. 무슨 이유 때문일까요? '부, 득, 불', 어쩔 수 없기 때문이죠!" 이 세 글자는 듣기에는 다른 선택의 길이 없는 절망적인 방법같이 보이지만 자세히 생각해보자.

만일 우리 모두가 한배를 타고 있고 태풍을 만났는데 협력단결을 하지 않아 결국 배가 뒤집힐 위험에 처한다면 그래도 계속 싸우기만 할까? 아무리 큰 원한이 있다고 해도 그냥 같이 죽자는 방식으로 문제를 해결하려 들지는 않을 것이다. 생명 공동체라는 개념에서부터 생각한다면 "완전한 보전을 추구해 싸우지 않는다"는 주장은 분명 당연한 것이며, 인류가 반드시 걸어야 할 길이다.

완전한 보전 추구는 생명의 잠재력을 촉발하는 길

인간 잠재력의 극한을 아는 사람은 없다. 그러나 마음이 있으면 힘도 생기게 마련이다. 그래서 꿈이 있고, 이상이 있어 아직 활짝 열리지 않은 미래를 향해 발걸음을 내디딜 때 생각지 못했던 수확을 얻게 된다.

자신에게 "나는 더 큰 가능성을 창조할 수 있다", "다른 사람들이 해결할 수 없다고 하는 문제를 해결할 수 있다"고 말하라. 영혼에 내재된 구동력이 충분히 강하기만 하다면 끝없이 흘러넘치는 에너지를 얻을 수 있다. 전쟁을 향해 타협하지 말고, 문제를 향해 타협하지 말고, 용속함에 타협하지 말고, 무미건조한 삶에 타협하지 마라. 그럼 새로운 세계가 당신에게 펼쳐질 것이다.

《연금술사》는 바로 진리를 추구하고자 용감하게 길을 떠난 젊은이의 이야기다. 그는 말한다. "두려움이란 상처보다 더 최악의 것이다. 게다가 꿈을 추구하다가 상처를 입는 마음은 없다. 왜냐하면 꿈을 추구하는 과정의 한순간, 한순간은 모두 신과의 영원한 해후이기 때문이다." 당신이 발걸음을 내딛기를 원하기만 한다면 세계는 당신의 눈앞에 열린다. 발걸음을 내딛기 두려워하는 사람은 자신이 얼마나 걸어갈 수 있는지 모를 영원한 무지에 빠질 것이다.

손자는 말했다. "명령이 내려지고 출정하는 날이 되면 사병들은, 앉아 있는 사람은 눈물로 옷깃을 적시고, 누운 사람은 눈물이 턱을 가로

질러 적신다. 병사들을 결코 돌아올 수 없는 곳에 투입시키면 전제나 조귀와 같은 용맹함을 발휘한다." 장군이 명령을 내려 출정하는 그날에 병사들은 앉아 있거나 누워 있지만 모두 흥분된 표정으로 통곡을 하거나 눈물을 흘리며 전장에 나가 적과 싸울 마음에 초조하다.

손자가 사용한 방법은 병사들을 퇴로가 없는 곳으로 가게 해 자신들의 잠재력을 발휘하도록 하는 것이었다. 그는 사람의 잠재력은 무한하기에 자신이 잠재력을 발휘하길 원하는지 여부가 관건일 뿐, 적절한 환경을 마련해주기만 하면 병사들은 저마다 자객 전제나 조귀처럼 놀랍도록 용맹해질 수 있다고 믿었다.

공포 소설의 대가 스티븐 킹은 말했다. "좋은 소설을 쓰는 것은 쉽다. 단지 하나의 방, 하나의 문, 그리고 문을 닫을 용기만 있으면 된다."

—

완전한 보전을 추구하는 것은 사랑의 힘

사마천은 〈태사공 자서〉에서 이렇게 말했다. "신용과 염치, 사랑과 용맹이 없다면 병법을 전하고 검술을 논할 수 없다." 사마천은 손자의 병법은 믿음, 염치, 사랑, 용맹이라는 인성의 미덕 위에 건립되어 있다고 여겼다. 즉, 완전한 보전을 추구하는 손자의 사상은 인간의 본성에서 답안을 찾아야 한다는 것이다. 사마천은 손자를 이런 각도에서 본 첫 번째 사람이었다.

사랑 없이는 이 세계도 존재할 수 없다. 마음에 미움이 가득한 사람은 평화의 서광을 볼 수 없다. 사랑은 무기로 사용할 수는 없지만, 그럼에도 가장 큰 힘을 발휘한다. 테러리즘이 프랑스 파리 축구장을 공격하던 그 순간을 기억할 것이다. 모든 사람들이 사력을 다해 탈출하기에 바빴다. 그러나 이때 누군가가 프랑스 국가 〈라 마르세예즈La Marseillaise〉를 부르기 시작하자 순간 모두 발걸음을 늦추고 함께 목청을 높여 〈라 마르세예즈〉를 합창하기 시작했다. 긴장됐던 분위기는 순식간에 냉정을 되찾았다. 그 순간 우리는 테러리즘을 이길 수 있고, 인류의 마음속 공포를 이길 수 있는 어떤 힘을 볼 수 있었다. 이 힘은 바로 사랑이었다.

2016년 8월, 시리아 내전에서 이마에 부상을 당한 한 어린이가 선혈이 낭자한 얼굴과 먼지를 뒤집어쓴 몸으로 카메라에 포착되었다. 그 어린이는 오므란 다크니시라는 이름의 남자아이로, 구급차에 앉아 손으로 상처를 계속 어루만지고 있었지만 울거나 떠들지도 않고 그저 가만히 고개만 숙이고 있었다. 그의 사진은 전 세계 사람들의 마음을 찢어지게 했다. 바로 이때 모든 이들이 다음 세대가 차마 이렇게 불안전하고 불행한 환경 속에서 자라나지 않았으면 하는 간절한 바람을 느꼈을 것이다. 이 장면은 우리를 불안케 만들었다.

로베르토 베니니 감독이 각본을 쓰고 직접 연기한 《인생은 아름다워》는 펑펑 우느라 보기가 어려운 영화다. 나치의 유대인 수용소 생활도 남자 주인공의 아내와 아들에 대한 사랑의 불꽃을 꺼뜨리지는 못했으며, 인생에 대한 열정도 꺼뜨리지 못했다. 그는 아들이 마음의 그늘 없이 행복하게 생활할 수 있도록 아들에게 거짓말을 지어낸다. 그는 아들에게 이것은 단지 놀이일 뿐, 나중에 이기는 사람은 탱크 한 대를 얻을 수 있다고 말한다. 비록 그는 나치의 총부리를 피할 수 없었지만, 그의 사랑이 남긴 힘은 이미 전쟁을 이겨냈다. 아들은 결국 이 한마디를 크게 외친다. "우리가 이겼어! 이제 탱크 타고 집으로 간다. 우리가 이겼어!" 잔인하고 무정한 나치에 대항하며 주인공이 보여 준 생명의 높이와 다함이 없는 사랑은 캄캄한 밤에 떠오른 태양이 어둠을 몰아내는 것처럼 사람들의 마음을 감동시켰다.

스티븐 스필버그가 감독한 《쉰들러 리스트》는 독일 나치 상인 쉰들러가 1,100명이 넘는 유대인을 구조한 이야기를 담고 있다. 이 사람들을 구하기 위해 그는 모든 재산을 허비했으나, 마지막에 독일이 패전했을 때에는 나치라는 신분 때문에 도망을 선택할 수밖에 없었다. 그때 그에 의해 구조되었던 유대인들이 연서를 제작해 석방을 탄원했으며, 그중 한 유대인은 그의 금이빨로 반지를 만들고 그 위에 이런 유대인의 격언을 적었다. "한 사람의 생명을 구하는 것은 한 세계를 구하는 것과 같다." 쉰들러는 말할 수 없는 감동을 받았으면서도, 동시에 큰 부끄러움을 느꼈다. 자신은 그동안 얼마나 방탕하고 이기적인 삶을 살았던가? 본래 더 많은 사람을 구할 수 있었는데, 자신의 금훈장, 자동차도 다 팔았더라면 더 많은 사람을 구할 수 있었을 텐데 말이다.

도대체 어떤 힘이 쉰들러에게 이런 일을 하도록 만들었을까? 스티븐 스필버그는 흑백영화 속에 붉은 옷을 입은 소녀 하나를 등장시켰다. 그는 이 소녀의 빨간색이 인간성 중 가장 밝은 부분을 상징한다고 말했다. 하지만 이렇게 눈에 띄는 인간성의 빛을 우리 모두는 보고도 못 본 체한다. 그래서 감독은 이것을 영화 안으로 끌어들이기로 결정했다. 그 이유는 첫째, 쉰들러가 독일 나치의 신분으로 고통받는 유대인들을 구하려 했던 미스터리를 밝혀주고, 둘째, 당시 수수방관만 하던 연합군을 용서할 수 없음을 보여주기 위해서였다.

스필버그 감독은 "색깔을 넣은 것은 한 줄기 희망의 빛을 상징합니다"라고 말했다. 이런 대비는 쉰들러의 비범함을 더욱 잘 드러내주었다. 그러나 이 영화는 또한 우리들에게 '가장 비범한 인간성은 우리 모두에게 내재되어 있으며, 쉽게 볼 수 있지만 인류는 이것을 무시하고 있다. 만일 우리가 이 인간성을 중시한다면 나치 같은 정치가들이 우리의 눈앞에 다시는 나타나지 않을 것이며, 더 많은 쉰들러들 역시 우리의 주변에 나타날 것이다'라는 점을 알려준다.

"완전한 보전을 추구해 싸우지 않는다"는 이론의 가장 큰 의의는 사랑이란 바로 이렇게 쉽게 볼 수 있는 인간성임을 알려준 데에 있다. 인간은 오랫동안 서로 대립하는 환경 속에서 성장해왔고, 귀한 사랑의 불씨를 잊고 살고 있다. 가장 쉬운 일이 가장 어려운 일이 되었고, 가장 일상적인 개념이 실현 불가능한 환상이 되었다. 이것은 이 책을 쓰면서 내가 느낀 가장 큰 깨달음이었다. 모두 상대와의 대결에서 '어떻게 하면 승리할까?'에만 골몰한 나머지, 후끈한 경쟁의 열기 속에서 우리는 길을 잃었다. 이제는 냉정을 되찾고 생각해볼 때가 되지 않았을까? 인생에서 가장 귀한 것은 전쟁을 하지 않는 것이며, 인간성 가운데 가장 보배로운 사랑을 느끼는 것이다.

《손자병법》에서 배우는 삶의 지혜

사랑은 우리를 강하게 해준다. 사랑은 서로 간의 대립을 녹여준다. 또한 생명의 일체감을 느끼게 해준다. 사랑으로 인한 불안감과 참을 수 없는 양심을 통해 우리의 잠재력이 발휘되며, 생명의 빛을 태워 이 불완전한 세계를 비춰줄 수 있다. 이것이 바로 《손자병법》에 담긴 가장 심층적인 의미다.

인생에 한 번은
손자병법

1판 1쇄 인쇄 2021년 5월 17일
1판 1쇄 발행 2021년 6월 7일

지은이 우순링
옮긴이 이성희
펴낸이 여종욱

책임편집 권영선
디 자 인 다성

펴낸곳 도서출판 이터
등 록 2016년 11월 8일 제2016-000148호
주 소 인천시 중구 은하수로229
전 화 032-746-7213 **팩 스** 032-751-7214 **이메일** nuri7213@nate.com

한국어 판권 © 이터, 2021, Printed in Korea.

ISBN 979-11-89436-24-7 (03190)

값은 뒤표지에 있습니다.
잘못 만들어진 책은 구입처에서 교환해 드립니다.